Ursula Nuber

Das 11. Gebot

Ursula Nuber

Das 11. Gebot

Mit Gelassenheit das Leben meistern

Knaur

Die Folie des Schutzumschlags sowie die Einschweißfolie
sind PE-Folien und biologisch abbaubar.
Dieses Buch wurde auf chlor- und säurefreiem Papier gedruckt.

Besuchen Sie uns im Internet:
www.knaur.de

FSC
www.fsc.org
MIX
Papier aus verantwortungsvollen Quellen
FSC® C014496

Originalausgabe Oktober 2010

Ein Unternehmen der Droemerschen Verlagsanstalt
Th. Knaur Nachf. GmbH & Co. KG, München.

Satz: Adobe InDesign im Verlag
Druck und Bindung: GGP Media GmbH, Pößneck
Printed in Germany
ISBN 978-3-426-65493-4

5 4 3 2 1

Inhalt

»Ich würde Ihnen raten,
nicht nach dem Warum und Woher zu fragen,
sondern Ihr Eis zu essen, ehe es schmilzt.«

THORNTON WILDER

Einleitung – Die zehn Gebote des Machbarkeitswahns

Angenommen, ich wäre eine gute Fee. Und weiter angenommen, ich würde zu Ihnen sagen: »Sie haben einen Wunsch frei: Wenn Sie irgendetwas an sich verändern wollen, ich ermögliche es Ihnen.« Was würden Sie tun? Mich wegschicken, weil Sie so, wie Sie sind, zufrieden mit sich sind?

Ich vermute, das würden Sie nicht tun. Sie hätten wahrscheinlich einen Wunsch (wenn nicht sogar mehrere). Und ich glaube sogar, einige dieser Wünsche zu kennen:

- Sie möchten ein paar Pfunde weniger auf die Waage bringen.
- Sie möchten, dass man Ihnen das Alter nicht ansieht.
- Sie möchten fit und durchtrainiert sein.
- Sie möchten guter Stimmung sein und düstere Gedanken aus Ihrem Leben verbannen.
- Sie möchten mit dem Rauchen aufhören, weniger trinken.
- Sie möchten sich nicht mehr so oft ärgern.
- Sie möchten Ihren Kindern eine perfekte Mutter, ein liebevollerer Vater sein.
- Sie möchten im Beruf und auch im Privatleben mehr Erfolg haben.
- Sie möchten mit Ihrer Ehe zufriedener sein.
- Sie möchten weniger Ängste und dafür mehr Lust am Leben haben.
- Sie möchten beliebt sein.

Kurz: Sie möchten ein sorgenfreies, glückliches, gutes Leben führen. Ein verständlicher Wunsch, wer möchte das nicht. Das Problem an diesem Wunsch ist jedoch nicht sein Inhalt, das Problem ist, dass Sie fest davon überzeugt sind, dass er erfüllbar ist. Sie glauben, dass das Leben leichter sein kann, als es für Sie im Moment vielleicht ist. Und Sie denken wahrscheinlich: Andere schaffen es doch auch! Anderen gelingt, was Ihnen so schwerfällt: optimistisch, unbeschwert, erfolgreich und zufrieden durchs Leben zu gehen. Nur Sie, Sie hadern bei jeder sich bietenden Gelegenheit mit sich selbst. Schon wieder zu viel gegessen und zu wenig Sport getrieben. Schon wieder sich im Ton vergriffen, zu unfreundlich gewesen. Schon wieder zu viele Stunden mit Fernsehen vergeudet, wo doch so viel Wichtiges zu tun wäre. Schon wieder sich auf falsche Menschen eingelassen. Schon wieder mit dem linken Fuß zuerst aufgestanden. Schon wieder zu viel Alkohol getrunken. Schon wieder sich in unnötige Streitereien verwickelt ... Schon wieder versagt!

Das schlechte Gewissen ist zu einem ständigen Begleiter in Ihrem Leben geworden. Wann immer Sie von sich selbst enttäuscht sind, meldet es sich und erinnert Sie daran, dass Sie nicht (immer noch nicht) perfekt sind. Es flüstert Ihnen dann in allen möglichen und unmöglichen Situationen seine Botschaften zu: »Du kannst nicht so bleiben, wie du bist.« »Du bist nicht glücklich genug.« »Du bist nicht gut genug.« »Du bist zu unattraktiv.« »Du bist zu pessimistisch.« »Du bist zu ängstlich, zu risikoscheu, zu schüchtern.« »Du bist keine gute Mutter, kein guter Vater.« All diese negativen Einflüsterungen können auf einen Nenner gebracht werden: »Du bist nicht richtig, so wie du bist.«

Wie Psychologen festgestellt haben, richten wir in der Minute zwischen 150 und 300 Wörter an uns selbst. Da kommen wir am Ende des Tages auf eine Menge selbstbezogener Gedanken. Viele davon sind natürlich belanglos und gehören in die Kategorie »Wo habe ich nur meine Schlüssel hingelegt«. Daneben gibt es aber eine stattliche Anzahl von »Du sollst«- und »Du darfst nicht«-Selbstgesprächen, die eine Art Erziehungsfunktion haben. Sie gängeln uns mit moralischen Vorstellungen, bombardieren uns mit Regeln und Geboten und rufen uns zur Ordnung, wenn wir mal nicht so funktionieren, wie wir sollten.

Diese kritischen Selbstgespräche sind mächtig, sie haben

einen großen Einfluss. Mit ihren Ermahnungen und ihren Bewertungen unseres Tuns sorgen sie dafür, dass wir nur selten wirklich einverstanden sind mit uns: Unser Selbstbild ist alles andere als glänzend. Dazu finden wir zu viel an uns auszusetzen: zu viele Schwächen, zu viele Fehler, zu viele Probleme, zu unbeholfen, nicht belastbar, zu unzufrieden, zu inkonsequent, zu disziplinlos, zu anfällig für Versuchungen. Unsere inneren Stimmen sind schuld daran, dass wir nicht wirklich glücklich leben können. Je kritischer wir mit uns selbst ins Gericht gehen, desto mehr sinkt unsere Zufriedenheit mit uns selbst, und damit nimmt unser Selbstwertgefühl Schaden. Wir stehen dann nicht auf sicherem Boden, sondern werden schnell aus der Bahn geworfen, wenn das Leben mal nicht so läuft, wie es sollte. Dann zweifeln wir an unserem Können oder an unserer Beliebtheit und fühlen uns auch dem Leben insgesamt nicht mehr gewachsen.

Möglicherweise glauben wir dann, dass nur wir uns mit dieser Selbstunzufriedenheit herumquälen und es anderen sehr viel besser geht. Doch das ist ein Irrtum! Die Unzufriedenheit, die wir verspüren, ist kein individuelles Phänomen. Fast jeder und jede von uns ist in gewissem Maß davon betroffen. Kaum jemand, der wirklich mit sich rundum einverstanden wäre. Die Unzufriedenheit mit sich selbst ist längst zu einer Epidemie geworden, und als Folge davon hat der Wunsch nach Selbstverbesserung und Selbstoptimierung in den letzten Jahren immer mehr Menschen erfasst. Sie alle sind überzeugt davon, dass es Eigenschaften, Verhaltensweisen, Einstellungen an ihnen gibt, die veränderungsbedürftig sind. Und sie glauben: Wenn sie sich selbst zum Positiveren verändern könnten, dann gelänge ihnen das ganze Leben besser.

»Ich werde glücklich sein, wenn … ich schlanker, erfolgreicher, beliebter, schöner, positiver, beherrschter oder was auch immer geworden bin.« Solche Wenn-dann-Gedanken sind zu einer Art Mantra unserer Zeit geworden. Wir alle haben solche Sätze im Kopf und bemühen uns, das »Wenn« real werden zu lassen. Die meisten von uns sind nämlich fest davon überzeugt, dass unsere Veränderungswünsche in Erfüllung gehen können. Wir müssen uns nur ordentlich dafür ins Zeug legen.

Zwei Fragen drängen sich nun auf:

1. Woher kommt unser Gefühl der Unzulänglichkeit, warum fühlen wir uns oft so unfertig, so defizitär?
2. Warum glauben wir, dass wir es selbst in der Hand haben, ob es uns gut- oder schlechtgeht?

Versuchen wir zunächst eine Antwort auf die erste Frage zu finden: Woher kommt unser Gefühl der Unzulänglichkeit? Ganz allgemein gesagt, gibt es dafür zwei Gründe:

- Wir sind gestresst.
- Wir sind verunsichert.

Beide Gründe sind Folgen unseres modernen Lebens. Und beide verursachen diese grundlegende Unzufriedenheit.

Warum wir unzufrieden mit uns sind

Es ist inzwischen eine Binsenweisheit: Unser Leben ist in den letzten Jahrzehnten immer komplexer und unübersichtlicher geworden. Unsere Welt hat kaum noch etwas mit der Welt früherer Generationen gemein. Früher folgte eine Lebensstation auf die andere: Kindheit, Schulzeit, Ausbildung, Heirat, Familiengründung, Alter. Man wusste, was in der jeweiligen Phase von einem erwartet wurde und was man selbst vom Leben und von anderen Menschen erwarten durfte. Wer so lebte, hatte die Gewissheit, »richtig« zu leben. Diese Gewissheit fehlt uns heute, denn so geradlinig wie früher verläuft das Leben längst nicht mehr. Wir gehen auf keine vorauszuplanende Wanderschaft mehr, wir unternehmen Kurztrips. Manchmal packen wir sogar unsere Koffer, ohne genau zu wissen, wohin die Reise gehen soll. Das Hauptmerkmal unseres modernen Lebens ist die permanente Veränderung. Auf nichts ist mehr Verlass, wir sind ständig aufs Neue gefordert. Die Fragen »Wer bin ich?«, »Wo ist mein Platz?«, »Was ist der Sinn des Ganzen?«, »Was ist richtig, was ist falsch?« sind immer schwerer zu beantworten. Uns fehlt die Bedienungsanleitung für unseren Alltag. Wir empfinden ihn als eine Art Experiment, in dem wir uns durch Versuch und Irrtum vorwärtstasten. Und niemand weit und breit, der uns mit seinem Vorbild und seinen Erfahrungen zur Seite stehen könnte. Wo früher Eltern, Großeltern, Tanten, Onkeln, Nachbarn stabile Lebensbegleiter waren, sind wir heute oftmals ganz allein auf uns gestellt. Wie erzieht man Kinder richtig? Wie führt man eine gute Partnerschaft? Wie viel Streit darf sein? Wie eigenständig darf man sich in der Arbeitswelt zeigen? Wem darf man sich anvertrauen? Wohin mit den Ängsten, Zweifeln, Zukunftssorgen?

Die Verunsicherung ist groß. Anlässe für Selbstzweifel gibt es wie Sand am Meer. Ohne rechte Orientierung gehen wir durchs Leben und landen nicht selten in einer Sackgasse. Kein Wunder, dass uns immer wieder Gefühle der Unzulänglichkeit, der Unfähigkeit heimsuchen. Wenn wir am Ende des Tages nicht geschafft haben, was wir vorhatten, wenn wir uns müde und ausgelaugt fühlen, wenn es Konflikte mit Kollegen oder in der Familie gibt – dann suchen wir die Verantwortung in der Regel bei uns. Dass unsere schwierigen und unübersichtlichen Lebensumstände eine Rolle spielen könnten, kommt uns meist nicht in den Sinn. Wir führen unsere Verunsicherung und unsere Probleme ausschließlich auf uns selbst zurück: auf unser scheinbares Unvermögen, auf unser ungenügendes Wissen, auf unsere schwachen Nerven. Wir übernehmen die Alleinverantwortung.

Das allein wäre schon Stress genug. Hinzu kommt aber noch, dass wir in diesem unübersichtlichen Leben kaum Ruhe finden – für uns selbst, zum Nachdenken, zum Ausspannen, zur Erholung. Wir sind Getriebene. Wir hetzen durch unseren Alltag, den wir mithilfe von Zeitmanagement und To-do-Listen verzweifelt in den Griff zu bekommen versuchen. Tagtäglich eilen wir gestresst von einem Termin zum anderen, von einer Aufgabe zur nächsten – gleichgültig, ob es sich um berufliche Aufgaben handelt oder um die Gestaltung der Freizeit. Computer, E-Mail, Handy, Smartphones – die neuen Technologien sind für uns längst zum Alltag geworden. Selbstverständlich arbeiten wir mit ihnen. Und ebenso selbstverständlich überlassen wir ihnen häufig auch die Regie über unser Leben. Ein übervoller E-Mail-Postkasten nach dem Wochenende stiehlt uns wertvolle Arbeitszeit und Nerven. Die ständige Erreichbarkeit per Handy lässt keine Mußestunden zu. Das Gefühl, alles gleichzeitig und nichts richtig zu machen, beherrscht unser Tun.

Das hat Folgen: Die Beschleunigung, die bei der Übermittlung von Daten durchaus hilfreich ist, erfasst auch andere Lebensbereiche, und dort schadet sie mehr, als sie nutzt. Wir haben keine Geduld mehr, nicht mit uns und nicht mit anderen, wir haben keine Zeit mehr, nicht für uns und nicht für andere. Das führt langfristig zu dem schrecklichen Gefühl, die Kontrolle über das eigene Leben zu verlieren, keine Energie mehr zur Verfügung zu haben für die Herausforderungen des Alltags. Wir sind müde, gestresst, fühlen uns kaputt und ausgelaugt. Auf Dauer kann diese Lebensweise, die eine permanente Überforderung darstellt, Seele und Körper krank machen. Das Immunsystem wird geschwächt, wir reagieren mit Infektionen, die Leistungsfähigkeit lässt nach, Müdigkeit und depressive Verstimmungen nehmen zu.

Wenn der Stress und die Hektik in unserem unübersichtlichen, verunsichernden Leben überhandgenommen haben, dann ist es sehr wahrscheinlich, dass wir unter einem oder mehreren der folgenden Symptome leiden:

- Wir können nur schwer einschlafen oder wachen sehr früh auf und liegen dann bis zum Weckerklingeln wach.
- Wir leiden regelmäßig unter Kopfschmerzen, Rückenbeschwerden oder anderen chronischen Schmerzzuständen.
- Wir haben keinen Appetit mehr oder erleben regelrechte Fressanfälle.
- Der Blutdruck ist viel zu hoch.
- Wir werden Erkältungen nicht mehr los.
- Wir sind gereizt und schnell auf »180«.
- Unsere Stimmung ist oft auf dem Nullpunkt.
- Konflikte mit Familienangehörigen oder Kollegen nehmen zu.

Wir registrieren diese Veränderungen an uns selbst und leiden unter den diversen Symptomen. Aber welchen Schluss ziehen wir daraus? Steuern wir dagegen? Nein, ganz im Gegenteil. Wir verurteilen uns selbst für die »Schwäche«, die wir zeigen, und setzen alles daran, ausreichend Energie zu finden, um im schnellen Rhythmus unserer Zeit mithalten zu können. Zusätzlich zu dem Stress, den uns das Leben bereitet, schaffen wir noch »hausgemachten« Stress, indem wir uns zwingen, nur ja nicht aus dem Takt zu geraten. Das aber ist alles andere als einfach. Deshalb suchen wir nach Lösungen, Anhaltspunkten, Hilfestellungen.

In dieser Situation sind wir empfänglich für Ratschläge und Hilfestellungen aller Art. Wir hören dann nur zu gern auf Experten, die, so glauben wir, mehr wissen als wir und die uns zeigen können, wie ein »gutes« Leben, ein »richtiges« Leben aussieht. Wo Frauen und Männer früherer Zeiten die Alten in ihrer Familie um Rat gefragt haben, lesen wir heute Zeitschriften und Bücher, informieren uns aus Fernsehsendungen, lassen uns von Experten beraten und orientieren uns an prominenten Vorbildern: Was wir von diesen Quellen erfahren, versuchen wir fürs eigene Leben zu nutzen und positive Veränderungen herbeizuführen. Wir joggen, stemmen Gewichte, ernähren uns nach der neuesten Lehre, lernen Entspannungsübungen, informieren uns über Kindererziehung, gehen in Psychotherapie, unterziehen uns kosmetischen Operationen oder schlucken Pillen gegen Schmerzen, gegen Müdigkeit, gegen Konzentrationsstörungen. Und wozu das alles? Selbstverbesserung heißt unser Ziel, das, wenn es einmal erreicht sein wird, die Verunsicherung vertreiben und uns die Kontrolle über unser Leben zurückgeben soll.

Warum wir uns selbst in die Pflicht nehmen

In dieser durchaus verständlichen Suche nach Rat und Klärung in immer unübersichtlicheren Zeiten liegt die Antwort auf die zweite Frage: *Warum glauben wir, dass wir es selbst in der Hand haben, ob es uns gut- oder schlechtgeht?* Ganz einfach: Weil wir von den Quellen, die wir um Rat und Hilfe konsultieren, nichts anderes hören. All die Berater und Coaches, all die zahlreichen Zeitschriftenartikel und Ratgeberbücher verbreiten im Grunde nur eine Botschaft: »Wenn du tust, was wir dir sagen, ist das Leben ein Kinderspiel. Du hast es in der Hand!« Diese externen »Berater« wissen scheinbar sehr genau, wie wir möglichst zufrieden, gelassen, erfolgreich, glücklich durchs Leben kommen. Sie fördern den Glauben, dass der Weg zum Ziel ganz einfach ist, vorausgesetzt, wir befolgen, was sie als richtig herausgefunden haben.

»Es gibt im Leben Aufs und Abs. Ich will nur die Aufs.« Was Lucy von den *Peanuts* so naiv und unbefangen ausspricht, wünschen wir uns alle. Und aufgrund der Informationen, die wir über das »richtige« Leben sammeln, zweifeln wir nicht daran: Wenn wir nur alles richtig machen, dann können wir den Tiefen des Lebens, die uns in Gestalt von Traurigkeit, Angst, Schmerz, Einsamkeit, Fehlschlägen, Zweifeln heimsuchen, ein Schnippchen schlagen. Wir haben schließlich ein Recht auf Glück – und wenn wir uns richtig verhalten, wird es sich verwirklichen lassen. Erweisen sich die Tiefs dann wider Erwarten als hartnäckig, haben wir etwas falsch gemacht. Dann müssen wir zurück auf »Los«, müssen vielleicht unsere Strategien verändern oder waren bei der Umsetzung der Expertenratschläge nicht konsequent genug.

Die Ablehnung, die wir den Tiefs in unserem Leben entgegenbringen, ist verständlich – wer will schon, dass es ihm schlechtgeht, wer will schon negative Gefühle aushalten in einem Leben, das mehr als anstrengend ist! Doch so sehr wir uns ein unbeschwertes, glückliches Leben auch wünschen, die Erfahrung lehrt uns, dass uns das Leben immer mal wieder in die Knie zwingt: Krisen in der Partnerschaft, Sorgen am und um den Arbeitsplatz, Projekte, die nicht gelingen, Krankheit, Tod eines nahestehenden Menschen, Schwierigkeiten mit den Kindern, Trennungen, Verluste, Sorge um die alten Eltern, Gefühle des Ausgebranntseins oder tiefgreifende Sinnkrisen ... Das Leben zeigt uns oft genug, dass wir nicht alles unter Kontrolle haben können, dass unser Einfluss begrenzter ist, als wir glauben.

Diese Tatsache wird jedoch von unseren »Informanten« meist vernachlässigt oder gar völlig unterschlagen. Sie verschweigen, dass wir nicht immer Herr oder Frau im eigenen Lebenshaus sein können, dass so manche Weichenstellung durch gesellschaftliche Einflüsse, durch unsere biologischen Voraussetzungen, unsere Herkunft, aber auch durch das Schicksal erfolgt. Kommen wir in eine Lebenssituation, in der wir nicht mehr weiterwissen und in der sich ein dichter Grauschleier auf uns legt, sind wir vollkommen allein mit unseren Ängsten und Sorgen. Dann ist niemand da, der uns freundlich die Hand auf die Schulter legt und uns beruhigt, dass das, was wir erleben, völlig normal ist. Im Gegenteil: Wir empfinden unsere Reaktionen als unangemessen, als falsch, als persönliches Scheitern. Irgendetwas müssen wir falsch gemacht haben, sonst wären wir jetzt nicht in dieser schlimmen Situation. Zu unseren realen Problemen kommt ein völlig unnötiges hinzu: Wir üben Druck auf uns selbst aus, um möglichst schnell wieder aus der belastenden Situation herauszufinden, um möglichst schnell die negativen Gefühle durch gute auszutauschen, um möglichst schnell wieder zur Normalität zurückzukehren. Und diese »Normalität« ist eben eine, in der es keine Schattenseiten geben darf.

Die meisten von uns sind Opfer einer Überzeugung, die schon lange die Regie in unserem Leben übernommen hat: »Alles ist machbar, wenn ich nur will.« Wenn diese Überzeugung unser Denken und Handeln beeinflusst, zweifeln wir nicht daran, dass wir es selbst in der Hand haben, ob es uns gut geht oder nicht. Gleichgültig, was uns widerfährt, es liegt in unserer Macht, das jeweils Beste aus der Situation zu machen. Selbst wenn etwas Schicksalhaftes passiert, wir unseren Job verlieren, die Partnerin oder der Partner uns verlässt oder wir seelische oder körperliche Schmerzen erleiden müssen – wir können durch entsprechende Maßnahmen alles wieder ins Lot bringen. Der Autor Sven Hillenkamp beschreibt in seinem Buch *Das Ende der Liebe* die Auswüchse, die durch den Glauben an die Machbarkeit entstanden sind:

»Die Erfolglosen und die Arbeitslosen glauben nicht mehr an die Hindernisse des ›Systems‹, an Klassengrenzen. Sie fürchten, es liege an ihnen selbst.

Die Frauen glauben nicht mehr an die Frauenfeindlichkeit, an Geschlechtergrenzen. Sie fürchten, es liege an ihnen allein.

Die Konsumenten wollen die Welt verändern. Sie glauben, dass sie es könnten, es müssten. Sie tragen die Verantwortung.

Die Kranken glauben, sie hätten sich selbst krank gemacht: zu viel Stress, schlechte Ernährung, unterdrückte Gefühle. Sie glauben, sie könnten sich selbst heilen, durch die richtige Einstellung, die richtige Methode und Selbstdisziplin.

Jeder glaubt, er könne es schaffen. Ruhm, Reichtum, Gesundheit, Kreativität.«

Die neuen zehn Gebote: Wer uns sagt, wo es langgeht

Wir können es schaffen! Davon sind wir überzeugt. Alles ist machbar, nichts ist unmöglich, wir haben die Kontrolle über uns und unser Leben. Wir stellen die Weichen, wir entscheiden, welchen Weg wir gehen. Und wenn sich dann herausstellt, dass wir den falschen Weg eingeschlagen haben, sind wir eben schuld. Schließlich liegt alles in unserer Hand, wir sitzen an den Schalthebeln unseres Lebens. Weil wir das glauben, sind wir natürlich bestrebt, von vornherein alles richtig zu machen. Das Scheitern sollte möglichst ausgeschlossen sein. Da wir aber letztendlich nicht immer wissen können, was richtig und was falsch ist, welche Entscheidung zum Ziel führt und welche in die Irre, suchen wir in unserer Verunsicherung nach »Wegweisern«. Wer kann uns sagen, wo es langgeht? Wer gibt uns die Sicherheit, »richtig« zu leben? Wie gesagt, die alten Orientierungsgeber, die unseren Eltern und Großeltern noch auf die Sprünge halfen – die Familie, die Kirche, der Staat – haben längst an Einfluss verloren. Die Zehn Gebote der Bibel sind für das anstrengende, moderne Leben nur bedingt hilfreich. Sie sagen uns auch nur, was wir *nicht* tun dürfen: nicht stehlen, nicht ehebrechen, nicht lügen und so weiter. Was wir heute aber brauchen, sind klare Hilfestellungen und Anweisungen fürs Handeln. Hier lassen uns die alten Zehn Gebote im Stich. Aber keine Sorge, es gibt neue Gebote, die uns das geben, was wir suchen: Sie bestätigen uns in dem Glauben, alles sei machbar und alles sei kontrollierbar. Sie weisen uns Wege zu unserem Glück. Diese Gebote begegnen uns auf Schritt und Tritt, sie sind mächtig, sie beeinflussen uns – und sie sind die Hauptverantwortlichen für unsere Unzufriedenheit mit uns selbst.

Diese neuen zehn Gebote lauten:

1. **Sei glücklich!**
2. **Nutze die Zeit!**
3. **Sei gut drauf!**
4. **Denke positiv!**
5. **Sei erfolgreich!**
6. **Strebe nach dem Besten!**
7. **Manage deinen Körper!**
8. **Vermarkte dich gut!**
9. **Mach nicht schlapp!**
10. **Bleibe jung!**

Wir, die wir diese Gebote kennen und ihre Verwirklichung aufgrund der Versprechungen derjenigen, die sie »unters Volk« bringen, für machbar halten, versuchen unser Bestes. Wir trimmen unseren Körper und unsere Seele, wir lernen nicht nur, »richtig« zu atmen und das Richtige zu essen, sondern auch, »richtig« zu denken und zu fühlen. Mag sein, dass das eine Weile sogar gelingt. Doch früher oder später müssen wir feststellen: Wir sind immer noch unzufrieden, wir sind immer noch nicht gelassen, wir haben immer noch Ängste, und wir sind immer noch unglücklich. Und wir fragen uns: »Wer, wenn nicht ich selbst, ist daran schuld?« Wenn es uns nicht gelingt, nach den Machbarkeitsgeboten zu leben, fühlen wir uns schnell als Außenseiter und Versager. Wir glauben dann, allen anderen gelingt es, nur uns nicht. Wir müssen etwas Grundlegendes falsch machen. Sonst hätten wir doch nicht noch immer »unangemessene«, »ungesunde« Gefühle und Gedanken (dazu zählen wir so lästige Phänomene wie Ängste, Scham- und Schuldgefühle, Depressionen, Eifersucht, Wut, Ärger, Neid); sonst würden wir nicht immer wieder pessimistisch die Flinte ins Korn werfen; sonst würden wir nicht immer wieder die helle Seite des Lebens aus den Augen verlieren (»Always look on the bright side of life!«); sonst wäre für uns das Glas nicht meist halb leer, sondern halb voll; sonst wären wir nicht phasenweise unglücklich und hoffnungslos.

Weil all das so ist, muss etwas schieflaufen in unserem Leben. Die Verantwortung dafür suchen wir bei uns allein und berücksichtigen nicht, dass andere Menschen oder gesellschaftliche Einflüsse eine wichtige Rolle spielen. Wir ziehen es nicht in Betracht, dass die Umstände, unter denen wir leben und arbeiten, dass die enormen Herausforderungen unserer Zeit, unser übervoller Alltag, der Stress des Berufslebens, die Entwurzelung aus unseren Familien und viele Zeiterscheinungen mehr, einen großen Anteil daran haben, wie wir uns fühlen und wie wir im Leben zurechtkommen. Nein, all das ziehen wir nicht in Betracht. Wir billigen uns keine mildernden Umstände zu. Wir glauben: Jeder ist seines Glückes Schmied. Glück ist machbar. Wenn wir nicht glücklich sind, dann sind wir schlechte Schmiede, machen wir etwas falsch. Wir erkennen nicht die Grenzen, die unserem eigenen Handeln gesetzt sind, sondern suchen die Ursache für alle möglichen Entwicklungen bei uns selbst:

Wenn wir krank werden, haben wir uns selbst durch ein stressiges Leben, durch falsche Ernährung oder unterdrückte Gefühle krank gemacht; wenn wir arbeitslos werden, haben wir uns nicht ausreichend genug angestrengt; wenn wir trotz Kinderwunsch keinen Nachwuchs bekommen, fragen wir uns, ob es an unserer Einstellung liegen könnte; wenn wir den richtigen Partner fürs Leben nicht finden, muss etwas mit uns nicht stimmen; wenn die Gehaltserhöhung auf sich warten lässt, haben wir uns nicht motiviert genug gezeigt …

Natürlich wissen wir: Kein Leben kann nur aus Glücksmomenten und Erfolgen bestehen. Kein Leben ist nur »leicht«. Vor Schicksalsschlägen, Niederlagen und unangenehmen Gefühlen ist niemand geschützt. Doch beeinflusst von den Machbarkeitsgeboten unserer Gesellschaft und den Botschaften der Gute-Laune-Experten, betrachten wir die »negativen« Seiten des Lebens als etwas, das zwar passieren kann, mit dem wir uns aber nicht allzu lange und allzu intensiv befassen sollten. Wenn uns schon etwas passiert, was den zehn Machbarkeitsgeboten zuwiderläuft, sollten wir wenigsten mit deren Hilfe schnell wieder stabilen Boden unter die Füße bekommen.

Was wir dabei konsequent ausblenden: Es gibt das Schicksal, das wir nicht beeinflussen können. Es gibt Ungleichheiten und Ungerechtigkeiten, die wir selbst nur schwer oder gar nicht verändern können. Es gibt Grenzen, die unsere Veränderungsmöglichkeiten einschränken. Und was wir vor allem ausblenden: Möglicherweise besteht überhaupt keine Notwendigkeit zur Veränderung. Unser Veränderungswunsch ist vielleicht völlig unangebracht, weil wir so, wie wir denken, handeln und fühlen, sehr in Ordnung sind. Gerade weil wir neben Stärken auch Schwächen haben, gerade weil wir Freude und Angst gleichermaßen empfinden können, gerade weil wir neben Erfolgen auch Niederlagen kennen, gerade weil wir in unserem Leben sowohl Trauer als auch Glück empfinden können, gerade weil wir mal zufrieden, mal unzufrieden, mal müde und mal aufgeweckt sind – gerade weil wir die Sonnenseiten und die Schattenseiten eines Lebens kennen, ist unser Leben ein gutes Leben.

Abgelenkt vom Wesentlichen

So banal das klingt, so wenig selbstverständlich ist es in unserer heutigen Zeit des Machbarkeitswahns, sich »richtig« zu fühlen. Die Fülle des Lebens bleibt uns vorenthalten, weil wir uns von den Machbarkeitsgeboten zu einer Perfektion verführen lassen, die unmenschlich, weil einseitig ist und die uns erst recht in die Unzufriedenheit mit uns selbst treibt. Wenn es uns gelänge, uns mit allen unseren Facetten und Eigenheiten, mit unseren Stärken und Schwächen, mit unseren Kompetenzen und unseren Defiziten zu akzeptieren, und wenn wir aufhören würden, nach einer übermenschlichen Perfektion zu streben, dann würden wir für Momente immer mal wieder das erreichen, was wir uns als Dauerzustand so sehr wünschen: ein gutes, gelingendes Leben.

Leider sind die meisten von uns von einer solchen Selbstakzeptanz weit entfernt. Das hat zur Folge, dass wir nie richtig in unserem Leben ankommen, dass wir ständig auf der Suche sind nach dem besseren Leben, das angeblich möglich ist. »Leben ist das, was passiert, während wir Pläne schmieden.« Dieser Satz, der John Lennon zugeschrieben wird, trifft wohl auf uns alle zu. Wir machen Pläne, wie alles besser, perfekter, schöner, glücklicher werden kann. Unsere Aufmerksamkeit ist auf das Morgen, auf die Zukunft gerichtet. Wir sind permanent damit beschäftigt, unser Leben zu verbessern. Wir basteln an unserer Existenz wie ein Hausbesitzer, der immer neue Ecken findet, an denen er meint, sein Zuhause verschönern zu können. Um das Haus zu bewohnen und zu genießen – dafür findet er keine Zeit. Das verschiebt er auf später. Erst wenn wirklich alles fertig ist, beginnt das Leben im perfekt gestalteten Haus. So hofft er. So hoffen wir. Denn mit unserem Leben gehen wir ähnlich um wie dieser Hausbesitzer. Auch wir sind ständig mit Ausbesserungs- und Verschönungsarbeiten an unserem Lebenshaus beschäftigt und hoffen, dass wir uns später mal, wenn alles fertig ist, zufrieden und gelassen zurücklehnen können. Wir verhalten uns, als ob wir auf einer Theaterprobe wären und das Stück »Mein Leben« erst in irgendeiner fernen Zeit Premiere hätte. Wir glauben, »später« sei immer noch Zeit genug, um »richtig« zu leben. Doch wann ist »später«?

Wie wäre es, wenn wir dieses »Später« in die Gegenwart verlegten? Wie wäre es, wenn wir uns wieder mehr auf unsere eigene Lebenserfahrung, unsere Intuition und unseren Realitätssinn verließen und ein Leben führten, das unseren eigenen Maßstäben entspricht, unbeeinflusst von Machbarkeitsbotschaften welcher Art auch immer?

Die Gebote des Machbarkeitswahns lenken uns ab vom

Wesentlichen: unserem Leben. Sie setzen uns unter Druck, immer mehr zu leisten, perfekt zu sein, und reden uns ein, dass wir dadurch glücklich werden. Damit aber entfremden sie uns von uns selbst. Wie die nächsten Kapitel zeigen werden, sind die Machbarkeitsgebote nicht vollkommen falsch; alle Aspekte zu ignorieren, wäre sicher nicht angemessen. Aber wir sollten uns bewusst werden, dass sie viel zu einseitig, dogmatisch und dadurch irreführend sind und dass sie verhindern, dass wir ein authentisches Leben führen, ein Leben, das uns entspricht, statt die Fülle des Lebens zu begrenzen.

Unser Leben ist zu kurz, um es mit ständigen Verbesserungsversuchen, Selbstvorwürfen oder schlechtem Gewissen zu verschwenden. Wir sollten die zehn Glücks- und Machbarkeitsgebote unserer Zeit weniger ernst nehmen und dafür ein anderes, das elfte Gebot, umso wichtiger. Es lautet:

Meistere dein Leben mit Gelassenheit!

Lassen wir uns nicht verrückt machen von Geboten und Empfehlungen, von Ratschlägen und Glücksformeln. Lassen wir uns nicht einreden, dass wir unsere ganz normalen und angemessenen Sorgen, Ängste und Verunsicherungen durch richtiges Denken und Handeln schnell in den Griff bekommen. Sicher kennen Sie längst diesen Satz, der dem US-amerikanischen Theologen und Philosophen Reinhold Niebuhr zugeschrieben wird: »Gott gebe mir die Gelassenheit, Dinge hinzunehmen, die ich nicht ändern kann, den Mut, Dinge zu ändern, die ich ändern kann, und die Weisheit, das eine vom anderen zu unterscheiden.« Sie kennen diesen Satz, aber setzen Sie ihn in bereits in Ihrem Leben um? Vielleicht bekommen Sie durch die nächsten Kapitel, die sich mit den Geboten der Machbarkeit kritisch auseinandersetzen, einen Anstoß, sich von diesem »Gelassenheitsgebet«, wie Niebuhrs Satz auch bezeichnet wird, häufiger als bisher leiten zu lassen.

Wenn es Ihnen gelingt, zu den Geboten unserer Zeit auf gesunde Distanz zu gehen, dann fällt es Ihnen sicher leichter, gelassen jene Dinge zu akzeptieren, die Sie nicht ändern können, mutig die Dinge in die Hand zu nehmen, die Sie ändern können und der eigenen Weisheit zu vertrauen, das eine vom anderen zu unterscheiden.

Erstes Gebot
Sei glücklich!

Was macht uns glücklich? Auf die uralte Frage nach dem Wesen des Glücks haben Dichter und Denker eher negative Beschreibungen geliefert: Heinrich Heine verglich das Glück mit einem leichten Mädchen. Schopenhauer meinte, dass Glück nie mehr sein könne als »die Befreiung von einem Schmerz, von einer Not«. Goethe war der Überzeugung: »Das wahre Glück ist die Genügsamkeit.« Friedrich Nietzsche glaubte, dass Glück sich erst dann einstelle, wenn man sich »gründlich und lange Zeit hin« etwas versage, eine Meinung, die auch Mahatma Gandhi vertrat, der formulierte: »Das Geheimnis eines glücklichen Lebens liegt in der Entsagung.«

Ist Glück also nur ein Kontrasterlebnis, eine Rarität, die, sozusagen als Belohnung für durchlebtes Leid und Unglück, ab und zu in unserem Leben auftaucht? Sind wir tatsächlich nur glücklich, wenn der Schmerz nachlässt? Wahrscheinlich haben frühere Generationen diesen eher pessimistischen und zudem äußerst bescheidenen Antworten auf die Frage »Was ist Glück?« durchaus zugestimmt und sich damit zufriedengegeben.

Heute aber sind die Erwartungen an das Glück längst nicht mehr so genügsam. Die Frage »Wie werde ich dauerhaft glücklich?« hat in unserer Gesellschaft einen zentralen Stellenwert bekommen. Was man unter anderem daran merkt, dass uns das Thema auf Schritt und Tritt begegnet. Bücher überschwemmen den Markt, deren Autoren versprechen, die Geheimnisse des Glücks zu entschlüsseln. Ein amerikanischer Journalist hat mal nachgezählt: Im Jahr 2008 wurden in den USA 4000 Bücher zum Thema »Glück« auf den Markt gebracht; acht Jahre zuvor, im Jahr 2000, waren es nur fünfzig

Neuerscheinungen. Das ist eine enorme »Karriere«, die das Thema »Glück« da hingelegt hat!

Nicht nur die Menschen in den USA, auch wir hier in Deutschland sind längst vom Glücksboom erfasst. Gibt man das Stichwort »Glück« beim Internetanbieter Amazon ein, erhält man unter der Rubrik »Bücher« knapp 15 000 Treffer. Auch Zeitschriften bringen regelmäßig Artikel zur Frage, was wir tun müssen, um dauerhaft glücklich zu sein, und die Werbung zeigt uns ohnehin nur glückliche Menschen und bringt deren Gemütsverfassung in einen klaren Zusammenhang zum jeweils beworbenen Produkt. Damit nicht genug: Glück wurde sogar zum Schulfach. An einer Heidelberger Schule werden seit einigen Jahren die Schüler im Glücklichsein unterrichtet – nach dem Vorbild der schon länger existierenden und sehr beliebten Happiness-Kurse an amerikanischen Universitäten.

Das Angebot an möglichen Wegen zum Glück ist inzwischen fast unüberschaubar geworden. Wenn wir all die Glücksbotschaften nicht bewusst ignorieren – und wer tut das schon? –, kommen wir früher oder später zwangsläufig auf die Idee, auch mal über unser Glück nachzudenken: Sind wir glücklich? Und wenn ja: Sind wir glücklich *genug*? Könnten wir vielleicht glücklicher sein, als wir es sind? Sind diese Gedanken einmal in unserem Kopf, wächst das Interesse am Thema. Wir sind begierig zu erfahren, wie wir es anstellen können, ein besseres, ein gelingendes Leben zu führen. Glücksforscher, wissenschaftlich orientierte wie selbst ernannte, lassen uns mit diesem Wunsch nicht lange allein. Sie versprechen uns unisono: Mit den richtigen Methoden, mit der richtigen Lebenseinstellung, mit den richtigen Gedanken und Gefühlen ist unser privates Glück machbar. Wir können das Ausmaß unseres Glücks, so suggerieren sie uns in diversen Veröffentlichungen und Aktionen rund um das Glück, selbst bestimmen und beeinflussen. Denn – und das wissen wir im Grunde ja schon lange: Jeder ist seines Glückes

Schmied! Und weil das Glück so extrem wichtig ist für unser Leben, dürfen wir es auf keinen Fall vernachlässigen. Und schon gar nicht dürfen wir es sich selbst überlassen und einfach nur darauf warten, dass es uns besucht. Wir müssen es schon aktiv einladen. Denn: Glück ist machbar, Glück kann man lernen.

All diese Botschaften vernehmen wir – und glauben sie. Warum auch nicht: Denn glücklich sein, das will doch schließlich jeder. Allerdings würden wir ohne das von den modernen Glücksrittern verbreitete Gebot *Sei glücklich!* und das damit verbundene Versprechen »Du kannst glücklich sein, du musst nur wollen« wohl nicht auf die Idee kommen, an unserem Glück zu arbeiten. So aber sind wir »aufgeklärt« (man könnte auch sagen: beeinflusst und manipuliert) und bemühen uns um das Glück.

Da stellen sich natürlich Fragen: Wer beeinflusst uns? Wer verbreitet eigentlich all die frohen Botschaften über das Glück? Und warum? Woher stammt das immense Wissen zu diesem Thema? Wer ist für den Glücksboom in unserer Gesellschaft verantwortlich?

Die Positive Psychologie und das Glück

Oberflächlich gesehen sind es natürlich die vielen Autoren (auch Kabarettisten tummeln sich auf diesem Feld), die nicht müde werden, uns in Schriftform die Wege des Glücks aufzuzeichnen. Aber sie sind nur das letzte Glied einer Kette. Sie verbreiten, was die sogenannte Glücksforschung und eine spezielle Richtung in der wissenschaftlichen Psychologie, die *Positive Psychologie*, zutage gefördert haben. Der Höhenflug dieser Thematik wäre ohne diese neue Entwicklung innerhalb der wissenschaftlichen Psychologie nicht möglich. Lange Zeit hielten sich Psychologen von dieser Thematik fern –

sie glaubten, das Glück sei mit wissenschaftlichen Methoden nicht erforschbar – und überließen das Feld den Philosophen und Theologen. Diese Situation aber hat sich etwa Mitte der 1990er Jahre dramatisch geändert. Damals rief der Sozialpsychologe Martin Seligman von der University of Pennsylvania seine Kollegen dazu auf, ihre Forschungsperspektive zu verändern. Sie sollten sich nicht nur ausschließlich mit den Ursachen und der Behandlung seelischen Unglücks befassen, sondern auch danach fragen, wie es Menschen schaffen, an Leib und Seele gesund zu bleiben. Was macht sie stark? Was lässt sie Krisen meistern? Warum sind manche Menschen glücklicher als andere? Warum werfen Misserfolge, Kränkungen, Krankheiten manche Menschen seelisch aus der Bahn, während andere offensichtlich unbeschadet ihren Lebensweg weitergehen?

Die Idee wurde begeistert aufgegriffen, ein neuer, spannender Forschungszweig der psychologischen Wissenschaft war damit ins Leben gerufen: eben die Positive Psychologie. Ihre Vertreter haben in den vergangenen Jahren interessante Studien vorgelegt, die zeigen, welche bedeutende Rolle positive Gefühle, Optimismus, Hoffnung, Dankbarkeit und auch Glücksgefühle für unsere seelische Gesundheit spielen.

Dank dieses Forschungseifers wissen wir inzwischen eine Menge über glückliche Menschen. Diese Erkenntnisse sind durchaus hilfreich und aufschlussreich – solange sie nicht in direkte Empfehlungen für das Alltagsleben umgewandelt werden. Das jedoch ist der Fall. Aber schauen wir uns zunächst an, was die Positive Psychologie über das Glück und glückliche Menschen herausgefunden hat. Und fragen wir uns dann, welche Bedeutung diese Erkenntnisse für unseren Alltag haben.

Glückliche Menschen haben nach den Forschungen Positiver Psychologen folgende Eigenschaften und Merkmale:

Sie sind körperlich und psychisch gesund, sie haben realistische Ziele und Erwartungen, eine hohe Selbstachtung, eine positive, optimistische Lebenseinstellung, begegnen anderen Menschen offen und interessiert, verfügen über ein festes Netz von Freunden und Bekannten, sie haben das Gefühl, ihr Leben kontrollieren zu können, und gehen achtsam durch ihren Alltag. Zudem kennen Psychologen die charakterlichen Merkmale von Menschen, die zu den »Glückskindern« gehören. Martin Seligman listet insgesamt vierundzwanzig sogenannte *signature strengths* (charakterliche Markenzeichen) auf, die wesentliche Grundlagen für das Glücklichsein sein sollen. Personen, die beispielsweise über Tatendrang, Hoffnung, Dankbarkeit, Neugierde, Emotionale Intelligenz, Selbstkontrolle, Ausdauer und Humor verfügen, sind nach den Erkenntnissen der Positiven Psychologie mit sich und der Welt zufriedener.

Zudem haben die Psychologen herausgefunden, was genau einen Menschen glücklich macht:

Konzentriertes Tun macht glücklich

Menschen sind am glücklichsten, wenn sie nichts Besonderes tun, wenn sie mit Freunden plaudern, im Garten werken, basteln, mit den Kindern spielen oder ein Buch lesen – und sich dabei durch nichts ablenken lassen. Wem es gelingt, in seinem augenblicklichen Tun alles um sich herum zu vergessen, ist mit allen Sinnen in der Welt: Er ist im *Flow*, wie die Psychologie diesen Glückszustand nennt.

Hilfsbereitschaft macht glücklich

Wenn man andere Menschen in sein Leben lässt und diese Menschen ihrerseits einen teilhaben lassen an ihren Erfahrungen, ihren Gefühlen und Gedanken, dann wird das Leben vielfältig und lebendig. Die Glücksforschung bestätigt dies: Testpersonen, die aufgefordert waren, über einen gewissen Zeitraum anderen Gutes zu tun, waren am Ende des Experiments mit ihrem Leben zufriedener. Gleichgültig, ob sie einem Freund ein Eis gekauft, einem alten Menschen über die Straße geholfen oder der Schwester das Auto geliehen hatten – wer sich altruistisch zeigte, tat indirekt auch etwas für sein eigenes Wohlbefinden.

Andere Menschen machen glücklich

Noch einen weiteren Zusammenhang zwischen Lebenszufriedenheit und sozialen Beziehungen kann die psychologische Forschung klar belegen: Enge Bindungen machen uns glücklich. Gute, freundschaftliche Kontakte gehören zu den wichtigsten Glücksfaktoren. In einer Untersuchung von Martin Seligman und Ed Diener, die beide zu den bekanntesten und renommiertesten Glücksforschern der USA gehören, zeigte sich: Die glücklichsten Teilnehmer verbrachten die wenigste Zeit allein; sie mieden Einsamkeit und umgaben sich möglichst oft mit Familie, Freunden und Bekannten. Nicht ganz eindeutig ist dabei allerdings Ursache und Wirkung. So könnte es sein, dass glücklichere Menschen bei anderen besser ankommen und deshalb ein reicheres Sozialleben haben.

Dankbarkeit macht glücklich

»Dankbarkeit ist der Königsweg zum Glück«, schreibt die Psychologin und Glücksforscherin Sonja Lyubomirsky und betont, dass wahre Dankbarkeit sehr viel mehr ist als nur ein »Dankeschön«. Sonja Lyubomirsky hat dazu ein einfaches Experiment durchgeführt. Sie bat ihre Studienteilnehmer, ein Tagebuch zu führen, in das sie regelmäßig fünf Dinge notieren sollten, für die sie dankbar waren. Sechs Wochen lang übten sich die Teilnehmer auf diese Weise in Dankbarkeit und fanden dabei ganz unterschiedliche Anlässe: Die einen dankten »Mama«, die anderen ihrem »gesunden Körper«, wieder andere dem »AOL-Messenger«. Bei allen förderte diese simple Übung das Gefühl der Dankbarkeit und Wertschätzung, aber nicht nur das: »Die Teilnehmer, die regelmäßig ihre Dankbarkeit äußerten, fühlten sich glücklicher.« Damit bestätigt diese Studie die Ergebnisse zahlreicher anderer Forschungsarbeiten: Menschen, die wertschätzen können, was sie haben und was ihnen widerfährt, sind glücklicher, weniger neidisch auf andere und kommen mit negativen Ereignissen besser zurecht.

Liebe macht glücklich

Die Ehe geht tendenziell mit höherer Zufriedenheit einher. In einer groß angelegten Befragung unter 35 000 Amerikanern gaben 40 Prozent der Verheirateten an, sehr glücklich zu sein. Bei den Unverheirateten waren es nur 24 Prozent.

Soweit die wichtigsten Erkenntnisse der Glücksforschung dazu, welche Eigenschaften und Verhaltensweisen das Glück in unserem Leben fördern können. Die Wissenschaftler haben aber nicht nur herausgefunden, was uns glücklich macht; sie können inzwischen auch sehr genau sagen, was uns *nicht* glücklich macht:

Geld macht nicht glücklich

Das klingt zunächst absurd, doch sobald unsere Grundbedürfnisse befriedigt sind, bedeuten uns Geld und Wohlstand offenbar nicht mehr sehr viel. Dass Menschen aus reicheren Ländern nicht glücklicher sind als Bewohner ärmerer Regionen, erbrachte ein internationaler Vergleich von vierundfünfzig Nationen. Deutschland liegt hier an Position dreiunddreißig. Die Plätze eins und zwei belegen die armen Länder Venezuela und Nigeria. Es gibt also keinen automatischen Zusammenhang zwischen wirtschaftlicher Sicherheit und Glücksempfinden. Der amerikanische Sozialpsychologe David G. Myers meint dazu lapidar: »Wir sind in all den Jahren zwar doppelt so reich geworden, aber wir sind deshalb längst nicht glücklicher.«

Zudem scheint der Wunsch nach immer mehr Geld und Wohlstand das Glück geradezu zu vertreiben: Wer in Umfragen angibt, dass er gern reicher wäre und mehr Besitz haben möchte, ist deutlich unzufriedener als Menschen, die darin kein Lebensziel sehen.

Nun basiert aber unsere Gesellschaft auf der Vorstellung, dass man Glück kaufen könne. Die Werbung suggeriert uns das mit jeder Anzeige und jedem Werbespot. Wir fallen auch immer wieder darauf herein und hoffen jedes Mal aufs Neue, dass das frisch erstandene Sofa, das schicke Auto, der sündhaft teure Pulli uns ein Glücksgefühl bescheren. Gekaufte Dinge können diese Erwartung jedoch nur sehr kurzfristig erfüllen. Materieller Wohlstand und Besitztümer machen eben nicht auf Dauer glücklich. Auch andere Äußerlichkeiten, wie unser Aussehen, sind weniger wichtig fürs persönliche Glücksempfinden, als wir gemeinhin annehmen. Nach den Erkenntnissen Sonja Lyubomirskys hängen »nur etwa zehn Prozent unseres Glücksniveaus von äußeren Umständen ab«.

Können wir lernen, glücklich zu sein?

Die Erkenntnisse der Positiven Psychologie sind interessant und wichtig. Sie geben auch sicher den ein oder anderen brauchbaren Hinweis, worauf wir achten sollten, wenn wir glücklicher werden wollen. Was aber, wenn in unserem Leben grundlegende Glücksvoraussetzungen fehlen? Was, wenn wir nicht voller Neugierde und Tatendrang sind, sondern gestresst und müde? Was, wenn wir leider keine Tätigkeit ausüben, die uns in einen Flow-Zustand versetzt und uns die

Welt um uns herum vergessen lässt? Was, wenn uns verlässliche Freunde fehlen, weil wir viel zu wenig Zeit für sie haben? Was, wenn wir leider bislang keinen Mann, keine Frau fürs Leben gefunden haben oder unsere Beziehung voller Probleme ist? Was, wenn wir keinen wirklichen Grund zur Dankbarkeit haben, weil unser Arbeitsplatz gefährdet ist, wir ein Auswahlverfahren nicht bestanden haben oder finanzielle Sorgen uns plagen? Was dann? Müssen wir uns dann damit abfinden, dass wir zu den Unglücklichen im Lande zählen?

Aber nein!, rufen uns die zahlreichen Glücksexperten zu. Wenn wir noch nicht glücklich sind, weil uns wichtige Voraussetzungen fehlen, dann können wir sie uns erarbeiten. Die Positiven Psychologen und mit ihnen viele andere Glücksritter sind davon jedenfalls überzeugt. Einer von ihnen, der amerikanische Psychologe John Reich, spricht klar aus, was die Mehrheit seiner Kollegen denkt: »Ich glaube fest daran, dass wir selbst eine große Rolle dabei spielen, ob positive Dinge in unserem Leben geschehen oder nicht.« Wir müssen nicht unglücklich sein – und wir müssen es vor allem nicht bleiben. Denn selbst wenn uns glücksfördernde Charaktereigenschaften oder Voraussetzungen fehlen, selbst wenn der Alltag wenig rosig aussieht – wir können lernen, glücklich zu sein.

Zum Beispiel können wir mit täglichen Übungen versuchen, mehr Glück in unser Leben zu bringen. Empfehlungen wie die folgenden bekommen beispielsweise die Studierenden der Harvard University in den Happiness-Kursen; sie finden sich aber auch in Variationen in den zahlreichen Glücksratgebern, die sich auf dem Markt befinden:

- Überlegen Sie am Abend, was am jeweiligen Tag Gutes passiert ist, und halten Sie das dann in einem Tagebuch fest.
- Meditieren Sie täglich 15 Minuten, oder besuchen Sie einen Yogakurs. Diese Maßnahmen stärken die Achtsamkeit und damit auch die Glücksgefühle.

- Helfen Sie jemandem freiwillig.
- Praktizieren Sie Dankbarkeit – indem Sie beispielsweise jemandem einen Brief schreiben, dem Sie einen Dank schulden.
- Bewegen Sie sich täglich mindestens 30 Minuten, denn durch Bewegung werden Endorphine im Körper freigesetzt. Diese wiederum heben die Stimmung.
- Treten Sie jeden Morgen mit einem Lächeln vor den Spiegel. Wie Messungen von Hirnströmen zeigen, kann ein Lächeln das Gehirn in einen glücklicheren Zustand versetzen. Voraussetzung ist allerdings, dass es sich um ein echtes Lächeln handelt, an dem auch die Augenmuskeln beteiligt sind.
- Bringen Sie an bestimmten Stellen der Wohnung Smileys an. Sie sollen Sie daran erinnern: »Hey, du hast ein Recht auf Glück. Glück ist gut für dich.«
- Sorgen Sie für einen guten Schlaf. Denn auch das belegen Glücksforschungen: Glückliche Menschen schlafen gut, und: Wer gut schläft, hat eine höhere Wahrscheinlichkeit, glücklich zu sein.
- Legen Sie sich ein Hobby zu: Alles, was neu ist und Sie interessiert, erhöht Ihr Wohlbefinden.

Wenn Ihr gesunder Menschenverstand angesichts des Bombardements an solch guten Ratschlägen beschließen würde, sie nicht allzu ernst zu nehmen und schon gar nicht zu glauben, dass das alles in einem Leben auf Dauer zu bewerkstelligen ist, geschweige denn dass Sie auf diese Weise wirklich glücklich werden können – dann wären Sie aus dem Schneider. Sie wären dann nicht in Gefahr, sich dem Gebot *Sei glücklich!* zu unterwerfen und wertvolle Energie in die Umsetzung all dieser Empfehlungen zu stecken. Doch leider kann sich der gesunde Menschenverstand oftmals nicht durchsetzen. Schon gar nicht, weil uns eingebleut wird, dass wir es selbst in der Hand haben, ob wir glücklich sind oder unglücklich. Angesichts des veröffentlichten Glückswissens verliert der gesunde Menschenverstand gegen die so vehement geschürte Hoffnung auf Glück zunehmend an Boden. Statt all die Glücksempfehlungen lächelnd beiseitezulegen, versuchen die meisten von uns, sie aufzugreifen. Wir wollen uns schließlich nicht vorwerfen lassen (und uns selbst nicht vorwerfen müssen), wir hätten nicht genug für unser Glück getan. Mit den richtigen Maßnahmen, der passenden Lebenseinstellung, den richtigen Gefühlen muss ein glückliches Leben doch zu bewerkstelligen sein! Das Angebot an möglichen Wegen zum Glück ist schließlich da, wir müssen es nur nutzen!

Glücklich sein – nichts leichter als das? Diese Schlussfolgerung kann man tatsächlich aus den Ergebnissen der Glücksforschung und den entsprechenden Veröffentlichungen ziehen. Und viele von uns tun das. Wir konsumieren bereitwillig, was die unterschiedlichen Branchen – Psychologie, Sachbücher, Zeitschriftenartikel – uns über das Glück erzählen, und versuchen, die Ratschläge und Erkenntnisse in unser Leben zu übertragen. Wohlgemerkt: Einige dieser Vorschläge sind durchaus bedenkenswert und können hilfreich sein. Wenn wir sie jedoch befolgen, um dem Gebot *Sei glücklich!* gerecht zu werden, sind sie kontraproduktiv. Denn früher oder später werden wir merken, dass die Befolgung all dieser Glücksrezepte nicht nur den Stress in unserem Leben erhöht, sondern dass wir das erhoffte Ziel, nämlich glücklich zu sein, auf diese Weise nicht erreichen.

Eine Erkenntnis, die auch Eric G. Wilson, Professor für Englische Literatur an der Wake Forest University in Winston-Salem, North Carolina, machen musste. Er hat versucht, auf diese Weise das Glück zu erlernen, und beschreibt in seinem Buch *Unglücklich glücklich*, wohin ihn das geführt hat: »Auf Geheiß wohlmeinender Freund kaufte ich Bücher zum Thema Glücklich-Sein. Ich bemühte mich, meinen chronisch finsteren Blick in ein breites Lächeln zu verwandeln. Ich versuchte aktiver zu werden, mein düsteres Haus und die tristen Bücher zu verlassen und an der Welt sinnvoller Action teilzuhaben. Ich fing an zu joggen … und kaufte mir einen Palm und ein Handy ... Ich gewöhnte mir an, so oft wie möglich ›toll‹ und ›super‹ zu sagen ... Ich begann Salat zu essen ... Ich besuchte Yoga-Kurse. Ich hörte mit Yoga auf und besuchte Tai-Chi-Kurse. Ich erwog, einen Psychiater aufzusuchen und mir Medikamente verschreiben zu lassen. Ich habe all das wieder aufgegeben, wieder damit angefangen und dann noch einmal aufgegeben. Momentan beabsichtige ich, nicht noch einmal anzufangen. Die Straße zur Hölle ist mit erfolg- und glücksverheißenden Plänen gepflastert.«

Die Glücksodyssee des Eric Wilson ist nicht untypisch. Wir erkennen darin sicher unsere Bemühungen, möglichst viel richtig zu machen, um in den Genuss eines guten, glücklichen Lebens zu kommen. Wie bei Wilson ist auch bei uns das Ergebnis meist mager. Statt das Leben glücklich zu genießen, kämpfen wir nach wie vor mit Depressionen, Einsamkeitsgefühlen, Ängsten, leiden unter Essstörungen oder trinken und rauchen zu viel. Wir ärgern uns immer noch über die Kollegin oder streiten uns mit dem Partner. Sosehr wir uns anstrengen, so viele Glücksangebote wir ausprobieren – wir werden einfach nicht dauerhaft glücklicher. Und fragen uns dann natürlich selbstkritisch, was wir falsch machen. Wenn die Wege zum Glück jedermann zugänglich sind – und davon gehen wir aus –, dann müssen wir doch selbst schuld daran sein, wenn wir uns nicht glücklich fühlen! Wir spüren eine große Kluft zwischen den überwältigenden Glücksangeboten unserer Gesellschaft und der oftmals unglücklichen Realität unseres Alltags.

Warum gibt es überhaupt noch unglückliche Menschen?

Was wir in der Regel nicht tun: Wir hinterfragen nicht, ob die Glücksverheißungen sinnvoll sind, wir zweifeln nicht daran, dass die vorgeschlagenen Wege wirklich zum Ziel fühlen. Wir fragen nicht, ob Glücklichsein wirklich machbar ist und ein normaler Zustand, der von Dauer sein kann. Und vor allem fragen wir nicht, warum uns das Glück so angepriesen wird.

Wenn all die Glücksratschläge halten würden, was sie versprechen, dann müssten die glücklichen Menschen in unserer Gesellschaft längst in der Mehrheit sein. Doch das ist nicht der Fall. Im Gegenteil: *Wir sind unglücklicher denn je.* In Deutschland ist die Zahl der Menschen, die als »unglücklich« bezeichnet werden können, gerade in den letzten Jahren besorgniserregend gestiegen. Dafür gibt es verschiedene Indizien, aber auch handfeste Zahlen. Beispielsweise zeigen die Statistiken der Krankenkassen und Rentenversicherungsträger eine Entwicklung, die aufhorchen lässt. Danach ist zwar der Krankenstand der Angestellten so gering wie nie zuvor, doch in der Krankmeldestatistik haben – als einzige Gruppe – die psychischen Erkrankungen zugenommen. In ihrem Gesundheitsbericht 2009 nennt die DAK die Entwicklung der psychischen Krankheiten »alarmierend«. Zwischen 1998 und 2008 stieg ihr Anteil am Krankenstand um gut 60 Prozent von 6,6 auf 10,6 Prozent. »Insbesondere chronischer Stress ist in der modernen Arbeitswelt ein ernsthafter Risikofaktor für seelische Krankheiten«, sagt DAK-Chef Professor Herbert Rebscher in einer Pressemeldung. Weshalb auch die Frühberentungen infolge psychischer Erkrankung stark zunehmen.

Die Zahl der unglücklichen Menschen stieg in den letzten Jahren also deutlich an – und sie wird weiter steigen. Obwohl wir uns intensiv mit dem Glück beschäftigen, obwohl wir mehr denn je wissen, was angeblich glücklich macht und was nicht, gelingt es vielen Menschen nicht, das Gebot *Sei glücklich!* in ihrem Leben zu erfüllen. Vielleicht müsste man sogar sagen: *Weil* wir uns so viel mit dem Glück beschäftigen, werden wir immer unglücklicher? Möglicherweise. Denn wenn wir ständig hören und lesen müssen, dass Glücklichsein gar nicht so schwierig sei, dass es sichere Wege zum Glück gebe und dass es nur an uns selbst liege, das Glück zu erhaschen, werden wir nicht unbedingt glücklicher, wenn wir merken: »Bei mir funktioniert das alles nicht.« Und vor allem glauben wir ja dann, dass unglückliche Zeiten gar kein Existenzrecht haben. Wenn wir uns unglücklich fühlen, dann gilt es, schnell diesen Zustand mit entsprechenden Maßnahmen zu überwinden. Statt unser momentanes Unglück anzunehmen und den Wechselfällen des Lebens zuzuschreiben, greifen wir schnell zum neuesten Glücksbuch, immer in der Hoffnung, dass wir dort den Schlüssel zur Überwindung unserer Krise finden werden. Und die Lektüre zeigt Wirkung, immer. Allerdings nimmt nicht unser Glück zu, sondern vielmehr unsere Mutlosigkeit. Denn wenn die einfachen, angeblich so wirksamen Wege zum Glück für uns nicht funktionieren, dann sind nicht die Wege falsch, sondern wir machen bei der Umsetzung etwas gründlich falsch.

Es sollte uns zu denken geben, dass wir trotz all des Glückswissens noch keinen Deut glücklicher geworden sind. Wie ist diese Diskrepanz zu erklären? Einen Grund nennt der Arzt und Psychotherapeut Russ Harris. Er ist der Überzeugung, »dass wir alle in einer mächtigen psychologischen Falle gefangen sind. Unser Leben ist von vielen unzutreffenden und wenig hilfreichen Vorstellungen von Glück beherrscht – Überzeugungen, die weithin akzeptiert sind, weil doch ›jedermann weiß, dass sie wahr sind‹ … Doch leider erzeugen diese irreführenden Vorstellungen einen Teufelskreis, indem wir desto mehr leiden, je mehr wir nach Glück streben. Und diese psychologische Falle ist so gut getarnt, dass wir nicht die leiseste Ahnung haben, dass wir darin gefangen sind.«

Die Falle, von der Russ Harris spricht, besteht darin, dass wir uns – ermutigt und unterstützt von diversen Glücksbotschaftern – das Glück wünschen, wie wir uns beispielsweise ein neues Auto wünschen, und hoffen, durch entsprechende Anstrengung unser Ziel zu erreichen. Mit dieser Erwartung können wir uns vielleicht ein neues Auto erarbeiten und zusammensparen, wir müssen aber zwangsläufig scheitern, was das Glück angeht. Denn die Meinung »Jeder ist seines Glückes Schmied« führt in die Irre. Da können wir noch so viel wollen und tun – das Glück ist entgegen all der optimistischen Botschaften nicht machbar. Jedenfalls nicht das Glück, das die meisten von uns anstreben und das der Glücksforscher David Myers beschreibt als »die anhaltende Wahrnehmung des eigenen Lebens als erfüllt, sinnvoll und angenehm«.

Welch ein Anspruch! Das Leben soll »anhaltend« als erfüllt, sinnvoll und angenehm erlebt werden! Wenn wir dieses Ziel eines in rosarotes Licht getauchten Lebens verfolgen, kommen wir nicht weit. Denn: *Dieses* Glück entzieht sich der Machbarkeit. Wenn Glück sich überhaupt zeigt, dann nur in Momenten. Wir erleben es in jenen Augenblicken des Lebens, zu denen wir gern wie Goethes Faust sagen würden: »Verweile doch, du bist so schön«. Diese Augenblicke aber sind, wie wir alle wissen, eher selten. Und schon gar nicht sind sie herstellbar.

In der Regel verlieren die zahlreichen Glücksbotschafter darüber aber kein Wort. Und nur wenige sagen uns, dass »die anhaltende Wahrnehmung des eigenes Lebens als erfüllt, sinnvoll und angenehm« nur ein kleiner Aspekt des Glücks ist. Zum Glücklichsein gehört mehr, sehr viel mehr. Um ein wirklich erfülltes, gelungenes, glückliches Leben führen zu können, dürfen wir nicht nur nach positiven Erlebnissen Ausschau halten, sondern müssen auch bereit sein, die Schattenseiten des Lebens in unseren Glücksüberlegungen zu berücksichtigen.

Was damit gemeint ist, lässt sich gut an einer eher banalen Situation veranschaulichen, die wir wohl alle schon erlebt haben: einer Prüfung. Kurz davor würden wir uns wohl nicht als »glücklich« bezeichnen. Im Gegenteil: Versagensängste plagen uns, wir möchten am liebsten weglaufen, haben kein Selbstvertrauen mehr. Doch danach, wenn alles vorüber und die Prüfung gut gelaufen ist, sind wir glücklich. Wir könnten die ganze Welt umarmen! Ähnliche Glücksgefühle empfinden wir nach einer schlimmen Krankheit, nach einem unbeschadet überstandenen Autounfall, wenn das Kind von seiner ersten eigenständigen Urlaubsreise heil nach Hause kommt, wenn sich nach einer schrecklichen Trennung der Alltag wieder normalisiert oder wenn wir nach einem Todesfall irgendwann merken, dass es trotzdem noch einen Sinn im Leben gibt. Diese Glücksgefühle sind von einer anderen Qualität als jene, die aus der Leichtigkeit des Seins entspringen. Sie gehören aber ganz existenziell zu unserem Leben dazu. Schwierige Zeiten konfrontieren uns schonungslos mit unseren Schwächen, sie zeigen uns aber auch, wo unsere Stärken liegen und dass wir Krisen durchstehen und überleben können. Selbst wenn wir während der Prüfungsprozesse tief unglücklich sind und das Leben als sinnlos empfinden, kann sich danach, wenn das Schlimmste überstanden ist, ein tiefes Gefühl der Befriedigung in uns breit machen.

Seelisches Wachstum und Momente des Glücks sind nur um den Preis von Schmerzen zu haben, sagen Psychologen, die sich mit der »anderen« Seite des Glücks befassen. So zeigen beispielsweise Studien, dass Menschen, die extreme Situationen in ihrem Leben erleiden müssen – wie etwa ein Gewaltverbrechen oder eine plötzliche schwere Erkrankung –, zunächst ihren Lebensmut verlieren und von körperlichen und psychischen Symptomen geplagt werden. Danach aber, so die Ergebnisse, empfinden die meisten ihr Leben als voller, reicher und befriedigender. Sie sind an ihrem Unglück gewachsen – und glücklicher, als sie es zuvor waren.

Der Philosoph Wilhelm Schmid spricht in diesem Zusammenhang von der »Paradoxie des Glücks«. Denn: »Es vermag auch noch das Unglück mit zu umfassen.« Wer nur die positive Seite des Glücks anstrebt, kann nicht glücklich werden, weil er nicht bereit ist, das Glückspotenzial von Schicksalsschlägen zu erkennen. Die »Kunst des Glücks« besteht nach Schmid darin, aus allem, was uns das Leben bietet, »immer das Schönste zu machen«. Auch aus den Situationen, die wir zunächst als gar nicht schön wahrnehmen. Ein Leben ist dann gelungen und glücklich, wenn es uns gelingt, die Prüfungen, die es bereithält, zu akzeptieren und für uns selbst als Entwicklungschance zu begreifen. Ein derartiges glückliches Leben ist kein leichtes Leben, im Gegenteil: Es ist ein Leben, das Konflikte, Schmerzen, Entbehrungen, Probleme kennt – »all das, was gemeinhin nicht zum guten Leben und zum Glücklichsein zählt«, so Schmid. Der Philosoph ist überzeugt: »Erst in der Bedrängnis leuchtet das Schöne.«

Das ist eine ungewohnte Sichtweise, die uns sicher zunächst schwerfällt. Leben wir doch in der Regel nach ganz anderen Maßstäben: Wir vermeiden nach Möglichkeit unglückliche Gefühle, wir sind sogar zunehmend bereit, sie wegzutherapieren oder wegzuschlucken. Unglück ist zu einer Art Krankheit geworden, gegen die es immer ausgefeiltere Mittel gibt. Stimmungsverändernde Medikamente sollen dort nachhelfen, wo das Glück sich nicht von selbst einstellen will. Eine Umfrage der DAK unter 3000 Arbeitnehmern im Alter zwischen zwanzig und fünfzig Jahren zeigte: Vier von zehn Beschäftigten wissen, dass Medikamente gegen Depressionen auch bei Gesunden wirken können. Zwei von zehn halten die Risiken dieser Medikamente im Vergleich zu ihrem Nutzen für vertretbar. Zwei Millionen Menschen, so die Schätzung der DAK, haben schon mal mit stimmungsverändernden Medikamenten nachgeholfen. Wenn wir solche künstlichen Glücklichmacher akzeptieren, wollen wir unglückliche Stimmungen vermeiden, wollen nicht spüren, wenn die Dinge schlecht laufen. Die künstlichen Glücklichmacher helfen uns, so zu tun, als sei alles in Ordnung.

Wer Pillen schluckt, sich mit Essen, Alkohol oder Arbeit ablenkt, um negative Gefühle nicht spüren zu müssen, hat noch nicht erkannt, dass die schlechten Zeiten ebenso zum Glück gehören wie die guten. Er sucht dann das Glück »an der falschen Ecke«, also nur in den hellen Zonen des Lebens, wie die im Jahr 2010 verstorbene Psychotherapeutin Rosmarie Welter-Enderlin einmal meinte. »Sie glauben, wenn sie nur das oder jenes nicht hätten erleiden müssen oder wenn sie beruflich erfolgreicher wären oder einen besseren Partner hätten, dann wären sie glücklich. Dabei übersehen sie oftmals, dass sie durchaus die Fähigkeit besitzen, trotz widriger Umstände zu gedeihen.« Und, so könnte man hinzufügen: auch glücklich werden zu können.

Glück ist also mehr als ein zufriedenes Lächeln. Zu unserem Glück gehören auch Gefühle, die wir zunächst nicht damit in Verbindung bringen: leidvolle Gefühle wie Traurigkeit, Trauer, Enttäuschung und Verzweiflung. Zu unserem Glück gehören ebenso Enttäuschungen, Verlusterlebnisse und Misserfolge. Diese Vorstellung des Glücks, die positive Momente ebenso umfasst wie negative, unterscheidet sich grundsätzlich von der, die wir heute von allen Seiten präsentiert bekommen: Dieses Glück hat keine rosarote Brille auf, es registriert die Realität, so wie sie ist. Es ist nicht verbunden mit einem permanenten Hochgefühl, einem schönen Schwebezustand, sondern mit etwas sehr viel Wertvollerem: mit der Gewissheit, dass man sich nicht fürchten muss vor den Wechselfällen des Lebens, dass man vorbereitet ist auf alles, was es für einen bereithält – das Positive wie das Negative.

Die zu Beginn zitierten Dichter und Denker, Heinrich Heine, Schopenhauer, Goethe, Nietzsche und Mahatma Gandhi, liegen mit ihren Definitionen des Glücks also gar nicht so falsch. Glück ist ein Kontrasterlebnis. Es stellt sich ein, wenn wir Schlimmes überstanden, wenn wir an Lebensprüfungen ein Stück gewachsen sind. Manchmal zeigt es sich wie ein »leichtes Mädchen« (Heine) unverhofft, einfach so, in glücklichen Augenblicken. Auf keinen Fall aber lässt es sich gezielt einfangen, es steht nicht zum Abruf bereit, wie uns vielleicht die ein oder andere moderne Glücksbotschaft suggerieren will. Die Positiven Psychologen und ihre Anhänger sollten sich in Erinnerung rufen, was Sigmund Freud, der Begründer der Psychoanalyse, über das Glück zu sagen hatte. Er meinte: »Was man im strengsten Sinne Glück heißt, entspringt der eher plötzlichen Befriedigung hoch aufgestauter Bedürfnisse und ist seiner Natur nach nur als episodisches Phänomen möglich. Jede Fortdauer einer vom Lustprinzip ersehnten Situation ergibt nur ein Gefühl von lauem Behagen; wir sind so eingerichtet, dass wir nur den Kontrast intensiv genießen können, den Zustand sehr wenig. Somit sind unsere Glücksmöglichkeiten durch unsere Konstitution beschränkt.«

Ignorieren wir also die künstlichen »Kulissen des Glücks« (ein Begriff des Soziologen Gerhard Schulze). Sie machen uns nicht glücklich. Überprüfen wir auch unsere Vorstellungen vom Glück. Das wirkliche Glück ist nicht nur eine Folge angenehmer Gefühle und Erlebnisse. Und es zeigt sich nicht unbedingt im Gewand lauter Emotionen. Der vor Stolz berstende Gewinner einer TV-Spielshow, der euphorische Sportler, der seine Emotionen nach dem Wettkampf ins Mikrofon spricht – das sind sicherlich kurze Glücksmomente; ihre Dramatik verstellt jedoch den Blick auf das alltägliche Glück, das sehr viel leiser und bescheidener auftritt. Wer nur auf die lauten Glücksmomente wartet, übersieht leicht das ganz normale Glück. Worin das bestehen kann, zeigt ein chinesischer Philosoph, der im 17. Jahrhundert über die glücklichsten Momente seines Lebens nachdachte. Er kam auf dreiunddreißig, die unter dem Titel »Die dreiunddreißig glücklichsten Momente des Herrn Chin Shength'an« veröffentlicht wurden: »Ganz zufällig in einer Kiste einen handschriftlichen Brief von einem alten Freund gefunden. Ist das vielleicht nicht Glück?« Oder: »Ein Mann kommt von einer langen Reise nach Hause zurück; er sieht das alte Stadttor und hört die Frauen und Kinder auf beiden Ufern des Flusses seine Mundart reden. Ist das vielleicht nicht Glück?«

In diesem Sinne ist Glück dann doch machbar. Voraussetzung ist allerdings, dass wir aufhören, einem falsch verstanden Glück hinterherzurennen, sondern offen bleiben für die Momente, in denen es sich uns zeigt. Am besten halten wir es mit dem Philosophen Seneca, der meinte: »Der ist der Glücklichste, der sich keine Gedanken über das Glück macht.«

FAZIT
Warum wir das Gebot **Sei glücklich!** nicht befolgen sollten

Das Glück, das nach diesem Gebot machbar und erlernbar ist, gibt es nicht als Dauerzustand. Glück taucht nur für den Moment auf, oft dann, wenn wir es gar nicht erwarten. Glück ist ein flüchtiges Gut, wir können es nicht festhalten – und schon gar nicht herstellen. Manchmal merken wir sogar erst im Nachhinein, dass wir glücklich waren. Zudem: Glückliche Momente entstehen nicht, wie uns die modernen Glücksprediger weismachen wollen, ausschließlich durch positive Ereignisse. Auch überstandenes Unglück – überwundene Trauer, bewältigte Schmerzen, die Genesung nach Krankheit, bestandene Prüfungen – können uns glücklich machen. Gerade diese Erfahrungen geben uns das Gefühl, mit beiden Beinen im Leben zu stehen, und die beruhigende Gewissheit: »So schnell wirft mich nichts um.« Glück empfinden wir, wenn wir wissen, dass wir den Wechselfällen des Lebens gewachsen sind, dass wir bereit sind für alles, was das Leben für uns bereithält: das Positive wie das Negative. Das Gebot *Sei glücklich!* aber fordert von uns, dass wir unser Leben so leben, dass es *anhaltend* erfüllt, sinnvoll und angenehm ist. Das ist eine sehr eingeschränkte Glücksvorstellung, die mit einem wirklich erfüllten Leben nicht viel zu tun hat.

Zweites Gebot
Nutze die Zeit!

Was also ist die Zeit? Wenn mich niemand fragt, weiß ich es. Wenn ich es jemandem erklären will, der fragt, weiß ich es nicht.« Der Kirchenlehrer und Philosoph Augustinus, der von 354 bis 430 lebte, hatte Schwierigkeiten, eine Definition der Zeit abzugeben. Da fällt es uns heutigen Menschen schon leichter, die Zeit zu beschreiben. Obwohl wir Zeit nicht sehen, nicht hören, nicht riechen und nicht spüren können, glauben wir doch zu wissen, wovon wir reden:

- Zeit ist das, was die Uhr uns anzeigt: Sekunden, Minuten, Stunden.
- Zeit ist das, wovon wir alle zu wenig haben.
- Zeit ist das, was uns davonläuft.
- Zeit ist eine Ressource, die es bestmöglich zu nutzen gilt.

»Ich habe keine Zeit.« Wie oft hören wir diesen Satz von anderen Menschen, wie oft sagen wir ihn selbst? Glaubt man aktuellen Studien, dann leiden zwischen 40 und 60 Prozent der Erwachsenen in Deutschland unter ständigem Zeitmangel. Zwei Drittel der Berufstätigen stehen zeitlich so unter Druck, dass ihre Gesundheit »manchmal« oder »oft« leidet, wie eine repräsentative Umfrage der GfK Marktforschung ergab. Fast 40 Prozent der Befragten wünschten, der Tag hätte dreißig oder mehr Stunden. Dann, so hoffen sie, könnten sie endlich mal alles in Ruhe erledigen.

Zeitnot ist ein weitverbreitetes Problem, kaum jemand hat das Gefühl, ausreichend Zeit zur Verfügung zu haben. Dabei müssten wir im Vergleich zu früheren Generationen geradezu in Zeit schwimmen:

- Während unsere Vorfahren mühsam mit der Postkutsche unterwegs waren, bringen uns heute schnelle Autos, Hochgeschwindigkeitszüge und Flugzeuge in null Komma nichts an unser Ziel.
- Während noch unsere Urgroßmütter jeden Monat mühselige Waschtage einplanten und dann drei Tage schwer arbeitend mit der Wäsche beschäftigt waren, stecken wir heute unsere schmutzigen Sachen in die Waschmaschine und anschließend in den Trockner. Zeit rauben uns diese Tätigkeiten nicht mehr, wir können uns anderen, wichtigeren Aufgaben zuwenden.
- Während früher die Post mehrere Tage benötigte, ehe sie beim Empfänger eintraf, übermitteln wir uns heute Botschaften per E-Mail oder SMS in Sekundenschnelle.
- Und selbst das zeitraubende Zeitunglesen muss heute nicht mehr sein. Wollen wir uns über tagesaktuelle Neuigkeiten informieren – Online-Nachrichten oder Twitter-Botschaften sagen uns kurz und knapp und immer zeitnah, was wir über das aktuelle Geschehen wissen müssen, um mitreden zu können.

Das Leben ist einfacher geworden, die alltäglichen Tätigkeiten erfordern nicht mehr so viel Zeit. Wir haben also Zeit gewonnen, wir müssten eigentlich mehr als genug zur Verfügung haben. Doch das haben wir nicht, im Gegenteil: Die meisten von uns haben sogar deutlich weniger Zeit als vielleicht noch vor zehn Jahren. Die modernen Technologien und technischen Vereinfachungen mögen uns helfen, Zeit zu sparen, gleichzeitig beschleunigen sie unseren Alltag, indem sie die Zeit verdichten. Das heißt wir erledigen nun einfach mehr in kürzerer Zeit. Diese Beschleunigung setzt uns unter Druck und gibt einen Takt vor, mit dem wir nur schwer mithalten können. Das Gebot, dem wir gerecht werden müssen, heißt deshalb: *Nutze die Zeit!*

Das beste Beispiel für die Beschleunigung ist der E-Mail-Verkehr. Das Phänomen kennen wir alle: Weil wir in Windeseile eine E-Mail verschicken können, erwarten wir oft auch in Windeseile die Antwort. Und weil es so schön schnell und einfach geht, schreiben wir nicht nur eine Mail, sondern gleich ganz viele. Andere denken und handeln ebenso: Wo früher pro Tag drei Briefe eintrafen, quillt heute unser elektronischer Briefkasten über. Und all die fleißigen Absender erwarten, dass wir ihre Meldungen sofort lesen und uns mit der Beantwortung ihrer Anfragen, Bitten und Einladungen nicht allzu viel Zeit lassen. »Haben Sie meine E-Mail bekommen?«, fragt der Kunde am Telefon, der seine Anfrage per elektronischer Post vor gerade mal zwei Stunden abgeschickt hat. Andere versenden ihre Mail einfach noch einmal, wenn sie innerhalb eines Tages keine Antwort bekommen haben. Um nicht als allzu ungeduldig zu erscheinen, fügen sie scheinheilig eine beliebte Ausrede hinzu: »Ich habe im Moment Probleme mit meinem Server, deshalb weiß ich nicht, ob Sie meine Mail erhalten haben, und schicke sie vorsichtshalber heute noch einmal.« Und schon haben wir eine Meldung mehr im Briefkasten.

Eine Anzeige für das Apple iPhone mit seinen diversen Apps ist ein gutes Beispiel dafür, wie uns die neuen Technologien davor »bewahren«, Zeit zu vergeuden. Da gibt es zum Beispiel das App »Post mobil«. Dazu heißt es in der Anzeige: »Bezahl deine Briefe per Handyporto, finde mit GPS den nächsten Briefkasten, halte dich über den Lieferstatus deiner Sendung auf dem Laufenden und spare so, was wertvoll ist: Zeit.« Kein zeitraubendes Anstehen mehr am Postschalter wegen ein paar Briefmarken, keine nervende Suche nach einem Briefkasten. Apps wie dieses helfen uns, die Zeit zu sparen. Und was machen wir mit der gewonnenen Zeit? Vielleicht spielen wir ein sinnloses Computerspiel auf unserem iPhone oder quatschen in Facebook mit unseren sogenannten »Freunden«. Oder wir hetzen gleich weiter zur nächsten anstehenden Aufgabe.

Die Beschleunigung unseres Lebens durch die neuen Medien und Technologien verändert nicht nur die Geschwindigkeit und die Art und Weise, mit der wir kommunizieren. Sie beeinflusst alle unsere Lebensbereiche und damit unser gesamtes Verhalten. »Ich geh mal schnell in die Marketingabteilung«, sagt die Angestellte, die es eigentlich nicht eilig hat. »Ich will nur schnell mal mit X telefonieren«, sagen wir zu unserem Partner, der gar nicht erwartet, dass wir in zwei Minuten wieder zurück sind. Wir merken es schon gar nicht mehr: Wir machen alles »schnell«, selbst dann, wenn wir eigentlich Zeit hätten. Wie der Zeitforscher Karlheinz Geißler feststellt, hat sich in den letzten Jahrzehnten »die Gehgeschwindigkeit der Menschen deutlich beschleunigt, gegessen wird schneller, gesprochen auch, und das Tempo beim An- und Auskleiden hat ebenso zugenommen.« Wir haben es eilig. Immer.

Wir sind im Stress – immer und überall

Zeit ist zu einem wertvollen, begrenzten Gut geworden, mit dem man sorgsam umgehen, das man am besten »sparen« und geschickt »managen« muss. *Nutze die Zeit!*, das ist zu einem jener Gebote geworden, die wir angestrengt befolgen und an deren Machbarkeit wir glauben. Wir wollen unsere Zeit auf keinen Fall vergeuden oder sinnlos verstreichen lassen. Schließlich gibt es so viel zu tun und zu erledigen, 24 Stunden reichen eigentlich nicht aus, um die Anforderungen eines Tages zu erfüllen. Tatenlos aus dem Fenster schauen, einen dicken Schmöker lesen, lange Spaziergänge machen – das dürfen wir uns erst erlauben, wenn alles erledigt ist. Wann aber ist das? Denn selbst wenn wir uns an freien Tagen vornehmen, endlich auszuspannen, mal nichts zu tun, uns Zeit für uns selbst zu nehmen, gelingt das oft nicht. Die Freizeit ist ebenso durchstrukturiert und durchgeplant wie die Arbeitszeit, so sehr, dass wir inzwischen schon ganz selbstverständlich das Wort »Stress« an das Wort »Freizeit« hängen: Wir sind im Freizeitstress. Das Gebot *Nutze die Zeit!* gilt auch für den Feierabend, die Wochenenden und Urlaube. Wir wollen sogar aus unseren freien Tagen das Maximum herausholen, jede Stunde, jede Minute »nutzen«.

Zu welchen Auswüchsen das führen kann, wissen wir alle, wenn wir zu Beginn eines Wochenendes mal wieder voller Sorge an die vor uns liegenden Aufgaben denken. Zu vieles müsste erledigt werden: endlich mal wieder die alten Eltern besuchen, eine Einladung erwidern, die Garage aufräumen, die Steuererklärung vorbereiten, mit den Kindern lernen oder spielen ... Wie sollen wir all das nur auf die Reihe bekommen? Und davon mal ganz abgesehen, gibt es so viele Angebote, die wir wahrnehmen wollen: das Konzert mit der Stargeigerin, den so toll besprochenen Film, das neueröffnete Restaurant. Langeweile im besten Wortsinn (eine lange Weile) kann auf diese Weise gar nicht entstehen.

Die Kommunikations- und Politikwissenschaftlerin Miriam Meckel schreibt in ihrem Buch *Brief an mein Leben*, sie lebe »immer im Spannungsfeld eines Überangebots von möglichen Alternativen, von Dingen, die mich interessieren und neugierig machen, und einem Unterangebot von zur Verfügung stehender Zeit. Es ist immer zu wenig Zeit für die vielen Dinge, die ich tun und erkunden möchte«.

Weil die Zeit nicht reicht, haben auch wir häufig das Gefühl, zum eigentlichen Leben, zu den Dingen, die uns wirklich interessieren, nicht zu kommen. Dass das nicht nur ein Gefühl ist, bestätigt eine interessante Studie. Sie zeigt, dass wir viel zu oft Dinge aufschieben, die uns eigentlich Vergnügen und Entspannung bereiten könnten – bis es zu spät ist. Wir glauben, irgendwann, später, ist immer noch genügend Zeit dafür. Jetzt ist anderes wichtiger. Da liegen Geschenkgutscheine in der Schublade, die wir einlösen wollen, wenn wir mal Zeit dazu haben. Da warten die Sehenswürdigkeiten unserer Stadt schon jahrelang auf unseren Besuch, weil wir bislang keine Zeit dafür hatten und der Meinung sind, dass uns das alles ja nicht davonläuft. Da warten wir mit dem Besuch einer Ausstellung so lange (»Oh, die läuft bis Ende des Jahres, da kann ich immer noch hingehen«), bis es zu spät ist. Da reden wir von einem Spielfilm, der uns brennend interessiert, doch für einen Kinobesuch reicht die Zeit nicht, und irgendwann ist der Film nicht mehr im Programm.

Nicht nur die Fülle an Freizeitangeboten will genutzt werden, viele Menschen klagen inzwischen auch über Arbeitsstress in der Freizeit. Wie amerikanische und kanadische Wissenschaftler bei einer Umfrage unter 1800 Berufstätigen herausgefunden haben, frisst sich die Arbeit zunehmend in das Privatleben hinein. Über die Hälfte der Befragten gaben an, dass sie an ihren freien Tagen über Arbeitsproblemen grübelten oder Arbeit mit nach Hause nähmen. Besonders Berufstätige mit höherer Ausbildung und Qualifizierung sowie Besserverdienende sind davon betroffen. Weil der Arbeitsdruck so hoch ist, weil man Angst hat, nicht mehr mithalten zu können mit dem enormen Tempo am Arbeitsplatz, oder gar fürchtet, auf der Abschussliste zu stehen, nutzen viele Arbeitnehmer ihre Freizeit zur Aufarbeitung von Liegengebliebenem oder zur Vorbereitung auf den nächsten Tag, die nächste Woche.

Wie eine Umfrage des Bundesverbandes Informationswirtschaft, Telekommunikation und neue Medien (Bitkom) unter 1000 Bundesbürgern zeigt, sind immer mehr Menschen in der Freizeit dienstlich zu erreichen. Zwei Drittel der Berufstätigen in Deutschland stehen außerhalb ihrer regulären Arbeitszeit per Internet oder Handy zur Verfügung. Der Chef, Kollegen, Kunden dürfen sie stören. Männer sind dabei noch mehr als Frauen dauernd erreichbar: laut Bitkom-Umfrage fast drei Viertel der Männer, von den Frauen sind es 59 Prozent.

Die Beschleunigung unseres Lebens und das Gefühl, unbedingt mit allem mithalten zu müssen, führt zu einer zunehmenden Vermischung zwischen Arbeits- und Privatleben und verursacht bei vielen von uns ein Gefühl, als stünden wir auf »rutschenden Abhängen«, schreibt der Soziologe Hartmut Rosa. Um diesem Abwärtssog gegenzusteuern, greifen wir zu einem scheinbar naheliegenden Mittel – wir versuchen, unsere Zeit bestmöglich zu nutzen:

- Wir kaufen die 5-Minuten-Terrine, trinken unseren Kaffee im Gehen, freuen uns, dass Haarefärben inzwischen nicht mehr dreißig, sondern nur noch zehn Minuten dauert, und drücken im Lift auf die »Tür zu«-Taste, weil es uns zu lange dauert, bis die Tür sich von selbst schließt.
- Wir machen Pläne, was wann in welcher Zeit erledigt werden muss. Stellen jeden Morgen To-do-Listen auf, aktualisieren unsere Excel-Tabellen, kleben an alle möglichen und unmöglichen Stellen Post-its – alles, um nur ja nichts zu vergessen.
- Wir erledigen mehrere Dinge gleichzeitig. Während wir telefonieren, checken wir gleichzeitig unsere E-Mails. Beim Bügeln hören wir unser Kind die Vokabeln ab. Wir essen am Arbeitsplatz und surfen parallel dazu im Internet nach den neuesten Nachrichten.
- Wenn wir müde werden, machen wir allerhöchstens Power Napping, aber ganz sicher keinen ausgiebigen Mittagsschlaf. Meist aber trinken wir nur eine Tasse Kaffee oder gönnen uns ein Stück Schokolade.
- Statt mit Freunden zu telefonieren, schicken wir E-Mails oder SMS. Aus dem Urlaub oder zu Weihnachten versenden wir Rundmails, weil das Kartenschreiben zu zeitraubend ist.
- Unsere Nächte haben selten sieben oder gar acht Schlafstunden; sechs sind ausreichend, so glauben wir.

So oder so ähnlich verhalten sich die meisten Menschen in unserer Gesellschaft. Kaum jemandem kommt das seltsam oder bedenklich vor. Zwar werden der ständige Zeitdruck und Zeitmangel durchaus beklagt, aber als wirklich negativ werden sie nicht bewertet. Zeitnot ist zu einer Art Erfolgsmerkmal geworden: Wer keine Zeit hat, der ist wichtig, der hat Bedeutendes zu tun, der ist gefragt und wird gebraucht. Wer dagegen ausreichend Zeit hat, eventuell gar zu viel Zeit, der steht entweder am Rande der Gesellschaft, ist beispielsweise wegen Arbeitslosigkeit oder Krankheit aus der Zeit gefallen oder kann es sich leisten, weil er reich oder sonst wie privilegiert ist. Keine Zeit zu haben gehört heute für Menschen, die mitten im Leben stehen, einfach dazu. Bewundert wird, wem es gelingt, die Zeit gut zu managen, zu verwalten, zu beherrschen und trotz seiner geringen Zeitbudgets alles, was er schaffen will, zu schaffen.

Gehört die Zeit uns?

Wenn wir über Zeit reden, dann reden wir oft so, als sei sie unser Besitz, den wir ganz nach Belieben vergrößern und vermehren können. Wer die Stunden, die Minuten, ja die Sekunden im Griff hat, der holt das meiste heraus – aus seiner Berufszeit wie aus seiner Freizeit. Weil wir dies glauben, setzen wir große Hoffnung in Zeitplaner, die uns helfen sollen, mehr Ordnung und damit mehr Zeit in unser Leben zu bringen. Wir hören dabei bereitwillig auf Experten, die uns beibringen wollen, wie wir am meisten aus den vierundzwanzig Stunden des Tages herausholen können. In einschlägigen Werken kann man Empfehlungen nachlesen wie diese: »Nutzen Sie klug Ihre Zeit«, »Gehen Sie davon aus, dass Zeit verfügbar ist«, »Planen Sie Ihren Tag«, »Legen Sie einen Zeitplan an: Was ist am wichtigsten, dringendsten zu erledigen, was ist weniger wichtig?«, »Schieben Sie keine Arbeiten auf«, »Verschwenden Sie keine Zeit«. Oder, wie die Autoren Marion und Werner Tiki Küstenmacher empfehlen: »Wenn Sie etwas schaffen wollen, brauchen Sie einen genauen, schriftlichen Ablauf, möglichst im Stundenrhythmus. Also: ›9 Uhr: Material sammeln; 10 Uhr: Pause; 10.15: Bericht verfassen; 11 Uhr: Frau

Link zur Korrektur geben, währenddessen Telefonate erledigen; 11.30: Korrekturen einfügen und ausdrucken; 12 bis 12.30 Uhr: Pufferzeit‹.«

Doch noch so akribisch verplante und geordnete Zeit kann uns nicht zu dem Zeitreichtum verhelfen, den wir uns wünschen. Wir können uns beeilen, abhetzen, unsere Zeit strukturieren und versuchen, sie bestmöglich zu nutzen – mehr davon haben wir deshalb nicht. Kein Wunder, denn wir machen in unserem Versuch, die Zeit zu dehnen und zu vermehren, einen schweren Denkfehler: Die Zeit lässt sich nicht »managen«. Sie entzieht sich unserem Einfluss. Der Zeitforscher Karlheinz Geißler nennt drei dem Zeitmanagement zugrunde liegende Irrtümer:

1. Die Zeit gehört uns nicht

Wir können Zeit nicht besitzen, also können wir sie auch nicht »haben«.

2. Zeitmanagement kann uns nicht zu mehr Zeit verhelfen

Es kann uns lediglich in eine »Präzisionsuhr« verwandeln, die nur noch »sinnvolle«, »nützliche« Handlungen kennt. Insofern ist Zeitmanagementberatung nichts weiter als eine Maßnahme zur Selbstdisziplinierung. Je besser wir es schaffen, in der uns zur Verfügung stehenden Zeit alles zu erledigen, umso mehr werden wir zu tun haben. »Wenn du etwas erledigt haben möchtest, dann wende dich an jemanden, der bereits viel zu tun hat«, lautet eine Volksweisheit.

3. Zeitmanagement kostet Zeit

Die Erwartung »Wenn ich die Zeit im Griff habe, dann habe ich Zeit« kann sich deshalb nicht erfüllen. »Je mehr Zeit wir planen, umso geringer wird unser Gestaltungsrahmen. Wir brauchen Zeit, um die Zeit zu managen«, erklärt Karlheinz Geißler. Da beißt sich die Katze in den Schwanz.

Alles auf einmal und möglichst gleichzeitig!

Wenn wir dem Gebot *Nutze die Zeit!* bereitwillig folgen, aber immer das Gefühl haben, dass uns das überfordert, sollten wir uns klarmachen: Wir können Zeit nicht vermehren, und wir können sie auch nicht managen. Vor allem aber sollten wir wissen: Der Wunsch, mehr aus der Zeit herauszuholen, kann krank machen. Wenn wir möglichst viel gleichzeitig machen wollen, weil wir glauben, nicht ausreichend Zeit zu haben, um eines nach dem anderen in Ruhe zu erledigen, gehen wir das hohe Risiko ein, auf direktem Wege in die Überforderung zu schlittern. Denn das menschliche Gehirn ist nicht dafür geschaffen, mehrere Dinge gleichzeitig mit Aufmerksamkeit zu erledigen.

Der Münchner Hirnforscher Ernst Pöppel weist darauf hin, dass es in unserem Gehirn so etwas wie ein »Drei-Sekunden-Bewusstseins-Fenster« gibt, das heißt, wir können etwa alle drei Sekunden Neues wahrnehmen und erfassen. »Das Bewusstsein verfügt damit über einen hocheffizienten Ordnungsrahmen«, erklärt Pöppel, »in dem es Informationen sinnvoll ordnet und Wissen schafft, weil wir uns einen Begriff von etwas machen können.« Diese drei Sekunden brauchen wir, schneller können wir nicht wahrnehmen und begreifen. Und für mehr als *einen* Sachverhalt ist in diesen drei Sekunden kein Platz. Das heißt nicht, dass wir nicht unbewusst, intuitiv wahrnehmen, was sonst so läuft. So konzentrieren wir uns im dichten Stoßverkehr auf den Fahrer vor uns, nehmen aber auch wahr, dass ein Ball auf die Straße rollt und ein Kind am Straßenrand auftaucht. In der nächsten »Drei-Sekunden-Einheit«

treten wir auf die Bremse und lassen das Kind sicher über die Straße. Wichtig ist, dass eine Handlung nach der anderen folgt und nicht mehrere Handlungen parallel stattfinden.

Natürlich können wir dieses Drei-Sekunden-Fenster überlisten. Wir sind durchaus in der Lage, zwischen verschiedenen Aufgaben hin und her zu schalten: E-Mails lesen, Telefon abnehmen, einen Text lesen, wieder E-Mails abrufen und so weiter. Aber das Drei-Sekunden-Zeitfenster unseres Gehirns wird dadurch nicht größer. Dort ist immer nur Platz für ein Thema. »Ein reines Multitasking, dass man gleichzeitig zwei oder drei verschiedene Dinge mit derselben Konzentration erledigt, ist für das Gehirn nicht möglich – auch nicht in zwei, drei oder vier Generationen. Die Evolution verläuft in etwas anderen Zeiträumen«, so Pöppel.

Die Vorstellung, wir könnten ernsthaft verschiedene Dinge gleichzeitig auf die Reihe bekommen, ist also eine Illusion. »Wenn wir glauben, wir täten Dinge gleichzeitig, erledigten mehrere Aufgaben in derselben Zeit, dann produzieren wir für uns selbst nur die Illusion der Gleichzeitigkeit«, schreibt die Wissenschaftlerin Miriam Meckel. »Tatsächlich springt unser Gehirn zwischen den verschiedenen Aufgaben hin und her, erledigt hier ein bisschen und dort ein bisschen, immer im Wechsel. Das kostet Kraft und Zeit. Deshalb werden wir durch das vermeintliche Multitasking nicht schneller und besser, sondern langsamer und müde im Kopf.«

Dass Multitasking auf Dauer unkonzentriert macht, bestätigen die Forschungen von Ernst Pöppel. Und nicht nur das. Multitasking, so seine Erkenntnis, fördert sogar »schizoides Denken«. Das heißt, wir können die jeweiligen Inhalte nicht mehr richtig verarbeiten, können uns nicht merken, was da alles auf uns einprasselt, und werden in unserem Denken immer fahriger und unkonzentrierter. Vor allem wissen wir nichts mehr richtig. Wir besitzen nur noch Bruchstückwissen.

Auch Miriam Meckel, die sich als Professorin für Corporate Communication an der Universität St. Gallen bestens mit den Gefahren der modernen Kommunikation auskennt, bekam die gefährliche Schattenseite des Multitasking zu spüren. Sie beschreibt die Folgen in ihrem Buch *Brief an mein Leben*: »Ich bin seit langem in einem Zustand, der mit Konzentrationsschwierigkeiten noch sehr dezent beschrieben ist. Mein Kopf brummt, so könnte ich es umgangssprachlich beschreiben. Er ist einfach immer übervoll, und es gelingt mir nicht, einen Teil der Impulse und Gedanken so abzuleiten, dass ich mich auf den verbleibenden Teil wirklich konzentrieren kann. Oft habe ich das Gefühl, in meinem Kopf würden die vier Jahreszeiten von Vivaldi gleichzeitig abgespielt, gelegentlich auch in doppelter Geschwindigkeit ... Alles klingt etwas schnell, schrill, Micky-Mouse-artig. Es tut ein bisschen weh in den Ohren, man erkennt hauptsächlich noch die akustischen Spitzen der Musik und verpasst vor allem die Schönheit des Klangs, die leiseren Töne, die besonderen Tonfolgen, die sich langsam aufbauen, um die Führungsmelodie des Stücks herauszuarbeiten. So ist es auch in meinem Kopf. Mir fehlt die Führungsmelodie.«

Das, was Miriam Meckel hier aus eigenem Erleben beschreibt, bestätigen diverse psychologische Studien: Multitasking hat äußerst negative Auswirkungen auf unsere Wahrnehmungsfähigkeit und Konzentration:

- In Experimenten amerikanischer Psychologen sollten Versuchspersonen auf einem Bildschirm auf eine Verkehrssituation reagieren und gleichzeitig einfache Aufgaben erledigen, bei denen sie dauernd sprechen mussten. Im Unterschied zu einer Gruppe, die sich nur auf das virtuelle Verkehrsszenario konzentrieren musste, neigten die Multitasker zu deutlich riskanteren Entscheidungen.
- Wissenschaftler der amerikanischen Western Washington University haben in einer Studie zum Thema Handynutzung und Aufmerksamkeit festgestellt: Wer beim Telefonieren geht, ist so absorbiert, dass er sogar markante Dinge in seiner Umgebung übersieht – beispielsweise einen Clown. Die Wissenschaftler beobachteten Menschen in

einer Fußgängerzone, die entweder via mp3-Player Musik hörten, mit dem Handy telefonierten oder mit ihren Begleitern redeten. Und sie ließen einen bunt geschminkten Clown mit dem Einrad durch die Fußgängerzone fahren. Die Passanten wurden dann angehalten und gefragt: »Haben Sie den Clown gesehen?« Während mehr als die Hälfte der musikhörenden oder sich unterhaltenden Personen den Clown wahrgenommen hatten, war er nur jedem vierten Handybenutzer aufgefallen. Telefonieren am Handy und gleichzeitig gehen beansprucht also die Aufmerksamkeit extrem stark.

Londoner Wissenschaftler untersuchten mit mehr als 1000 Teilnehmern ebenfalls die Auswirkungen von Multitasking: Versuchspersonen sollten eine Aufgabe lösen und bekamen nebenher E-Mails, die sie lesen sollten. Eine andere Gruppe durfte während der Aufgabe Marihuana rauchen und blieb von der elektronischen Post verschont. Die »Raucher« schnitten bei der Aufgabe deutlich besser ab als die Gruppe, die sich zusätzlich mit den E-Mails herumschlagen musste. Bei diesen sank der anschließend gemessene IQ-Wert mehr als doppelt so stark wie bei den kiffenden Versuchspersonen. Konkret nahmen die kognitiven Fähigkeiten der Multitasker um zehn Prozent im Vergleich zur anderen Gruppe ab.

Auch das Internet verändert unsere Aufmerksamkeit und unser Denken. Der Kommunikationswissenschaftler Howard Rheingold beispielsweise meint in einer Umfrage der Onlineseite edge.org, dass wir durch die Nutzung des Internets »leichtgläubiger, zerstreuter und oberflächlicher« werden. Und der Psychologe Mihály Csikszentmihályi fürchtet, dass die ständige Verfügbarkeit von Information uns denkfaul macht. Wir überlegen uns keine eigenen Lösungen mehr, sondern befragen sofort das Internet, wenn eine Frage oder Unsicherheit auftaucht. Das Internet vermittle aber kein wirkliches Wissen, sondern nur isolierte Fakten, deren Richtigkeit und Relevanz wir oftmals nicht mehr einschätzen können – weshalb die Experten befürchten, dass wir auf Dauer nicht klüger, sondern eher dümmer werden. Indem es uns mit Informationen überflute, schaffe das Internet kein wirkliches Wissen, sondern nur die Illusion von Wissen.

Der Versuch, sich an die schnelllebige Zeit möglichst gut anzupassen und dem Gebot *Nutze die Zeit!* gerecht zu werden, kann also auf Dauer dazu führen, dass wir gar nichts mehr wirklich richtig machen, womöglich immer unwissender werden und vor allem: dass wir nichts mehr wirklich konzentriert tun können. Das Aufmerksamkeitsdefizitsyndrom (ADHS), das bislang vor allem bei Kindern und Jugendlichen beobachtet wird, ist ein zunehmendes Problem auch bei Erwachsenen. Sie sind immer weniger in der Lage, mal innezuhalten und nachzudenken oder mal ganz in Ruhe nichts zu tun. Vielen fällt es schwer, bei einer Sache zu bleiben. Wer unter mangelnder Aufmerksamkeit leidet, den bringt jede kleine Störung oder Ablenkung vom eigentlichen Vorhaben ab.

Vielleicht können auch Sie sich einfühlen in die folgende Beschreibung. Sie stammt von der amerikanischen Psychotherapeutin Lynn Weiss, die sich auf ADHS bei Erwachsenen spezialisiert hat.

»An den Tagen, an denen ich Papierkram zu erledigen habe, zwinge ich mich, mich an den Schreibtisch zu setzen, und versuche, Ordnung zu schaffen. Auf dem Tisch stapeln sich die Papiere. Ich nehme eine Rechnung zur Hand, fülle den Scheck aus und schicke mich an, eine Briefmarke darauf zu kleben. Aber die Briefmarken sind neben dem Behälter mit den Büroklammern, und ich finde, sie gehören in die Schreibtischschublade, also lege ich sie dort hinein. Und ich sehe mehr Kulis, als ich brauche, also werfe ich zwei davon weg. Dann klingelt das Telefon, und während ich telefoniere, fange ich an, Werbepost wegzuwerfen; außerdem liegen Zeitschriften auf dem Schreibtisch, also bringe ich die zum Bücherregal. Im Bücherregal finde ich eine alte Zeitschrift, die ich nicht mehr brauche, also werfe ich die weg. Dann merke ich, dass der Papierkorb voll ist … Als ich nach draußen gehe, um den Papierkorb auszuleeren, sehe ich, dass in der Küche etwas los ist, also mache ich erst einmal dort etwas. Es ist, als folgte ich einer Fährte von einem Punkt zum anderen. Ich kriege nichts erledigt, weil ich mich nicht auf eine Aufgabe konzentrieren kann.«

Wenn wir ständig unter Zeitdruck stehen, wenn unsere Tage regelmäßig mehr als vierundzwanzig Stunden haben müssten, dann sollten wir auf Warnzeichen achten, die uns zeigen, dass wir unsere Aufmerksamkeitskapazität überstrapazieren. Vor allem folgende »Symptome« sollten zu denken geben. Sie zeigen, dass das Gebot *Nutze die Zeit!* uns Schaden zufügt:

- Wir ertappen uns dabei, dass wir anderen nicht richtig zuhören, dass wir in Gedanken oft woanders sind.
- Wir fangen eine Sache an und lassen uns dann – durch das Telefon, einen Gedanken – ablenken. Eine typische Situation, die wohl jeder kennt: Man steht plötzlich in der Küche und weiß nicht mehr, was man dort wollte.
- Wir haben permanent zu wenig Zeit für die Menschen, die uns wichtig sind: für die Familie, den Partner, aber auch für uns selbst.
- Wir können nicht mehr in Ruhe genießen. Wir essen und trinken zu schnell, wir eilen durch Museen oder haken am Urlaubsort die Sehenswürdigkeiten nur noch ab.
- Wir finden keine Zeit, Routineaufgaben zu erledigen, wie beispielsweise die Steuererklärung, das Rasenmähen, die Bügelwäsche, und haben dann das Gefühl, die Berge von Unerledigtem wachsen uns über den Kopf.
- Wir können uns schlecht an Dinge aus der jüngsten Vergangenheit erinnern. Wie hieß der junge Mann gleich wieder, der als Praktikant in der Firma arbeitet? Wann waren wir bei Schmidts zum Essen eingeladen? Wie lange ist das her?
- Wir sind zerstreut und vergesslich. Wir wissen nicht mehr, wo wir die Schlüssel hingelegt haben, oder deponieren Dinge im Kühlschrank, die dort nicht hingehören (zum Beispiel den Geldbeutel).

Muße – leben in der Gegenwart

Spätestens wenn wir diese Phänomene bei uns beobachten, sollten wir unseren Umgang mit der Zeit überdenken und lernen, uns dem Gebot *Nutze die Zeit!* zu widersetzen und seine Machbarkeit zu hinterfragen. Dazu ist es zunächst hilfreich, sich klarzumachen, dass das Zeitmodell, nach dem wir in der Regel leben, nicht das allein selig machende ist. Seit der Industrialisierung im 17. Jahrhundert leben wir nach einem linearen Zeitmodell, das heißt: Es gibt ein eindeutig zu definierendes Vorher und ein Nachher, es gibt Vergangenheit, Gegenwart und Zukunft. Zeit ist die Bewegung von einem Jetzt zu einem Später, von einer Aufgabe zur nächsten. Diese lineare Zeitvorstellung verführt uns dazu, den Blick ständig nach vorn zu richten: auf in der Zukunft liegende Pläne, auf noch nicht Erledigtes, auf den nächsten Urlaub, auf die Pensionierung. Wir leben nicht in der Gegenwart, sondern sind in Gedanken schon immer in der Zukunft. Dieser lineare Zeitbegriff hat stets Ziele vor Augen, die es zu erreichen gilt.

Vor Erfindung der Uhr Ende des 13. Jahrhunderts und noch bis ins 17. Jahrhundert hatten die Menschen einen anderen Zeitbegriff. Sie lebten nach den Zeitgebern der Natur – den Tages- und Jahreszeiten – und orientierten sich an den Geschehnissen und Aktivitäten des Alltags, an der »Ereigniszeit«, wie der Psychologe Robert Levine die uhrunabhängige Zeit nennt. Ereigniszeit und Uhrzeit unterscheiden sich erheblich: »Wenn die Ereigniszeit dominiert, wird der Zeitplan von den Aktivitäten bestimmt. Ereignisse beginnen und enden, wenn die Teilnehmer im gegenseitigen Einverständnis ›das Gefühl haben‹, dass die Zeit jetzt richtig sei.« Als die Ereigniszeit herrschte – und nicht die Uhrzeit –, begann zum Beispiel die Schule nicht Punkt acht Uhr, sondern erst, wenn es nicht mehr dunkel war. Oder: Die Kirchenglocken läuteten erst dann zum Gottesdienst, wenn der Bauer, der den weitesten Weg zur Kirche hatte, gesichtet worden war. Im afrikanischen Burundi verabreden sich Freunde angeblich immer noch, indem sie sagen »Wir sehen uns, wenn die Kühe auf die Weide gehen« und nicht »Also dann – bis morgen früh um acht«.

Dass wir heute nicht mehr ausschließlich nach der Ereigniszeit leben können, liegt auf der Hand. Wir können uns nicht für den Zeitpunkt »wenn die Kühe auf die Weide gehen« verabreden, denn in der Regel gibt es in unserer Umgebung gar keine Kühe mehr. Doch sollten wir versuchen, uns bei passender Gelegenheit an das zirkuläre Zeitmodell zu erinnern und dieses dem linearen wenigstens ab und zu entgegenzusetzen. Wenn wir nach einem zyklischen Zeitmodell leben, dann haben wir kein klar definiertes Ziel, das wir in einer ebenso klar definierten Zeitspanne erreichen wollen, sondern dann gilt nur das, was uns im Moment gefangen nimmt und was in diesem Augenblick wichtig ist.

Wie aber kommt man von der linearen zur zyklischen Zeitvorstellung? Indem wir uns auf etwas besinnen, das durch das Gebot *Nutze die Zeit!* völlig ins Hintertreffen geraten ist: die Muße. Sobald es uns gelingt, in Mußestunden die Zeit zu vergessen, befreien wir uns aus dem linearen Denken und damit aus der Herrschaft der Zeit. Wenn wir uns für zyklische Zeitphasen in unserem Leben sensibilisieren, lernen wir eine alte Weisheit der Fischer in unseren Alltag zu übertragen. Wir lernen, dass es eine Zeit zum Fischen gibt und eine Zeit, die Netze zu trocknen. Für unsere Vorfahren waren diese Zeiten einfacher zu identifizieren als für uns: Der Weg zum Nachbarn war weit. Er bot die Gelegenheit, die Gedanken schweifen zu lassen. Das Gebet am Abend half, das Tagesgeschehen hinter sich zu lassen. Die Abendstunden, die nicht vom Fernsehen dominiert waren, wurden zu geruhsamen Stunden für Gespräche und Handarbeit. Unsere Vorfahren wussten noch, was Muße ist. Uns aber, die wir Sklaven unserer Armbanduhr sind, sind Mußestunden fremd und nicht geheuer. Wir verbinden mit ihnen Zeitvergeudung. Zeit, die ungenutzt verstreicht.

Freie Zeit ungeplant einfach auf sich zukommen zu lassen, das ist eine Herausforderung. Und liegt so gar nicht im Trend. Nichts tun beziehungsweise etwas ohne ein konkretes Ziel zu tun entspricht nicht dem Zeitgeist, der das Multitasking zur Tugend erhoben hat. Muße verbinden viele von uns oft automatisch mit »Müßiggang«. Und das ist nichts Gutes, denn »Müßiggang ist aller Laster Anfang« und passt so gar nicht zu dem Gebot *Nutze die Zeit!*.

Dass Muße uns nicht geheuer ist, zeigt ein Artikel in der Wochenzeitung *Die Zeit* (30.12.2009). Der Autor, Ulrich Schnabel, beginnt seinen Beitrag, der sich »Der Wiederentdeckung der Muße« widmet, so:

»Wenn er sich zum Mittagsschlaf zurückzog, hängte der französische Dichter Saint-Pol-Roux an seine Tür das Schild: ›Poet bei der Arbeit‹. Denn er wusste: Müßiggang ist aller Ideen Anfang. Wirklich schöpferische Einfälle kommen einem am ehesten dann, wenn man sie nicht zu erzwingen versucht. Das gilt beileibe nicht nur für die Poesie. Die Erleuchtung zu seiner Gravitationstheorie kam Isaac Newton, als er im heimischen Obstgarten versonnen einen Apfel betrachtete.« Und auch der Chemiker Friedrich Kekulé oder der Philosoph René Descartes schufen in Mußestunden Großes, wie der Autor weiter ausführt.

Die Botschaft, die wir diesen Zeilen entnehmen, lautet: Muße ist gut – denn sie macht kreativ, hilft dem Denken auf die Sprünge. Muße ist ein Mittel zum Erfolg. Das stimmt: Zeiten der Muße sind notwendig, um die Gedanken zu ordnen, um zu sich und auf neue Ideen zu kommen. Die Argumentation des *Zeit*-Autors steht allerdings ganz in der Tradition unseres Zeitverständnisses: Wenn wir es uns erlauben, mal nichts zu tun, sollten wir wenigstens am Ende mit einer kreativen Idee dastehen. Die Muße wird in den Dienst der

Effektivität gestellt. Oder sogar verwechselt mit Regeneration und Fitness. Wer sagt, er müsse mal dringend ausspannen, zu Kräften kommen, die Batterien aufladen, will nicht wirklich zur Ruhe kommen, sondern etwas tun, das ihn befähigt, anschließend wieder in dem hektischen Zeitkreislauf mithalten zu können.

Auch die moderne Hirnforschung trägt dazu bei, Mußestunden unter dem Nützlichkeitsaspekt zu betrachten. Hirnforscher weisen gern darauf hin, dass unser Gehirn immer wieder Auszeiten braucht, um Ordnung zu schaffen und den Input an Wissen und Reizen zu organisieren und zu bewältigen. Also geht es nicht um die Muße an sich, die kein Ziel haben und keinem Zweck dienen muss. Vielmehr muss Muße sein, damit es im Gehirn nicht zu einem Kurzschluss kommt. Wir dürfen uns Auszeiten erlauben, damit wir danach wieder umso besser funktionieren.

Wirkliche Muße sollte hingegen frei sein von wie auch immer gearteten Verwertungsinteressen. Wirkliche Muße ist nutzlos, aber alles andere als sinnlos. Wirklich Muße bedeutet nach der Definition in Grimms Wörterbuch: »Fernsein von Geschäften und Abhaltungen«. Der Soziologe und Zeitforscher Hartmut Rosa empfiehlt uns Getriebenen, sich manche Tage bewusst freizuhalten und sich im Terminkalender »groß einzutragen: ›Nichts‹. Und wenn dann jemand fragt: Wollen wir an diesem Tag etwas unternehmen?, muss man konsequent sagen: ›Nein, da hab ich schon was vor.‹« Anfänger üben das zunächst mit einem freien Abend in der Woche, Fortgeschrittene lassen schon mal längere Zeitspannen von einem oder mehreren Tagen auf sich zukommen, ohne genau zu wissen, wie sie die Zeit verbringen wollen. Oder sie machen gar einen Kurzurlaub, den sie nicht mit Animation, Sightseeing oder River-Rafting verbringen, sondern mit ereignislosem »Airsnapping« – wie der Kabarettist Gerhard Polt eine unspektakuläre Freizeitbetätigung modisch aufpeppt und sich klug über die Anglizismen in unserer Sprache lustig macht.

Muße ist ein Kunststück, das wir nur zustande bringen, wenn wir es wagen, gegen den Strom zu schwimmen. Wenn alle um einen herum hetzen und keine Zeit haben, kommt man sich möglicherweise etwas fehl am Platze vor, wenn man als Einziger plötzlich Zeit hat, sich nicht gestresst fühlt, nicht mitmacht beim großen Rennen im Hamsterrad. Wer zum Entsetzen seiner Freunde die im Preisausschreiben gewonnene Reise nach Dubai nicht antritt, weil er weiß, dass er dort nicht das findet, was er sucht; wer ein einfaches Hotel in den Bergen bucht, das keine Sauna, keinen Fitnessraum und keine Ayurveda-Behandlungen im Angebot hat; und wer es aushält, auch mal mit sich allein zu sein, und keine Dauerstimulation braucht – der ist auf dem besten Weg zum Mußekünstler.

Wahre Muße »ist die Übereinstimmung zwischen mir und dem, worauf es in meinem Leben ankommt«, sagt die österreichische Soziologin Helga Nowotny. Der amerikanische Psychologe Mihály Csikszentmihályi nennt diese Übereinstimmung *Flow*. Die Zeit spielt dann keine Rolle mehr, wir vergessen sie völlig, weil wir mit uns und dem, was wir tun oder nicht tun, in Einklang sind. Wenn wir im Flow sind, erleben wir die Zeit als »Eigenzeit«. »Stellen Sie sich vor«, erklärt Csikszentmihályi diesen Zustand, »Sie wedeln einen Berg hinunter: Sie konzentrieren sich auf Ihre Bewegungen, die Position der Skier, den Luftstrom, der Ihnen am Gesicht vorbeipfeift, die vorbeihuschenden schneebedeckten Bäume. In Ihrem Kopf ist jetzt kein Raum mehr für Konflikte und Widersprüche. Immerhin könnte ein ablenkender Gedanke oder ein ablenkendes Gefühl dazu führen, dass Sie kopfüber im Schnee landen. Und wer wollte das riskieren? Sie finden Ihre Abfahrt absolut phantastisch und möchten nur eines: dass sie ewig dauere und Sie völlig in diese Erfahrung eintauchen können.«

Wenn uns Muße gelingt, gelingt uns in der Tat ein kleines Kunststück. Denn wir verändern damit für eine gewisse Zeitspanne unsere übliche Zeitwahrnehmung: Für uns verläuft die Zeit nicht mehr linear – »und dann tue ich das, danach das, und wenn ich damit fertig bin, mache ich mich ans ...« –, sondern zirkulär: Mögen andere ruhig schneller, unruhiger, aktiver, beschäftigter sein, mich tangiert das nicht. Ich erlebe meine Zeit als einen Kreis: unendlich in diesem Augenblick, den ich gerade genieße. Sobald es uns gelingt, in Mußestunden die Zeit zu vergessen, befreien wir uns von dem Gebot *Nutze die Zeit!*

Das Problem ist allerdings, dass wir gerade jene Interessen hintanstellen, die uns diese Mußeerfahrung ermöglichen würden. Wir würden ja gern öfter mal gemütlich zu Hause bleiben und in Ruhe einen Schmöker lesen; wir möchten ja regelmäßiger mit unseren Freunden Kontakt haben; wir wünschen uns wirklich mehr Gelegenheiten für unser Klavierspiel ... Doch leider, leider fehlt dafür meist die Zeit. Gerade jene Tätigkeiten und Interessen, die uns zu wahrer Muße verhelfen können, befinden sich auf den untersten Plätzen unserer Prioritätenliste. Deshalb empfiehlt Hartmut Rosa, Eigenzeiten für »sakrosankt« zu erklären – »etwa den Probentermin mit meiner Band oder das Volleyballspiel – und daran auch nicht herumzudeuteln. Also nicht zu überlegen, ob man diesen Termin mal ausfallen lässt oder ob man später hingeht.«

Die Zeit vergeht nicht. Sie entsteht. Jeden Tag aufs Neue. Und jeden Tag aufs Neue können wir uns entscheiden, ob wir mitmachen im großen Hamsterrennen, ob wir uns als »zappelnde Nichtstuer«, wie Kurt Tucholsky einmal meinte, durch den Tag bewegen wollen. Wir können uns aber auch vornehmen, an jedem Tag, der vor uns liegt, genau das Gegenteil von dem zu tun, was bisher unsere Gewohnheit war. Statt schon beim Aufwachen uns Gedanken zu machen, was alles ansteht, was erledigt werden muss, könnten wir uns zur Abwechslung mal überlegen, was wir an diesem Tag *nicht* tun wollen und wie es uns durch etwas, das wir *schon lange mal* tun wollten, gelingen kann, die Zeit von einer linearen in eine zyklische zu verwandeln. Denn nur wenn uns das immer öfter gelingt, erleben wir unsere Zeit als erfüllt.

FAZIT
Warum wir das Gebot **Nutze die Zeit!** nicht befolgen sollten

Wann trifft man schon mal jemanden, der sagt: »Ich habe genug Zeit«? Was dieses Gebot bewirkt, spüren wir am eigenen Leib: Wann immer wir unkonzentriert, bleiern müde sind, wann immer wir vor lauter Erschöpfung nicht einschlafen oder nicht durchschlafen können, können wir davon ausgehen, dass dieses Gebot uns im Griff hat. Es führt uns garantiert über kurz oder lang in den Burnout. Denn wenn wir es ernsthaft befolgen, dann bedeutet das, dass wir etwas versuchen, was gar nicht geht: die Zeit zu managen, sie uns untertan zu machen, die vielen Aufgaben, die sich uns stellen, alle *just in time* zu erledigen ... Irgendwann bezahlen wir dafür einen enormen gesundheitlichen Preis.

Wollen wir uns diesem Gebot entziehen, gibt es nur ein wirklich wirksames »Gegenmittel«: Zeiten der Muße, wahrhaftige »Aus-Zeiten«. Schalten wir das Handy aus, den Fernseher, fahren wir den Computer herunter und auch uns selbst. Zeiten der Muße sind Momente, in denen wir nur das tun, was uns im Moment wirklich wichtig ist. Ausruhen, Löcher in die Luft starren, einen Schmöker lesen, Musik hören, Freunde treffen. Wichtig ist, dass diese Zeit einfach geschehen darf, ohne Einschränkung durch einen nächsten Termin.

Drittes Gebot
Sei gut drauf!

Als der Torwart von Hannover 96, Robert Enke, sich Ende 2009 das Leben nahm, ging eine Welle der Trauer durch die Republik. Zehntausende kamen zur Trauerfeier nach Hannover ins Fußballstadion, Millionen sahen die Fernsehübertragung dieser Veranstaltung in der ARD und wahrscheinlich noch sehr viel mehr informierten sich in den Printmedien über das Leben und Leiden des Sportlers und seiner Familie. Internetseiten brachen zusammen unter dem Ansturm der Menschen, die ihrer Betroffenheit Ausdruck verleihen wollten. An den Arbeitsplätzen und zu Hause diskutierte man die Gründe des Suizids, und Journalisten befragten Experten, ob und wie die Tragödie hätte vermieden werden können. Die Krankheit Depression wurde zum Massenthema. Plötzlich interessierten sich alle dafür. Ganz so, als wären sie erst durch den Suizid des Fußballers darauf aufmerksam geworden.

Unter Experten gilt die Depression inzwischen als »Mutter aller Zivilisationskrankheiten«, denn sie stellt für zahlreiche Menschen eine Behinderung dar, die ihre Lebensqualität stark mindert. »Selbst wenn man alle Infektionskrankheiten, alle Krankheiten des Muskel-Skelett-Systems oder alle Herz-Kreislauf-Krankheiten zusammennimmt, erreichen diese Krankheitsgruppen jeweils nicht das Ausmaß der Beeinträchtigung, wie es die Krankheit ›Depression‹ alleine verursacht«, schreibt ein Autorenteam um den Mediziner Hermann Spießl. Experten halten die Depression längst für eine »Volkskrankheit«. Denn: Durch keine andere Erkrankung gehen in den Industrieländern mehr gesunde Lebensjahre verloren.

Fast jeder fünfte Bundesbürger soll einmal in seinem Leben an Depression leiden, Frauen doppelt so häufig wie Männer.

Bei rund der Hälfte der Erkrankten bessern sich die Beschwerden nach kurzer Zeit, aber ein Viertel wird innerhalb eines Jahres erneut depressiv, in einem Zeitraum von zehn Jahren sogar etwa drei Viertel. Jede fünfte depressive Erkrankung verläuft chronisch, jeder siebte dieser Patienten begeht Selbstmord. Tendenz steigend. Nach Hochrechnungen werden depressive Erkrankungen im Jahr 2020 an zweiter Stelle aller Erkrankungen stehen, nur noch übertroffen von den Herz-Kreislauf-Erkrankungen.

Obwohl eine depressive Erkrankung also alles andere als »exotisch« ist, wollte Robert Enke auf keinen Fall, dass seine Depression publik würde. Er hatte große Angst davor, dass nicht nur seine Sportkollegen, sondern auch die gesamte Öffentlichkeit ihn als schwach, als Versager, als Weichei abschreiben würden. Er fürchtete den Spott und das Mitleid gleichermaßen. Sicherlich waren diese Befürchtungen nicht unberechtigt. Wahrscheinlich hätten die Verantwortlichen im Deutschen Fußballbund, hätten die Spielerkollegen und der Trainer vor den Fernsehkameras durchaus Verständnis gezeigt, aber hinter den Kulissen wäre es damit wohl sehr bald vorbei gewesen. Das bestätigt nicht zuletzt der Fall Sebastian Deisler, des Fußballstars, der öffentlich über seine Depression sprach und danach im Profifußball nicht mehr Fuß fassen konnte.

Die Massentrauer um Enke hat sicher auch hier eine ihrer Ursachen: Viele, vielleicht viel zu viele Menschen können nachfühlen, wie viel Kraft es kostet, wenn man seine wirklichen Gefühle hinter einer positiven Fassade verbergen muss. Die zahlreichen Frauen und Männer, die ebenfalls depressiv erkrankt sind oder hin und wieder dem Leben nichts Positives mehr abgewinnen können, wissen wohl am besten, wie verzweifelt der Fußballer gewesen sein muss. Sie kennen diese Verzweiflung aus eigener Erfahrung. Denn auch sie bemühen sich darum, dass nichts nach draußen dringt, wollen nicht, dass am Arbeitsplatz ihre Erkrankung bekannt wird, ja, sie verheimlichen sie oftmals sogar vor Freunden.

Aber man muss nicht depressiv sein im klinischen Sinne, es reicht schon tiefe Niedergeschlagenheit oder Traurigkeit, es reichen Ängste und Sorgen aus, um sich in dieser Gesellschaft wie ein Außenseiter zu fühlen. Denn für »negative« Gefühle, welcher Art auch immer, ist kein Platz. Wir leben in einer Gesellschaft, in der man seine Tränen und seinen Kummer nicht zeigen darf. Weinen dürfen wir höchstens im Kino oder wenn im Fernsehen ein romantischer Film läuft. Traurige Gefühle passen nicht zum Gebot der Zeit, das da heißt: *Sei gut drauf!* Sei gut drauf wie der fröhliche Rundfunkmoderator, der mit heiteren Sprüchen schon am frühen Morgen für gute Stimmung sorgt! Sei gut drauf wie die schicken Menschen in den Werbespots, die nicht mehr zu ihrem Glück brauchen als porentief reine Wäsche, das richtige Müsli oder die kalorienarme Margarine im Kühlschrank. Sei gut drauf wie die Menschen, die in den Volksmusiksendungen der Fernsehsender zu heimatlichen Klängen schunkeln oder mit Traumschiffen zu Trauminseln reisen. Wir haben die Gefühlslektion gelernt, die nicht nur von Bobby McFerrin geträllert wird, sondern uns auf allen Kanälen ständig begegnet: *Don't worry, be happy!* Auf die Frage »Wie geht's?« dürfen wir im Grunde nur eine Antwort geben: »Danke, bestens!«

Wer wagt es noch, einem anderen anzuvertrauen: Mir geht es schlecht, ich fühle mich nicht gut, ich habe Ängste, bin oft traurig, einsam, sehe im Moment keinen Sinn im Leben, habe alles so satt? Wer wagt es, außerhalb der eigenen vier Wände einmal ärgerlich die Stimme zu erheben, eine Tür hinter sich zuzuknallen oder mal richtig mit der Faust auf den Tisch zu hauen? Wer öffentlich heftige oder »negative« Gefühle zeigt, der riskiert gesellschaftliche Ächtung. Robert Enke wusste das. Und mit ihm wissen das alle anderen, die nicht mithalten können im Chor der Menschen, die immer und überall gut drauf sind.

Folgt man der Argumentation des Soziologen Norbert Elias, dann ist das langsame Verschwinden heftiger Emotionen aus unserem Privatleben eine positive Folge unserer Zivilisation. In früheren Zeiten wurden intensive Gefühle gezeigt – und in entsprechenden Taten ausgelebt. Norbert Elias schreibt in seinem Buch *Über den Prozess der Zivilisation* über die mittelalterliche Gesellschaft: »Wer in dieser Gesellschaft nicht aus voller Kraft liebte oder hasste, wer im Spiel der Leidenschaften nicht seinen Mann stand, der mochte ins Kloster gehen, im weltlichen Leben war er verloren.« Heute verhält es sich gerade umgekehrt: Nur wer seine leidenschaftlichen, negativen, störenden Gefühle unter Kontrolle hat, wer sich nicht emotional, sondern rational verhält, ist ein anerkanntes Mitglied der Gesellschaft. Ein zivilisierter Mensch hat gelernt, seine Empfindungen zu zügeln. Wer vor Wut tobt, aus Verzweiflung weint, seine Ängste zeigt und seine Sorgen, verstößt gegen die Norm, die da heißt: *Sei gut drauf!*

Kann man
Gefühle managen?

Die zu diesem Gebot passenden therapeutischen Begriffe wie Gefühlsmanagement, Gefühlskontrolle, Gefühlsarbeit weisen darauf hin, dass es für uns heute schon fast zur Pflicht geworden ist, unsere Emotionen im Griff zu haben. Eine Aufgabe, die die meisten gut, vielleicht zu gut erfüllen. Obwohl es genug Gründe gibt in unserem Leben, mal übel gelaunt, gestresst, belastet, müde, zaghaft, traurig zu sein, bemühen wir uns, das Gebot *Sei gut drauf!* zu befolgen. Wir beherrschen uns, machen gute Miene zum schlechten Spiel, lächeln mit zusammengebissenen Zähnen, weinen im stillen Kämmerlein. Wir zeigen eine glatte, fröhliche Fassade, denn wir glauben: Nur positive Gefühle sind gute Gefühle. Andere emotionale Zustände, die in die »negative« Kategorie gehören, wie Wut, Angst, Scham, Eifersucht, Ärger und viele mehr, versuchen wir zu managen. Schließlich lesen und hören wir von Experten immer wieder, dass negative Gefühle unserer psychischen Gesundheit schaden und unserem Erfolg und unserer Zufriedenheit im Wege stehen können.

Diesen Zusammenhang zwischen »guten« Gefühlen und seelischem Wohlbefinden hinterfragen wir nicht. Ganz im Gegenteil: Wenn wir uns »negativ« fühlen, sind wir alarmiert und lasten uns das als Versagen an: Uns gelingt dann nicht, was alle anderen scheinbar spielerisch leicht erreichen. Wir stellen nicht das Gebot *Sei gut drauf!* in Frage, sondern uns selbst. Selbstzweifel und Selbstvorwürfe verschlimmern die Situation jedoch noch. In dieser Situation werden wir offen für Angebote, die uns versprechen, ein probates Mittel gegen unsere negativen Gefühle zu wissen. Zum Glück gibt es ja die Botschafter der guten Laune, die Positivdenker und Psychomanager, die uns mit guten Ratschlägen versorgen, wie wir unsere schlechte Stimmung auf das geforderte Niveau heben können.

Ein Blick in die Ratgeberabteilungen der Buchhandlungen zeigt den enormen Bedarf, der an Gute-Laune-Literatur besteht. Marktführer ist dabei seit mehreren Jahrzehnten ein Büchlein, das mit seinem schlichten Titel offensichtlich am meisten Hoffnung macht: *Sorge dich nicht, lebe!* Der amerikanische Motivationstrainer Dale Carnegie hat es 1944 verfasst, es wurde in siebzehn Sprachen übersetzt und besitzt inzwischen innerhalb der Ratgeberszene Kultstatus. *Sorge dich nicht, lebe!*, dieser Aufruf zu mehr Gelassenheit scheint bereits über Jahrzehnte hinweg einen Nerv zu treffen. Der Autor Carnegie hält Sorgen für eine Geißel der Menschheit, die aber mit ganz einfachen Mitteln in die Flucht getrieben werden kann. Und das hören wir nur zu gern. Denn Sorgen begleiten unser Leben, Anlässe für Ängste, Grübeleien gibt es mehr als genug. Wir sorgen uns um unsere materielle Sicherheit, den Arbeitsplatz, um unsere Kinder, um unsere Gesundheit oder den Klimawandel. Wir machen uns Sorgen um kranke Mitmenschen, fragen uns, ob wir je die Liebe unseres

Lebens finden oder die gefundene behalten werden, grübeln über unsere Beliebtheit bei anderen und zweifeln immer mal wieder grundsätzlich an uns selbst. – Sorgen verdunkeln das Leben und können auf Dauer krank machen – oder abhängig von Sorgendämpfern wie zu viel Essen, zu viel Sport oder zu viel Alkohol. *Sorge dich nicht, lebe!* ist angesichts dieser Sorgenfülle ein attraktiver Slogan. Der Verlag S. Fischer bewirbt auf der Rückseite einer Sonderausgabe das Buch auf eine Weise, die sofort klarmacht: Wenn dieses Buch hält, was es verspricht, dann kann ich das Gebot *Sei gut drauf!* ganz sicher erfüllen. Denn nach Verlagsmeinung hilft *Sorge dich nicht, lebe!*,

- »fundamentale Tatsachen über Angst, Grübelei und Aufregung zu erkennen
- sich das Sorgen abzugewöhnen, ehe es einen zugrunde richtet
- zu einer Lebenseinstellung zu gelangen, die Frieden und Glück bringt
- mit der Kritik anderer fertig zu werden
- geistig und körperlich auf der Höhe zu bleiben
- die eigenen Geldsorgen zu verringern
- sich selbst zu finden
- Trübsinn in wenigen Tagen zu heilen
- an vielen Beispielen zu erkennen, was der Wille des Menschen vermag
- das Leben positiv zu verändern.«

Carnegie-Nachfolger gibt es inzwischen wie Sand am Meer. An Ratschlägen, wie wir »in Stimmung« kommen können, mangelt es nicht. Alle laufen im Grunde darauf hinaus, dass wir mit den richtigen Methoden ein glückliches, sorgenfreies Leben erreichen können und trübe Gedanken, schlechte Stimmung, Niedergeschlagenheit und Ängste dann der Vergangenheit angehören.

Sind nur positive Gefühle gute Gefühle?

Die Vertreter der Positiven Psychologie verstärken diesen Verdacht. Sie werden ebenfalls nicht müde, uns die Vorteile positiver Gefühle anzupreisen. Von ihnen erfahren wir beispielsweise, dass gute Emotionen nicht nur die Funktion haben, uns das Leben schön zu machen, sondern dass sie noch sehr viel mehr können. Fasst man die Erkenntnisse der Positiven Psychologie über positive Gefühle zusammen, kann man nur noch beeindruckt den Hut ziehen vor deren Bedeutung: Positive Gefühle machen uns demnach offener, freier, zugänglicher und integrativer. Sie verwandeln uns in einen zufriedenen, freundlichen, versöhnlichen und neugierigen Menschen. Sie erweitern unseren Horizont, denn wenn wir gut drauf sind, haben wir Lust auf Neues, auf Experimente und Informationen. Deshalb machen positive Gefühle uns auch klüger, wacher, aufmerksamer. Und natürlich machen sie uns beliebter bei anderen, sie erleichtern die Kontaktaufnahme und stärken vorhandene Bindungen. Selbstverständlich haben sie auch großen Einfluss auf unsere Gesundheit, denn wenn wir fröhlich und ausgeglichen durch die Welt gehen, haben schädliche Stresshormone keine Chance.

Eine eindrucksvolle Positivliste. Da möchte man natürlich nur noch mit einem Lied auf den Lippen fröhlich durch den Alltag tanzen. Wir wissen aus eigener Erfahrung, dass all diese Erkenntnisse der Forschung stimmen. Wenn es uns rundum gut geht, gelingt uns das Leben in der Tat besser. Dann trauen wir uns was zu, dann haben wir Lust auf Experimente und finden die Kraft, uns um andere Menschen zu kümmern. Dumm nur, dass uns oftmals gar nicht nach Singen und Tanzen zumute ist. Dumm nur, dass sich Sorgen und Kummer nicht einfach wegdenken und wegzaubern lassen. Dumm, dass es uns nicht dauerhaft gelingt, immer gut drauf zu sein.

Dumm nur, dass anscheinend nur gute Stimmung ein gutes Leben bedeutet. Alle anderen Gefühle machen unser Leben weniger lebenswert und belasten es. Das behauptet jedenfalls das Gebot *Sei gut drauf!*.

Doch stimmt das denn? Führen wir nur dann ein gutes Leben, wenn negative Gefühle möglichst selten auftauchen? Die Antwort lautet klar und eindeutig: Nein. Den behaupteten Zusammenhang »gute Gefühle = gutes Leben« gibt es in dieser Absolutheit nicht. Es kann ihn gar nicht geben, denn das würde ja bedeuten, dass negative Gefühle im Schöpfungsplan eigentlich nicht vorgesehen waren, dass sie ein Irrtum der Natur sind und in unserem Leben keinen Sinn und Zweck haben. Doch dem ist nicht so. Ein Leben ohne negative Gefühle ist undenkbar. Es kann erst dann als erfüllt angesehen werden, wenn wir *alle* Gefühle zulassen – selbst die scheinbar negativen. Denn auch sie haben eine Funktion, sogar eine sehr wichtige. Negative Gefühle sind Signale dafür, dass etwas in unserem Leben nicht stimmt, dass wir nicht einverstanden sind mit der Art und Weise, wie unsere Mitmenschen uns begegnen, und dass unter Umständen Veränderungen anstehen. Für die Schweizer Psychoanalytikerin Alice Holzhey ist daher nicht nur der Mensch gesund, der positive Gefühle hat und die negativen möglichst schnell wieder los wird. Sondern, so sagt sie: »Seelisch gesund ist nur der Mensch, dessen Gefühle der jeweiligen Situation angemessen sind.« Es geht also nicht darum, allen Situationen gleich bleibend positiv und optimistisch zu begegnen. Es geht vielmehr darum, *angemessen* auf die Dinge, die uns passieren, zu reagieren. Und das heißt: Wenn die Zeiten gut sind, wecken sie positive Gefühle. Sind die Zeiten schlecht, ist unsere emotionale Verfassung ebenfalls schlecht. »Ist es nicht eine Zumutung«, fragt Holzhey, »von sich zu verlangen, man sollte auch in schwierigen Zeiten gute Gefühle haben?«

Genau das aber tun wir. Auch in schlechten Zeiten wollen

wir uns möglichst schnell wieder gut fühlen. Und vergeben dadurch eine wichtige Chance: die Chance zu erkennen, dass Aufgaben und Veränderungen anstehen, dass wir eine Pause brauchen, dass Zumutungen überhand nehmen, dass Verluste bewältigt werden wollen.

Betrachten wir das Gute an »schlechten« Gefühlen an einigen konkreten Beispielen:

Trauer

Unser Umgang mit der Trauer ist mehr als verkrampft. Die Trauer anderer ist uns unangenehm, wir sind verunsichert, wir meiden den Kontakt. Wir verhalten uns so, als sei der Trauernde ein Aussätziger. Sein Leid ängstigt uns, sein Verlust erinnert uns daran, dass auch wir vor Verlusten nicht sicher sind, sein Schmerz lässt vielleicht eigene, unterdrückte Schmerzen spüren. Trauern wir selbst, dann wissen wir sehr genau um die Berührungsängste der anderen. Um sie nicht mit unseren Qualen zu belästigen, ziehen wir uns zurück oder legen uns eine Fassade der Gefasstheit zu. Trauergefühle sind in einer Zeit, in der die positiven Gefühle die Macht übernommen haben, ein Tabu. Trauer ist ein unerwünschtes Gefühl. Und weil wir das wissen, versuchen wir es zu verstecken: vor den anderen – und nicht selten auch vor uns selbst. Wir trauern nur in den eigenen vier Wänden, und selbst dort haben wir oft viel zu schnell das Gefühl, dass es »endlich mal genug sein muss«. Dass Gefühle wie Freude, Liebe, Ärger und Angst zu unserem Leben gehören, bezweifeln wir nicht. Der Trauer aber räumen wir keinen derartigen Stellenwert ein. Wenn wir könnten, würden wir sie am liebsten abschaffen. Die Trauer ist ein gefürchtetes Gefühl. Und doch ist sie so wichtig wie alle anderen Gefühle. Wie die Angst – ein Signal dafür, dass uns etwas bedroht – ist auch die Trauer ein lebenswichtiges Signal. Wenn wir trauern, gestehen wir uns ein, einen Verlust erlitten zu haben, der unser Selbst, unsere Identität beschädigt hat. Wir gestehen uns ein, dass wir aus dem Gleichgewicht geraten sind – und dieses Eingeständnis ist die Voraussetzung dafür, langfristig das Gleichgewicht wiederherstellen zu können. Trauern wir nicht oder verdrängen wir die Trauergefühle, dann bleiben wir aus der Balance, dann kann die beschädigte Identität nicht »heilen«. Die Fähigkeit zur Trauer ist ein wertvolles Geschenk der Natur. Indem sie uns mit dieser Eigenschaft ausgestattet hat, schuf sie die Grundlagen dafür, dass wir Verluste, Trennungen und Niederlagen bewältigen können und nicht an ihnen zerbrechen.

Eifersucht

Eifersucht ist ein gewaltiges, überwältigendes Gefühl, das viele Menschen befällt. Dennoch gehört es zu den geächteten Gefühlen. Eifersucht hat ein schlechtes Image. Die Psychologie hat heftig an diesem Negativbild mitgewirkt: Ihre Theorien über die Eifersucht diffamieren die Betroffenen. Eifersüchtige, so die psychologische Diagnose, haben zu wenig Selbstvertrauen, ein unterentwickeltes Selbstwertgefühl, sind zu fixiert auf den Partner und waren mit sehr großer Wahrscheinlichkeit in ihrer Kindheit eifersüchtig – wahlweise auf einen Elternteil oder ein Geschwister.

Völlig in Vergessenheit geraten ist, was Sigmund Freund über die Eifersucht zu sagen hatte. Er nämlich meinte – und man nimmt es erleichtert zur Kenntnis: »Die Eifersucht gehört zu den Affektzuständen, die man ähnlich wie die Trauer als normal bezeichnen darf.« Die meisten eifersüchtigen Menschen haben durchaus Anlass für ihr Gefühl – auch wenn derjenige, dem die Eifersucht gilt, dies abstreitet. Man muss nicht unbedingt den Partner inflagranti ertappen, um eifersüchtig zu werden. Eifersucht entsteht dann, wenn man Angst hat, den anderen zu verlieren, wenn man die Beziehung bedroht sieht. Und da gibt es durchaus mehr Bedrohungen als sexuelle Untreue. Wenn der Partner unerreichbar scheint, wenn einmal vorhanden gewesene Intimität sich nicht mehr einstellen will, wenn das Interesse des geliebten Menschen von anderen Dingen oder Menschen völlig absorbiert wird –

dann ist die Eifersucht ein Signal dafür, dass etwas nicht mehr stimmt. Wer dieses Signal ignoriert oder verleugnet, bringt sich um die Chance, die Beziehung zu verbessern oder bestehende Unklarheiten und Unsicherheiten aus dem Weg zu räumen. Langfristig bringt er sich um die Wahrheit über die Qualität der Beziehung.

Die Eifersucht völlig aus der Welt schaffen zu wollen wäre also gar nicht so sinnvoll. Besser sollten wir lernen, sie als normales, angemessenes Gefühl zu akzeptieren.

Ärger, Wut, Zorn

Immer ruhig und ausgeglichen sein – das ist ein Ideal, das wir nur allzu gern erreichen würden. Ärger, so glauben wir zu wissen, schadet uns, und wer sich ärgert, ist nicht mehr cool. Aber Ärger hat seinen eigenen Wert. Warum werden wir denn ärgerlich? Irgendetwas, was andere tun oder sagen, gefällt uns nicht. Wir fühlen uns verletzt, eingeengt, bevormundet, kritisiert, umgangen. Taucht ein ärgerliches Gefühl auf, kann das bedeuten: Vorsicht, meine eigenen Interessen stehen auf dem Spiel. Ärger signalisiert: »Gib nicht klein bei, behaupte dich, wehre dich, sorge dafür, dass du gehört und gesehen wirst.« Wer in einer ungerechten Situation nicht ärgerlich wird, gibt wichtigen Boden auf. Er schweigt zu einer ungerechten Tat oder verletzenden Worten, er reagiert nicht, wenn ein anderer Regeln verletzt, unmoralisch handelt. Das Wort vom »gerechten« Zorn bringt zum Ausdruck, dass es in manchen Situationen richtig sein kann, die Stimme lautstark zu erheben. In manchen Situationen ist ein Wutausbruch nicht nur verständlich, sondern der angemessene Ausdruck, um einer Ungerechtigkeit, Schädigung oder Benachteiligung zu begegnen. Ohne deutliche Gesten des Zorns wären die meisten sozialen und politischen Protestbewegungen nicht denkbar. Zorn verschafft Gehör. Das gilt auch im zwischenmenschlichen Bereich. Zorn kann klären und manchmal sogar reinigend wirken. Der Partner, die Partnerin versteht möglicherweise nach einem Zornesausbruch besser, was einen umtreibt. Und am Arbeitsplatz kann höflich, aber bestimmt ausgedrückter Ärger die eigenen Grenzen deutlich machen und Stärke signalisieren. »Die traut sich was!« »Mit dem ist nicht gut Kirschen essen.«

Zudem geben Verärgerung und Zorn die Möglichkeit, sich selbst besser kennenzulernen. Wer sich Ärger eingestehen und erlauben kann, der muss sich zwangsläufig Fragen stellen: Warum bin ich so verärgert? Was hat mich so verletzt? Warum ärgert mich das Verhalten bei diesem Menschen so sehr, während ich bei anderen viel gelassener sein kann? Ist vielleicht die Beziehung zu dieser Person, die mich so getroffen hat, viel wichtiger, als ich dachte? Oder, umgekehrt: Ist sie möglicherweise an ihrem Endpunkt angekommen?

Angst

Wir brauchen die Angst. Wenn wir das Haus verlassen, schließen wir sorgsam die Tür hinter uns ab. Mit Lebens-, Hausrat- und Unfallversicherungen schützen wir uns vor bestimmten Risiken. Aus Angst vor Krankheit sorgen wir für regelmäßige Bewegung und ernähren uns gesund (jedenfalls wissen wir, dass das vernünftig wäre). Gehen wir spät nachts auf einer einsamen Straße nach Hause, schärfen sich unsere Sinne, um mögliche Gefahren rechtzeitig zu identifizieren. Wir brauchen die Angst, sie macht uns vorsichtig und umsichtig.

Wir brauchen die Angst aber auch, um voranzukommen. Angst fordert uns heraus und verhilft uns zu Höchstleistungen. Die Angst, so schrieb der dänische Philosoph Søren Kierkegaard, »enthält die unendliche Möglichkeit des Könnens, die den Motor menschlicher Entwicklung bildet«. Die Angst, nicht gut genug zu sein, die Angst, in der Mittelmäßigkeit zu versinken, die Angst, abgehängt zu werden, ist ein starkes Motiv, aktiv zu werden. Wenn wir keine Angst hätten, wäre unser Leben sehr viel langweiliger, so manche Entdeckung wäre nicht gemacht, so manche Erfindung nicht erdacht worden. »Wenn Menschen Spitzensportler, kreative Künstler, ehrgeizige Wissenschaftler, erfolgreiche Geschäftsleute oder mächtige Politiker werden, dann haben die bewussten und unbewussten Ängste einen großen Teil dazu beigetragen«, schreibt der Psychiater Borwin Bandelow.

Angst gehört zu unserem Leben. Ohne Angst ist es nicht denkbar. Dennoch wollen wir Ängste nicht haben, sie machen uns Angst. Wir sehen nicht, was an einer Angst vor Prüfungen, vor schwindelnden Höhen, vor dem Fliegen oder ganz allgemein vor dem Leben positiv sein soll. Doch es gibt eine ganze Reihe von Gründen, warum wir der Angst mit mehr Wertschätzung begegnen sollten: Die Angst ist wie viele andere ein Gefühl mit Signalfunktion. Sie will uns auf etwas aufmerksam machen. Sie verweist uns auf uns selbst und will erreichen, dass wir in einer bestimmten Lebenssituation innehalten und uns fragen, ob wir so, wie wir leben, einfach weitermachen wollen oder ob nicht doch eine Veränderung ansteht. Oder umgekehrt: Ob eine konkrete Veränderung, die wir planen, wirklich unseren Wünschen entspricht. Die Angst ist möglicherweise ein Zeichen dafür, dass wir etwas tun wollen, was gar nicht zu uns und unseren Wertvorstellungen passt. Vielleicht aber will die Angst auch nur erreichen, dass wir noch einmal nachdenken: Will ich wirklich diesen Job, diesen Umzug, diesen Partner? Will ich mich verändern? Oder will ich, dass alles so bleibt, wie es ist? Angst zwingt uns zum Innehalten, zum Nachdenken. Vertreiben wir die Angst oder ignorieren wir sie, dann nutzen wir nicht die Chance, die in ihr liegt.

Depressive Verstimmung

Auch wenn in unserer Gesellschaft so getan wird, als sei das Leben ein einziger Höhenflug und jeder habe es in der Hand, wie hoch er fliegt und wie lange das Hoch andauert, gelingt es uns oft nicht, in jeder Lebenslage eine positive Haltung einzunehmen. Auf bestimmte Situationen reagieren wir alle mit Niedergeschlagenheit und Rückzug. Aktivitäten, Verpflichtungen fallen uns schwer. Das ist eigentlich normal. Doch weil wir wissen, dass wir gut drauf sein sollten, reagieren wir darauf alles andere als normal. Wir akzeptieren Niedergeschlagenheit und depressive Verstimmungen nicht, sondern kämpfen dagegen an: »Reiß dich zusammen«, kritisieren wir uns selbst. Oder: »Lass dich nicht hängen.« Dem verlockenden Gedanken, sich mal zu schonen und eine Auszeit zu gönnen, geben wir nicht nach.

Würden wir den »Tiefs« in unserem Leben nicht mit Abwehr und Betäubungsmaßnahmen begegnen, könnten wir ihren produktiven Charakter erkennen. Depressive Verstimmungen und melancholische »Anwandlungen« können eine wichtige emotionale Anpassungsreaktion sein. Der Psychologe Heinz Hartmann formulierte bereits 1939: »Ein gesunder Mensch muss die Fähigkeit besitzen, zu leiden und depressiv zu sein.« Denn es wird im Leben immer Situationen geben, die Gefühle der Depression, der Melancholie hervorrufen müssen, wollen wir sie bewältigen. Reagieren wir auf ein Geschehen niedergeschlagen, kann uns das helfen, uns an eine veränderte Situation anzupassen oder verlorenen Sinn wiederzufinden. Das ist zum Beispiel dann der Fall, wenn wir uns sehr für ein Ziel eingesetzt haben und erkennen müssen, dass wir trotz aller Anstrengung keinen Erfolg haben werden. In einer solchen Situation verspüren wir oft den Drang, schnell eine neue Aufgabe anzupacken, um uns vom Scheitern abzulenken. Die Gefahr, dass wir übereilt handeln und erneut in ein erfolgloses Unternehmen investieren, ist groß. In solchen Situationen ist es sinnvoll, wenn unsere Aktivität blockiert wird. Pessimismus, mangelndes Selbstvertrauen und Passivität können helfen, Schaden abzuwenden.

So wie Angst ein Signal für Gefahr ist, ist die Depression ein Signal, das uns von vergeblichen Anstrengungen zurückhält. Depressive Gefühle stellen sicher, dass wir unsere Energie nicht mehr länger an Dinge oder Menschen verschwenden, die es nicht wert sind. Die Niedergeschlagenheit ist ein

Gefühl, das sozusagen auf die Bremse tritt, damit wir nicht ohne Ziel und Zweck in der Gegend herumfahren und unsere Kräfte vergeuden oder uns vielleicht sogar zu gefährlichem Aktionismus verleiten lassen.

Sich Sorgen machen

Die Suche nach einem sorglosen Leben muss zwangsläufig scheitern. Wir wissen das. Dennoch verhalten wir uns nach außen hin so, als hätten wir keine Sorgen. Damit aber tun wir uns keinen Gefallen, wie die psychologische und medizinische Forschung belegt. Wollen wir an Leib und Seele gesund bleiben, sollten wir über unsere Probleme und Sorgen reden. Frauen sind deutlich mehr bereit als Männer, ihr sorgenvolles Herz einer anderen Person zu öffnen. Sie haben seit Urzeiten das Bedürfnis, sich vor allem in Stresszeiten anderen Menschen, vor allem anderen Frauen anzuschließen und mit ihnen gemeinsam Gefahrensituationen zu meistern. Dieses Verhalten bezeichnet die amerikanische Psychologin Shelley Taylor als *tend-and-befriend-reaction* (etwa: sich kümmern und sich binden). Frauen knüpfen Netzwerke, um sich in ihren Sorgen (früher: gegen äußere Bedrohung) zu stützen. Und das ist auch der Grund dafür, dass Frauen mit den Widrigkeiten des Lebens oft besser fertig werden als Männer.

Es ist also wichtig, Sorgen zuzulassen und über sie zu reden. Und nicht nur das: Wir sollten unter gewissen Voraussetzungen sogar regelrecht klagen. Das ist ein Vorschlag, der angesichts des Erfolges von *Sorge dich nicht, lebe!* ziemlich befremdend erscheint. Denn ein klagender oder gar jammernder Mensch hat ein schlechtes Image. Wer klagt, wird von anderen negativer wahrgenommen als eine Person, die ihrer Unzufriedenheit oder ihrem Unglück keinen oder zurückhaltenden Ausdruck verleiht. Die Furcht vor sozialer Ablehnung, die Angst, sich unbeliebt zu machen und als selbstmitleidig zu gelten, hält die meisten Menschen davon ab, anderen ihr Leid zu klagen oder ihnen etwas »vorzujammern«. Wenn es doch einmal versucht wird, dann wird meist entschuldigend vorausgeschickt: »Ich will ja nicht klagen …«

Warum eigentlich nicht? Klagen und Jammern sind wichtige Schutzschilder gegen Depressionen, Herzinfarkt und psychosomatische Erkrankungen. Das belegen inzwischen zahlreiche Studien. Wer nicht klagt, wird krank. Jammern und Klagen haben eine äußerst wichtige Funktion – sie wirken kathartisch. Indem wir anderen unsere Probleme erzählen, können wir uns von unseren Frustrationen, Enttäuschungen, Unzufriedenheiten zwar nicht gänzlich befreien, doch wir empfinden es als erleichternd, uns mal alles von der Seele reden zu können. Der Ehemann, der im Stau gestanden hat und sich zu Hause über die vertane Zeit und die unmöglichen anderen Autofahrer ausschimpfen kann, schafft ebenso emotionale Distanz zum Geschehen wie die Frau, die sich darüber beschweren darf, dass sie die Last der Kindererziehung oder die Betreuung alter Eltern als Zumutung empfindet und keine Kraft mehr dafür aufbringt. Durch das Klagen wird gesundheitsschädlicher Stress abgebaut.

Ein Experiment bestätigt diese wichtige Funktion des Klagens. Die Versuchsteilnehmer wurden gebeten, an eine Person zu denken, über die sie sich sehr geärgert hatten. Ein Drittel der Teilnehmer sollte dann anschließend nur aufschreiben, wie sie den gestrigen Tag verbracht hatten, ein zweites Drittel wurde aufgefordert, den Ärger über die betreffende Person – adressiert an den Versuchsleiter – niederzuschreiben, eine dritte Gruppe durfte ihre Unzufriedenheit schriftlich direkt an die verursachende Person richten. Die Teilnehmer, die ihren Frust niederschreiben konnten, fühlten sich nach dem Experiment – unabhängig davon, an wen sie ihr »Klagelied« gerichtet hatten – deutlich erleichtert und besser als die Gruppe, die ihrer Unzufriedenheit nicht Ausdruck verleihen durfte.

Barbara S. Held, Professorin für Psychologie am Bowdoin College in Brunswick, Maine, ist eine entschiedene Verfechterin des Jammerns. Sie kann jenen Selbsthilfeangeboten, die

Menschen zur Entsorgung ihrer Sorgen anleiten, wenig abgewinnen. Sie ermutigt uns sogar, uns dem Gebot *Sei gut drauf!* bewusst zu entziehen, und rät uns, öfter »nie mehr« zu sagen und zu denken:

- Nie mehr will ich das Gefühl haben, dass ich nur positive Gefühle empfinden darf.
- Nie mehr will ich zu mir und anderen sagen: »Ach, es ist halb so schlimm«, wenn es in Wirklichkeit schlimm ist.
- Nie mehr will ich mich entschuldigen, wenn es mir mal nicht gut geht.
- Nie mehr will ich mich und andere auffordern, die Dinge nicht zu ernst zu nehmen.

Dafür aber sollten wir zu den richtigen Dingen ja sagen:

- Ja, ich habe das Recht, ein Problem als ein Problem zu sehen.
- Ja, ich habe das Recht zu sagen: »Es ist schlimm«, wenn ich es so empfinde.
- Ja, ich habe das Recht, mich schlecht zu fühlen, wenn es mir schlechtgeht.
- Ja, ich habe das Recht, anderer Meinung zu sein, wenn andere Menschen meinen, mir ginge es gar nicht so schlecht.

Barbara Held sieht die Botschaften der Positiven Psychologie kritisch. Denn: »Das Leben ist hart. Sogar wenn es einigermaßen gut verläuft, ist es hart. Außerdem gibt es keine Garantie, dass eine positive Lebensphase nicht in jedem Moment durch eine negative abgelöst werden kann. Kurz: Wir alle haben zu irgendeinem Zeitpunkt unseres Lebens Grund zur Klage. Therapeuten, Selbsthilfeapostel oder wohlmeinende Freunde machen es uns noch zusätzlich schwer, wenn sie von uns verlangen, nicht darüber zu klagen.«

Zustimmung erhält sie unter anderem von dem Psychologen und Herzspezialisten James Blumenthal, der als Professor an der University of Washington Erfahrungen mit Herzinfarktpatienten hat. Er warnt: Wer seinen Kummer immer in sich hineinfrisst, riskiert, krank zu werden. Er rät daher dringend, sich einen Menschen zu suchen, mit dem man seine Gefühle, Ängste und Sorgen besprechen kann. »Ein Mensch kann noch so ärgerlich, so feindlich gestimmt sein, sobald er einen Freund findet, der seine psychische Verfassung erkennt und ihn darauf anspricht, He, was ist los mit dir? Reg dich doch nicht so auf, kann dies viel zum Positiven verändern«, erklärt Blumenthal die hilfreiche Funktion des Sorgenteilens.

Einen weiteren Aspekt zur Ehrenrettung unserer Sorgen trägt eine Studie kanadischer Psychologen bei. Sie haben festgestellt: Sorge ist nicht gleich Sorge. Es gibt zwei unterschiedliche Arten. Da sind zum einen jene Sorgen, die uns lähmen können; und da sind zum anderen die Art von Sorgen, die uns motivieren und zum Handeln anspornen. Diese Sorgen sind ein Schlüssel zum Erfolg. Denn allzu sorglose Menschen übersehen Fehler oder setzen sich weniger für ein Ziel ein. Dass Sorgen sinnvoll sein können, zeigt beispielsweise eine Studie über das Rauchen. Abhängigen Rauchern, die sich große Sorgen um ihre Gesundheit machen, fällt es leichter, endgültig auf den Glimmstengel zu verzichten.

Unser Umgang mit schlechten Zeiten ist zwar verständlich – sie sind nun mal keine »schönen« Zeiten –, doch auf lange Sicht verhindert die Vermeidung oder die allzu schnelle Abwicklung schlechter Tage, niedergedrückter Stimmungen und schwieriger Lebensphasen unsere weitere Entwicklung und damit unsere Lebenszufriedenheit. Wenn wir versuchen, ein möglichst sorgloses Leben zu führen, überfordern wir uns, oder wir zahlen einen hohen Preis. Denn einem sorglosen Leben fehlt es an Tiefe und Mitgefühl (auch für uns selbst), und es blendet eine wichtige Dimension menschlichen Daseins aus. Die einseitige Betonung des Positiven geht an der Lebenswirklichkeit vorbei. Wer immer nur gut drauf sein will, sagt nicht zum Leben in seiner ganzen Vielfalt und Fülle ja, sondern nur zu den angenehmen Seiten. Die Propagandisten des Gebots *Sei gut drauf!* wollen uns zu einem Schmalspurleben verführen, einem armseligen Leben, das nur aus positiven Gefühlen bestünde und dadurch zwangsläufig oberflächlich und damit uninteressant wäre.

FAZIT
Warum wir das Gebot **Sei gut drauf!** nicht befolgen sollten

Dieses Gebot will uns einreden, dass nur positive Gefühle gute Gefühle sind und dass nur sie uns Wohlbefinden und Zufriedenheit bescheren können. Auf den ersten Blick leuchtet das ein: Natürlich geht es uns besser, wenn wir keine Sorgen haben, wenn wir nicht ängstlich und niedergeschlagen, sondern fröhlich und zuversichtlich sind. Nur kämen wir mit ausschließlich positiven Emotionen nicht gut durchs Leben. Wir brauchen auch die negativen Gefühle, denn sie liefern uns wertvolle Informationen über uns, über andere Menschen und über Situationen. Sie warnen uns, wenn etwas nicht gut läuft, sie lassen uns innehalten, nachdenken, die Weichen anders stellen. In bestimmten Lebensphasen sind negative Gefühle die einzig angemessenen. Unser Leben gelingt erst dann, wenn wir unangenehme, belastende Gefühle als ebenso sinnvoll und wertvoll betrachten und akzeptieren können wie positive Emotionen. Es kommt auf die Balance an: Wenn wir nur negative Gefühle kennen, werden wir irgendwann seelisch krank. Wenn wir immer nur »gut drauf« sind, verleugnen wir die Realität – was früher oder später zu einem bösen Erwachen führt.

Viertes Gebot
Denke positiv!

»Wer weiß, wofür es gut ist«, »Denk daran, was dir erspart bleibt«, »Du siehst das Glas immer nur halb leer, dabei ist es doch halb voll«, »Andere Mütter haben auch schöne Töchter/Söhne«, »Kopf hoch, das Leben geht weiter«. Schon immer haben unsere lieben Mitmenschen Sprüche wie diese parat, wenn es darum geht, uns über einen Verlust, einen Misserfolg, eine Trennung, eine Niedergeschlagenheit hinwegzuhelfen. Vielleicht empfinden wir den Versuch, uns zu trösten, als wohltuend, die Sprüche selbst hingegen halten wir wohl selten für hilfreich. Im Gegenteil: Das schulterklopfende »Nun lass den Kopf nicht hängen, das wird schon wieder« macht uns nur noch verzweifelter, weil wir in unserem momentanen Unglück gar nicht an die Zukunft denken können.

Warum unsere Mitmenschen so schnell mit scheinbar aufbauenden Bemerkungen reagieren, liegt auf der Hand: Sie können unsere Traurigkeit nur schwer ertragen. Und wissen oft nicht, wie sie mit Verzweiflung umgehen sollen. Und es gibt noch einen weiteren Grund: Sie glauben zu wissen, dass negative Gedanken ganz einfach dadurch vertrieben werden können, indem wir uns bemühen, positiv zu denken. Gleichgültig, was uns passiert, gleichgültig, wie erschüttert, niedergeschlagen und hoffnungslos wir sind – mit den richtigen Gedanken holen wir uns selbst aus dem Gefühlssumpf.

Denke positiv! ist ein weiteres Machbarkeitsgebot unserer Zeit, das uns erheblich unter Druck setzen kann. *Denke positiv!* hat ähnlich wie das Gebot *Sei gut drauf!* die Botschaft, dass es Negatives – in diesem Fall negative Gedanken – in unserem Leben eigentlich nicht geben dürfte. Wenn solche Gedanken doch mal unvermeidlich sein sollten, dann müssen wir dafür sorgen, dass sie möglichst schnell verschwinden. Angeblich liegt auch das in unserer Hand: ob wir uns grüblerischen Gedanken hingeben oder uns durch die Art unseres Denkens selbst aufmuntern.

Wie das positive Denken in die Welt kam

Der Glaube, dass richtiges Denken Berge versetzen kann, hat seinen Ursprung in einer Bewegung, die vor Jahren sehr viel Aufmerksamkeit erhielt. Damals starteten Motivationstrainer und Ratgeberautoren eine regelrechte »Positiv-Denken-Kampagne« und brachten das Gebot *Denke positiv!* unter die Leute. In ihren Büchern, und oftmals auch in sehr teuren Motivationsseminaren, lehrten sie allen, die es wissen wollten (und das waren nicht wenige), dass die Welt, so wie sie ist, in Ordnung sein kann, vorausgesetzt, wir sind in der Lage, aus Zitronen Limonade zu machen und das Licht am Ende des Tunnels für den Ausgang und nicht für den entgegenkommenden Zug zu halten. Die zentrale Botschaft lautet: Es hängt ausschließlich von unserer Einstellung ab, ob sich alles zum Besseren wendet oder nicht. Denn nicht die Dinge, die geschehen, sind schlimm; schlimm ist vielmehr, wie wir sie betrachten. Wenn es uns nicht gelingt, selbst im trübsten Licht noch einen Silberstreifen am Horizont zu erblicken, sind wir allein dafür verantwortlich, wenn wir uns hilflos und ausgeliefert fühlen.

Positivdenker bombardieren uns deshalb mit optimistischen Formeln und Suggestionen, mit deren Hilfe wir zu einer dauerhaft positiven Lebenseinstellung gelangen können. Aussagen wie die folgende, gefunden auf einer einschlägigen Internetseite, sind typisch. Dort liest man unter der Überschrift »Sei optimistisch!«: »Wer Gutes erwartet, dem widerfährt auch eher Gutes. Wer dagegen eher glaubt, er sei ein

Pechvogel, blockiert seine Fähigkeit zum Glücklichsein. Beide Überzeugungen wirken wie sich selbst erfüllende Prophezeiungen. Unsere Annahmen darüber, was wahrscheinlich passieren wird, beeinflussen sowohl unser Verhalten als auch die Interaktion zwischen uns und anderen nämlich so, dass dadurch genau das Ereignis erst produziert wird, das wir erwarten. Auch hier gibt es zwar offenbar eine angeborene Neigung zu Optimismus und Pessimismus, aber durch gezieltes Training lässt sich diese verändern.«

Viele Ratgeber, die das Gebot *Denke positiv!* mit ihren Veröffentlichungen am Leben halten, arbeiten in der Tradition des französischen Apothekers Emile Coué, der als Vater der Positiv-Denken-Bewegung gilt. Coué lebte von 1857 bis 1926 und verfasste ein kleines Büchlein, das unter dem Titel *Die Selbstbemeisterung durch bewusste Autosuggestion* in den 1950er Jahren auch in Deutschland erschienen ist. Von Coué stammt ein Satz, der als Kernsatz des positiven Denkens betrachtet werden kann: »Es geht mir jeden Tag in jeder Hinsicht immer besser und besser.« Wer diesen Satz jeden Tag 20-mal (»an den zwanzig Knoten eines Bindfadens abzählend«) vor sich hin murmelt, wird, so verspricht es der Apotheker, garantiert bald einen optimistischeren Blick auf die Welt haben. Ebenso kann man sich durch positive Selbstsuggestion davon überzeugen, dass es nichts Schwieriges, nichts Unmögliches im Leben gibt. Befolgt man die Anweisungen Coués, dann, so sein Versprechen, gibt es kein »Ich kann nicht ...« mehr. »Ihr Vokabular muss heißen, ›es ist leicht, ich kann es‹. Wenn Sie eine Aufgabe für leicht halten, wird sie es für Sie sein, auch wenn sie anderen vielleicht schwierig erscheint. Und Sie werden diese Aufgabe schnell erledigen und gut erledigen, ohne dabei zu ermüden, weil sie für Sie ja keine besondere Anstrengung bedeutet. Hätten Sie sich aber eingeredet, Ihr Vorhaben sei schwer oder undurchführbar, so wäre es auch wirklich schwer und undurchführbar gewesen – ganz einfach weil Sie es sich so vorstellten.«

Ganz einfach! Auch die heutigen Vertreter des positiven Denkens preisen mit derart simplen Empfehlungen dessen enorme Wirkungen auf unser seelisches Wohlbefinden an. Sie haben dem Ur-Satz von Coué natürlich weitere hinzugefügt, die da lauten: »Ich kann«, »Ich bin vollkommen gesund«, »Ich bin frei«, »Ich bin, was ich denke«. Das Versprechen hinter diesen Selbstsuggestionen: Je besser es uns gelingt, negative Gedanken durch positive zu ersetzen, umso gesünder und seelisch stabiler werden wir. Positives Denken soll sich angeblich auf alle Bereiche unseres Lebens auswirken: auf unsere körperliche wie seelische Gesundheit, auf unsere geistigen Fähigkeiten, sogar auf unseren Kontostand und unseren Erfolg im Beruf wie im Privaten. Positiv denkende Menschen sind gegenüber negativ denkenden eindeutig im Vorteil, wie es auf einer einschlägigen Internetseite heißt, die von zwei Psychologen betrieben wird: Positiv denkende Menschen »betrachten Niederlagen oder Misserfolge als etwas Vorübergehendes, als einen kurzfristigen Rückschlag und fühlen sich durch ihn erst recht angestachelt, ihr Ziel zu erreichen.« Negativ denkende Menschen dagegen »fühlen sich anderen Menschen und den Umständen hilflos ausgeliefert, weil sie glauben, keinen Einfluss auf ihre Gefühle und ihr Leben zu haben.« Sie können sich »schlecht auf eine Aufgabe konzentrieren. Sie haben Probleme, sich etwas zu merken, und sind wenig kreativ.« Die Positivdenker dagegen haben »eine bessere Merkfähigkeit, (sind) kreativer und ideenreicher«. Was ihren Beruf und ihre Finanzen angeht, sind positiv denkende Personen »meist sehr erfolgreich«. Da, wo andere Probleme sehen, sehen sie eine Chance.

Anders die Pessimisten: Sie lassen Chancen »ungenutzt vorbeiziehen, sie ziehen das Unglück gleichsam an.« Und nicht nur das: »Als Mitarbeiter sind sie wenig beliebt, da sie sehr destruktiv sind und wenig Eigeninitiative entwickeln.«

Im zwischenmenschlichen Bereich sieht die Bilanz für negativ Denkende nicht besser aus. »Da sich pessimistische

Menschen eher hilflos und andern Menschen ausgeliefert fühlen, betrachten sie ihre Mitmenschen als Feinde. In Gegenwart anderer malen sie den Teufel an die Wand oder sprechen über ihr eigenes Unglück oder das der anderen. Sie beklagen sich bei anderen über die Ungerechtigkeit der Welt und sind verbittert, dass es das Schicksal so schlecht mit ihnen meint. Dadurch sind sie bei anderen wenig beliebt.« Ganz anders geht es da natürlich den Positivdenkern: Sie machen grundsätzlich kaum schlechte Erfahrungen mit anderen, »da sie durch ihre freundliche und offene Art gleichgesinnte Menschen anziehen und sich in der Regel von pessimistisch eingestellten Menschen fernhalten.«

Angesichts dieser enormen Vorteile des positiven Denkens möchte wohl jeder gern zum »Klub der Positivdenker« gehören. »Natürlich werden Sie als neues Mitglied ... nicht von Anfang an in den Genuss all dieser Vorteile kommen. Je länger Sie jedoch dabei sind, je mehr Sie das positive Denken praktizieren und danach handeln, umso mehr werden Sie auch in den Genuss dieser positiven Lebensart kommen«, schreiben die beiden Psychologen, die ihre Internetseite als Werbeplattform für positives Denken nutzen. Und sie versprechen: »Positives Denken kann Ihr Leben verändern.«

Positives Denken kann unser Leben verändern – zum Negativen!

Es ist gut möglich, dass positives Denken eine Wirkung hat, unken dessen Kritiker. Die Veränderung kann allerdings unter Umständen ganz anders ausfallen, als man es sich wünscht. Denn abgesehen davon, dass die Grundannahme des positiven Denkens – vermehrtes positives Denken verringert negative Gedanken – in dieser Schlichtheit wissenschaftlich nicht bestätigt werden kann, hat dieses Konzept einen weiteren Schwachpunkt, der zu Besorgnis Anlass gibt: Positives Denken kann krank machen. Die Wahrscheinlichkeit, dass es uns immer schlechter geht, wenn wir zum »Klub der Positivdenker« gehören wollen, ist um ein Vielfaches größer als die Chance, wirklich glücklicher zu leben. Warum? Worin liegt die Gefahr des positiven Denkens?

Nun, wer sich voller Hoffnung im positiven Denken übt, wird über kurz oder lang feststellen, dass er die hochgesteckten Ziele nicht erreicht. Obwohl er sich jeden Tag vorsagt, dass es ihm immer besser geht, obwohl er sich bemüht, in allem, was ihm passiert, eine Chance und eine positive Herausforderung zu sehen, obwohl er lächelt, wenn ihm zum Weinen zumute ist – der Optimismus will sich trotz all dieser Bemühungen nicht einstellen. Lassen sich ängstliche und sorgenvolle Gedanken nicht verjagen, will die Niedergeschlagenheit durch noch so häufig gemurmelte Sätze wie »Mir geht es von Tag zu Tag besser« nicht weichen, kurz: erobern sich die düsteren Gedanken immer wieder einen Platz in unserem Leben, dann stellt sich natürlich die Frage nach dem Warum: Warum funktioniert nicht, was uns so überzeugend als wirksam angepriesen wird? Wieso geht es mir nicht jeden Tag besser? Warum tauchen immer wieder Gedanken auf wie »Ich kann nicht ...«, »Ich fürchte mich ...«, »Ich bin nicht gut genug«?

Auf der Suche nach einer plausiblen Antwort für unser Versagen stoßen wir möglicherweise auf Sätze wie diesen: »Es ist nur eine seelische Schwäche des Einzelnen, wenn er in Lethargie oder Fehlmotivation versinkt. Er kann sich sehr schnell – und selbst – wieder befreien.« Oder: »Sie sind der Meister Ihres Schicksals und durch Ihre Handlungen – jede einzelne – verantwortlich für Ihre negativen Erfahrungen und für Ihren Weg in die Höhe harmonischer Lebenserfüllung.« Diese Sätze stammen von Erhard Freitag, einem typischen und zeitweise enorm erfolgreichen Vertreter der Positiv-Denken-Bewegung. Spätestens nach diesen Aussagen wissen wir: Wir sind selbst schuld, wenn die Methode »positives Denken« nicht funktioniert. Es gibt nur eine Erklärung für das Scheitern, und diese liegt in unserer eigenen Unfähigkeit. Wer scheitert, hat nicht hart genug das positive Denken trainiert, hat nicht genug an sich selbst geglaubt. Er muss sich zwangsläufig als Versager fühlen, wenn er seine Niedergeschlagenheit, seine Ängste, seine Zweifel trotz all der positiven Maßnahmen immer noch spürt.

Die Positivdenker machen uns nicht nur dafür verantwortlich, wenn wir vor den kleinen Hürden und Tücken des Alltags kapitulieren. Nein, sie nehmen uns auch in die Pflicht, wenn uns größere »Schläge« treffen:

- Wenn wir unseren Job verlieren und daran verzweifeln, sind wir nicht in der Lage, die Chance zu sehen, die in der Kündigung liegt. Gehörten wir zum Klub der Positivdenker, würden wir nicht an uns und unserem Erfolg zweifeln und uns nicht von dieser Kleinigkeit »Jobverlust« ins Bockshorn jagen lassen, meint der erfolgreiche Motivationstrainer Erich Lejeune. In seinem Blog auf der Internetseite www.lejeune-academy.de muntert er Menschen, die an einem Tiefpunkt ihres Lebens sind, beispielsweise so auf: »Sie befinden sich zur Zeit an einem Tiefpunkt Ihres Lebens? Sie haben nichts mehr zu verlieren? – Jammern Sie nicht! Nehmen Sie diesen Zustand als Chance. Er macht Sie in gewisser Weise frei. Menschen, die noch ein Weniges zu verlieren haben, klammern sich an dieses Wenige. Damit lassen sie zu, dass dieses Wenige sie von großen Erfolgen abhält. Menschen, die dagegen alles verloren haben, finden in dieser Situation die Kraft und die Freiheit, ihrem Leben eine ganz neue Richtung und einen ganz neuen Sinn zu geben! Wagen Sie den großen Sprung in eine erfolgreiche Zukunft! – Wer nichts mehr zu verlieren hat, hat die größten Chancen, alles zu gewinnen!«
- Wenn wir nicht wissen, wie wir mit einem kleinen Einkommen über die Runden kommen sollen, liegt das vielleicht daran, dass wir nicht fest genug glauben: »Ich kann es schaffen.« Auch hierzu hat Erich Lejeune einen Tipp parat: »Verändern Sie Ihre Denkgewohnheiten. Sehen Sie Ihre Schwierigkeiten im richtigen Verhältnis. Ich verharm-

lose in keiner Weise die Schwierigkeiten, die mit finanziellen Problemen verbunden sind! Aber schlagen Sie bitte eine x-beliebige Zeitung auf und betrachten Sie die Probleme aus der Perspektive von Menschen, denen ein Taifun, ein Erdbeben, eine Überschwemmung oder auch eine der zahllosen kriegerischen Auseinandersetzungen alle Lebensgrundlagen genommen haben. Überlegen Sie, welche Fülle an Fähigkeiten und Möglichkeiten Ihnen zur Verfügung stehen. Sammeln Sie alle Ihre Pluspunkte. Schreiben Sie alles auf, was Sie besonders gut können. Auch Defizite, die Sie selbst an sich festgestellt haben, sind kein Grund, den Mut sinken zu lassen. Betrachten Sie sie als Aufforderung, ab sofort an sich selbst zu arbeiten!«

Wenn wir trotz vieler Bemühungen noch nicht so erfolgreich sind, wie wir es gern wären, gibt es ebenfalls einen Rat vom großen Motivationsguru: »Ihr Wille, erfolgreich zu sein, zeigt sich in ganz einfachen Situationen. Zum Beispiel, wenn Sie sich vorgenommen haben, Ihren Arbeitstag einmal eine halbe Stunde früher als sonst zu beginnen. Wenn Sie es tatsächlich schaffen, aufzustehen und sich an Ihre Arbeit zu begeben, ist das ein sehr erfolgreicher Arbeitsbeginn. Sich ohne Zwang von außen an seine eigenen Vorgaben zu halten, ist eine Grundvoraussetzung für Erfolg. Immer nur das zu tun, was andere mit Fug und Recht von einem erwarten können, bringt vielleicht ein gewisses Maß an Anerkennung. Aber erst, wenn Sie sich bei jeder Aufgabe das Ziel setzen ›Ich leiste mein Äußerstes, ich gebe mein Bestes!‹ und sich wirklich daran halten, werden Sie erfolgreich.«

Das wirklich Gefährliche am positiven Denken ist: Das Versagen ist vorprogrammiert. Denn: Die Methode funktioniert nicht. Und zwar nicht, weil wir unfähig sind, sondern weil sie gar nicht funktionieren kann. Warum nicht? Es sind vor allem vier Gründe, die man gegen den Ansatz des positiven Denkens ins Feld führen kann:

1. Positivdenker lassen einen wichtigen Aspekt außen vor: Sie berücksichtigen nicht das »Gesetz der entgegengesetzten Wirkung«, wie

ein Kritiker dieser Bewegung, der Psychologe Günter Scheich, in seinem Buch Positives Denken macht krank schreibt. »Dieses psychologische Gesetz besagt in etwa Folgendes: Wenn du etwas besonders stark vermeiden willst, dann wird oft das Befürchtete eintreten. Wenn beispielsweise jemand einen Vortrag halten möchte und zu sich sagt: Ich darf auf keinen Fall zittern oder stottern – dann ist die Wahrscheinlichkeit, dass dies trotzdem (oder besser: gerade deshalb) eintritt, umso größer, je mehr er sich in dem Wunsch verkrampft.« Auch der Wunsch und die Absicht, positiv zu denken, scheint negative Gedanken vielfach regelrecht zu beflügeln und ihnen häufig erst richtig den Boden zu bereiten, ihnen geradezu »Nahrung« zu geben. Wenn man versucht, eine positive Einstellung anzunehmen, obwohl man in Wirklichkeit angespannt und ängstlich ist, und damit die eigene Angst unberücksichtigt lässt, kann der Schuss leicht nach hinten losgehen.

2. Einen weiteren Grund, warum das positive Denken nicht funktioniert, konnten amerikanische Wissenschaftler in einer Studie belegen. Sie testeten Versuchsteilnehmer auf die Stärke ihres Selbstwertgefühls und baten sie, schriftlich über ihre Gefühle und Gedanken Auskunft zu geben sowie diverse Fragen zu beantworten. Alle 15 Sekunden wurden die Probanden durch einen Gong unterbrochen und aufgefordert, sich einen bestimmten Satz aus der Trickkiste des positiven Denkens vorzusagen, nämlich: »Ich bin eine liebenswerte Person.« Anschließend prüften die Wissenschaftler, welchen Einfluss diese positive Suggestion auf Menschen mit schwachem Selbstwertgefühl und auf solche mit einem starken hatte. Ergebnis: Der positive Satz bewirkte bei den Teilnehmern mit einem schwachen Selbstwertgefühl eindeutig Negatives: Sie waren nach dem Test schlechter gelaunt, weniger optimistisch und hatten weniger Lust, an angebotenen Aktivitäten teilzunehmen. Personen mit gutem Selbstbewusstsein zeigten keinerlei Verschlechterungen, aber auch bei ihnen hinterließ die Autosuggestion nur einen leicht positiven Effekt. Möglicherweise, so spekulieren die Forscher, haben die Teilnehmer mit niedrigem Selbstwertgefühl gespürt, dass vieles, was sie über sich denken, im Widerspruch zu dem Satz »Ich bin eine

liebenswerte Person« steht, und der Satz hat sie erst recht auf ihre vermeintlichen Defizite aufmerksam gemacht. Die Autosuggestion war also mit ihrem Selbstbild nicht vereinbar. Wie andere Studien zeigen, neigen wir alle dazu, uns von unserer Sicht auf uns selbst nicht abbringen zu lassen. Uns irritieren Botschaften, die damit nicht übereinstimmen. Das Fazit aus diesen Studien: Gerade jene Menschen, welche als Hauptzielgruppe des positiven Denkens gelten, profitieren offensichtlich nicht davon. Im Gegenteil: Sie nehmen Schaden dadurch.

3. Ein dritter Grund, warum die Methoden des positiven Denkens nicht funktionieren können, liegt in den Zielen seines Ansatzes: Sie sind unerreichbar! Ein Leben ohne Angst, ohne Sorgen, ohne negative Gedanken kann es überhaupt nicht geben. Und: Häufig gibt es selbst beim besten Willen keinen Anlass, positive Gedanken über bestimmte Vorgänge zu hegen. Sicher mag es hilfreich sein, angesichts von Bedrohungen nicht in Panik zu verfallen, aber es ist mehr als angemessen und verständlich, wenn wir Schicksalsschläge, Misserfolge, Ungerechtigkeiten als das bezeichnen, was sie sind. Wir sind nun mal keine Zauberer: Wir sind nicht in der Lage, etwas, das »grau« oder »schwarz« ist, uns selbst als »weiß« oder »gelb« zu verkaufen. Es sei denn, wir litten unter Realitätsverkennung – und das wäre kein Zeichen einer gesunden Psyche.
4. Und schließlich kann gegen die Argumente der Positivdenker ein weiteres, sehr gewichtiges Argument vorgebracht werden: Negatives Denken, das nichts mehr mit der Realität zu tun hat, kann nicht durch die Entscheidung »Ab sofort denke ich positiv« oder durch optimistische Selbstsuggestionen verändert werden. Dieser Punkt ist es wert, genauer betrachtet zu werden.

Negative Gedanken können nämlich tatsächlich einen äußerst belastenden, wenn nicht sogar krank machenden Einfluss auf uns haben. Und zwar dann, wenn sie die Realität zu unseren Ungunsten verzerren. »Nichts gelingt mir!« »Hätte ich mich nur zurückgehalten!« »Ich habe doch nie Glück!« Diese negativen Gedanken sind uns meist nicht bewusst. Sie laufen automatisch ab. Ohne dass wir es merken, reden wir mit uns selbst – und befördern uns durch diese Selbstgespräche nicht selten in schlechte Stimmung. Dann sind wir in Gefahr, nur noch das Negative wahrzunehmen und das Positive zu ignorieren. Ähnliche Folgen hat es, wenn wir verallgemeinern: Aus einem einmaligen Fehlschlag (ein Projekt ist gescheitert) wird ein allgemeines Versagen (»Ich bin einfach unfähig.«). Oftmals neigen wir auch dazu, in andere Menschen unsere Ängste und Befürchtungen hineinzulegen. Ohne genau zu wissen, was diese denken oder vorhaben, sind wir überzeugt: »Freundin X ruft nicht an, weil sie sich beim letzten Besuch gelangweilt hat«, »Der Chef hat etwas gegen mich, er hat mich heute auf dem Flur nicht gegrüßt«, und wenn wir jemand Neuen kennenlernen, wissen wir schon, dass diese Person uns bald durchschauen und sich dann wieder von uns trennen wird. Und wie oft vergleichen wir uns mit anderen Menschen und ziehen dabei ständig den Kürzeren? »So gut, wie Y Tennis spielt, kann ich das nie.« »Ich bin eine viel schlechtere Köchin als meine Schwiegermutter.« »So schnell wie meine Freundin kann ich nicht denken, arbeiten, aufräumen.« – Was und mit wem auch immer wir uns vergleichen, das Ergebnis fällt für uns meist negativ aus, wenn unsere Gedanken keinen Realitätsbezug mehr haben.

Solche allzu selbstkritischen Gedanken haben erhebliche Nebenwirkungen: Sie beeinflussen neben unserer Stimmung unser Selbstwertgefühl und unsere Sicht auf die Mitmenschen. Diese Gedanken sind der Ausgangspunkt dafür, dass wir uns nicht wohl fühlen in unserer Haut, uns nichts zutrauen, unsicher und ängstlich durchs Leben gehen. Wollen wir das ändern, müssen wir tatsächlich an den Gedanken ansetzen. Aber nicht in dem Sinne, wie es uns die Anhänger des positiven Denkens vorschlagen. Durch positive Selbstsuggestionen ist nichts gewonnen. So einfach lässt sich der Zusammenhang zwischen unseren Gedanken und unseren Gefühlen nicht verändern. Die Neigung zu unrealistischen Gedanken und übertriebenem Pessimismus können wir nicht auf Knopfdruck loswerden. Dazu sind sie zu tief in unseren Denkstrukturen verankert. Sie sind entstanden durch frühe Erfahrungen in unserer Kindheit, durch die Art und Weise, wie wir von wichtigen Bezugspersonen in unseren jungen Jahren behandelt wurden. Das heißt: Der übertriebe Hang zu sorgenvollem Denken ist nicht einfach durch einen Entschluss nach dem Motto »Ich will ein positiv denkender Mensch sein« zu verändern. Es braucht dazu eine lange Zeit des Ver- und Umlernens.

Inzwischen gibt es eine Reihe therapeutischer Ansätze, die sich den Zusammenhang zwischen Gedanken und Gefühlen zunutze machen und uns dabei unterstützen, realistischer von uns selbst zu denken. Diese therapeutischen Ansätze sind sehr sinnvoll, aber können nur in einem oft langen, mühsamen Prozess ihr Ziel erreichen. Diese therapeutische Arbeit hat nichts mit den Versprechungen der Positivdenker zu tun, wonach wir durch einfache Selbstsuggestionen und immer wieder uns selbst vorgesagten positiven Floskeln unser Denken ganz einfach und schnell zum Positiven verändern können.

Leider sind die berechtigten Einwände gegen das positive Denken den meisten Menschen nicht bekannt. Sie glauben den verlockenden Versprechungen der Branche und suchen den Fehler ausschließlich bei sich, wenn sich die positiven Gedanken und mit ihnen die positive Stimmung nicht einstellen wollen. Damit setzen sie einen gefährlichen Teufelskreis in Gang: Denn wenn sie merken, dass ihr Optimismus nicht ausreicht, dass sie immer noch an sich und ihren angeblichen Fehlern verzweifeln, dass sie trotz aller Anstrengungen den Silberstreifen am Horizont nicht sehen, geben sie ihre Bemühungen nicht etwa auf. Nein, sie bemühen sich umso mehr, das versprochene Ziel zu erreichen. Andere haben es doch schließlich auch geschafft! Statt an den Versprechungen der

Positivdenker zu zweifeln, zweifeln sie an sich selbst. Um sich nicht als hoffnungsloser Fall resigniert zurückziehen zu müssen, beschließen sie, noch mehr an sich zu arbeiten. Schließlich schreibt Joseph Murphy, einer der prominentesten Vertreter des positiven Denkens: »Positives Denken führt unausweichlich zum Ziel. Aus dieser Tatsache ist ganz einfach zu folgern, dass jeder Misserfolg ausgeschlossen ist, sobald Ihr Unterbewusstsein die gewünschte Vorstellung angenommen hat.«

Misserfolg ausgeschlossen. Wir müssen also zwangsläufig uns selbst die Schuld geben, wenn der Erfolg ausbleibt: Wir haben versagt! Ist unser Selbstschutz noch einigermaßen in Ordnung, kommen wir vielleicht zu dem Schluss: »Das ist eben nichts für mich«, und stellen unsere Bemühungen ein. Haben wir jedoch ein schwaches Selbstwertgefühl und sind ohnehin sehr schnell bereit, an uns selbst zu zweifeln und uns in die Pflicht zu nehmen, laufen wir Gefahr, durch das positive Denken in eine gefährliche Abwärtsspirale zu geraten und ernsthaft Schaden zu nehmen. Denn wie gezeigt: Gerade jene Menschen, denen das positive Denken doch eigentlich helfen sollte, fühlen sich, wenn sie die Methoden praktizieren, schlechter als vorher.

Negatives Denken hat Vorteile

Das heißt nicht, die Alternative zum positiven Denken seien tiefschwarzer Pessimismus oder gar Verzweiflung. Vielmehr geht es um den klaren Blick, die Bereitschaft, die Dinge zu sehen, wie sie sind. Die Welt ist nun mal voller unschöner Ereignisse und Zumutungen, wir können sie uns nicht besser denken. Es nutzt uns nichts, wenn wir sie schönfärben oder durch die rosarote Brille betrachten – denn dann bringen wir uns um die Chance zu erkennen, was los ist und welche Aufgaben und Herausforderungen wir wahrnehmen sollten. Negatives Denken ist nicht per se schlecht. Ganz im Gegenteil: Es kann durchaus sinnvoll sein, sich Sorgen zu machen und eher negativ als zu optimistisch zu denken. Wer sich zweifelnde, sorgenvolle Gedanken über die Zukunft macht, ist nämlich oftmals besser für diese gerüstet. All jene, die dazu neigen, mit dem Schlimmsten zu rechnen, die sich immer wieder skeptisch fragen, wie sich die Dinge wohl entwickeln werden, die alle möglichen Ergebnisse vorab durchdenken, die nicht wissen, ob sie die anstehenden Herausforderungen wirklich schaffen werden, und die darüber nachdenken, was sie tun werden, wenn ein Ergebnis negativ ausfallen sollte, gehen zwar nicht optimistisch und voller Zuversicht durchs Leben. Dennoch ist ihr Pessimismus keine Gefahr für sie, sondern ein Zeichen von Stärke.

»Defensive Pessimisten« nennt die amerikanische Psychologin Julie K. Norem jene Menschen, die möglichst auf alle Entwicklungen gefasst sein wollen und dabei auch den jeweils schlimmsten Fall mitdenken. »Defensive Pessimisten erwarten das Schlimmste und verbringen viel Zeit damit, sich in den lebhaftesten Farben auszumalen, was schiefgehen könnte. Vor einer Präsentation machen sie sich Sorgen darüber, dass ihr PowerPoint womöglich nicht funktioniert, dass das Mikro ausfällt oder – und das wäre wirklich das Allerschlimmste! – dass sie den totalen Blackout haben und stumm vor dem Publikum stehen. Vor einer Dinnerparty stellen sie sich vor, dass die neuen Nachbarn sich mit den alten nicht vertragen und dass das Sushi eine kollektive Lebensmittelvergiftung hervorruft.«

Wer zu der Gruppe der defensiven Pessimisten gehört, muss sich eine Sorge nicht machen: dass er seine seelische Gesundheit gefährdet, weil er dem Positiv-Denken-Kult der Gesellschaft nicht huldigt. Denn wie der Optimismus hat der Pessimismus seinen Sinn: Er kann uns auf Probleme und Aufgaben vorbereiten und uns dabei unterstützen, Veränderungen besser zu bewältigen. Optimistisches Denken mag uns helfen, Ziele voller Selbstvertrauen in Angriff zu nehmen. Eine pessimistische Einstellung aber schützt uns vor Enttäuschungen und hilft uns, mit Rückschlägen besser fertig zu werden. Schließlich waren wir darauf vorbereitet. Und höchstwahrscheinlich haben wir einen Plan B in der Schublade. Denn auch das zeigt die psychologische Forschung: Pessimisten sind besser in der Lage, nach Alternativen zu suchen und die negativen Auswirkungen abzumildern, falls das gefürchtete Ereignis tatsächlich eintritt.

Dass ein gewisses Ausmaß an Pessimismus wichtig ist, bestätigen auch Ergebnisse aus einer Richtung der Psychologie, die sich damit befasst, was Menschen hilft, schwierige Zeiten gut zu bewältigen: der Resilienzforschung. Resilienz ist der Fachbegriff für die Fähigkeit, unter schweren psychischen Lasten nicht zusammenzubrechen. Nach den bisherigen Erkenntnissen haben resiliente Menschen besondere Merkmale, darunter ein ganz wichtiges: Sie planen und denken voraus. Was ist damit gemeint?

Haben Sie schon einmal daran gedacht, dass Ihr Arbeitsplatz irgendwann gefährdet sein könnte? Halten Sie es für möglich, dass Ihre Ehe scheitert? Was ist, wenn Ihr Vermieter Ihnen kündigt und Sie umziehen müssen? Sind Sie vorbereitet aufs Älterwerden? Solche Fragen sind für Positivdenker ein Alptraum! Nicht hingegen für resiliente Menschen. Denn diese, so zeigt die Forschung, halten nichts für selbstverständlich. Sie rechnen mit den Wechselfällen des Lebens und beschäftigen sich gedanklich damit. Die Frage »Was wäre, wenn …?« stellen sie sich auch in Zeiten, in denen kein Anlass zur Sorge besteht. Auf diese Weise sind sie sowohl auf die vorhersehbaren Veränderungen im Leben vorbereitet, zu denen vor allem bestimmte Zäsuren und Übergangsphasen gehören: Heirat, die Geburt eines Kindes, der Tod der Eltern, Berufswechsel, Scheidung, Älterwerden, wie auf die nicht vorhersehbaren Ereignisse, weil sie diese immer mitdenken, ohne sich von der Möglichkeit, dass sie eintreten könnten, ins Bockshorn jagen zu lassen. Resiliente Menschen werden von Wendepunkten des Lebens und den damit verbundenen Problemen daher nicht völlig überrascht. Vorausplanendes Krisenmanagement stärkt also die seelische Widerstandskraft.

Resilienzforscher sind der Ansicht, dass so manche Ehe nicht vor dem Scheidungsrichter enden müsste, wenn sich die Paare mit den Problemen und Herausforderungen beschäftigen würden, die im Laufe des Zusammenlebens auftreten können. Paare, deren Beziehung durch ein Kind in eine Krise gerät, hätten sich durch Vorausplanung besser auf die unvermeidlichen Probleme vorbereiten können. Und Menschen, die sich mit den Herausforderungen des Älterwerdens rechtzeitig auseinandersetzen, bewältigen die damit verbundenen Veränderungen besser.

Resilienz benötigen wir nicht nur, wenn schlimme Ereignisse uns auf eine schwere Probe stellen. Resilienz ist ebenso ein wichtiger Schutz vor Alltagsstressoren, die immer zahlreicher und intensiver auf uns einwirken. Wir leben in einer Zeit der Unsicherheit, der Instabilität, der ständigen Veränderungen. Je bereitwilliger wir uns darauf vorbereiten, je mehr wir damit rechnen, dass nichts so bleibt, wie es ist, desto besser gelingt uns das Leben.

Das belegen übrigens auch psychologische Studien. Demnach kann eine eher negative Einstellung auf Dauer sogar gesünder sein als Optimismus und positives Denken. So fand eine Studie zum Beispiel heraus: Jugendliche, die ihre Beliebtheit bei Gleichaltrigen realistisch einschätzten, hatten ein geringeres Risiko, depressiv zu werden, als jene, die sich über ihre Popularität ein zu positives Bild machten. Und ein weiteres interessantes Ergebnis: Ältere Menschen, die eher pessimistisch in die Zukunft schauen, reagieren weniger verzweifelt auf ein negatives Lebensereignis, wie Beispiel den Tod eines nahestehenden Menschen, als ihre optimistisch gestimmten Altersgenossen.

Diese Ergebnisse widerlegen die Behauptung der Positivdenker, wonach es für unser Wohlbefinden sinnvoll ist, wenn wir uns Illusionen über uns und die Welt machen.

Wenn wir die Realität schönfärben und sie nicht so sehen, wie sie wirklich ist, dann mag es uns vielleicht momentan besser gehen, auf Dauer aber werden wir durch diese seelische Schonhaltung immer verletzlicher. Natürlich gibt es harmlose Illusionen, wie beispielsweise jene, dass sich fast jeder Mensch als Autofahrer anderen Verkehrsteilnehmern überlegen fühlt: Er fährt umsichtig und gut; die anderen sind rücksichtslose oder schlechte Fahrer. Schon sehr viel bedenklicher dagegen ist die Illusion »Mich trifft es schon nicht«, mit der wir uns die Möglichkeit schwerer Krankheiten, Unfälle oder anderer Schicksalsschläge vom Leibe halten wollen. Ein derart unrealistischer Optimismus ist gefährlich, denn möglicherweise verleitet er uns dazu, wichtige Vorsorgemaßnahmen nicht zu treffen, medizinische Ratschläge in den Wind zu schlagen, zu wenig auf unsere Gesundheit zu achten und so weiter. Der positive Gedanke »Mich trifft es schon nicht« wiegt uns in unrealistischer Sicherheit. Er gibt uns das Gefühl, alles unter Kontrolle zu haben, sogar das, was sich unserer Kontrolle entzieht.

Die Annahme, dass ein gutes Leben nur dann möglich ist, wenn wir nur wenige negative Gedanken hegen, ist also nicht haltbar. Wir brauchen negative Gedanken, und das hat seine Gründe, die nicht zuletzt in der Evolution des Menschen zu suchen sind. Der Mensch besitzt ein »katastrophisches Gehirn«, das in Millionen von Jahren gelernt hat, auf Gefahrensignale zu reagieren. Unsere Vorfahren mussten ständig mit Hunger, Kälte, Feinden aller Art rechnen und angemessen darauf reagieren. Hätten sie damals das positive Denken praktiziert (»Ach, Tiger sind doch gar nicht gefährlich, sondern ganz nette Katzen«), wären sie nicht weit gekommen. Wir Menschen haben als Art überlebt, weil wir uns auf das konzentriert haben, was schiefgehen kann, nicht auf das, was gut geht. Wenn alles im Leben glattgeht, schalten wir auf Autopilot, so richtig konzentriert und bewusst sind wir meist nur, wenn etwas nicht klappt.

Weil es heute weniger direkte Gefahren gibt als zu früheren Zeiten, brauchen wir das katastrophische Gehirn nicht mehr, meinen die Positiven Psychologen. Aber das stimmt nicht. Erstens gibt es andere Gefahren, auf die wir vorbereitet sein sollten: Jede Autofahrt birgt Gefahren. Unsere Gesundheit ist gefährdet. Am Arbeitsplatz gibt es Krisen. Umweltkatastrophen können unser Leben von einem Moment auf den anderen dramatisch verändern. Und schließlich sind wir alle bedroht durch die Tatsache, dass unser Leben irgendwann endet.

Zweitens macht achtsames Denken nicht nur auf Gefahren aufmerksam. Es sorgt auch dafür, dass wir aufmerksam werden für den gegenwärtigen Moment, dass wir offen und neugierig bleiben für neue Situationen, selbst wenn sie vielleicht Schmerzen und Sorgen mit sich bringen. Wenn wir denken dürfen, was der jeweiligen Situation angemessen ist, haben wir gute Chancen, ein gelingendes Leben zu führen.

FAZIT
Warum wir das Gebot **Denke positiv!** nicht befolgen sollten

Die Ratschläge, die aus dem Lager der Positivdenker kommen, können wir getrost ignorieren. Denn was uns da als Lösung für unsere Probleme und als Leitlinie für unser Leben angeboten wird, gehört in die Kategorie »Verdummung«. Positives Denken ist ein riesiges Geschäft für diejenigen, die auf der Klaviatur unserer Hoffnungen, unserer Selbstzweifel und unserer Sehnsucht nach Glück hervorragend spielen können. Wir aber, wir haben davon nichts. Im Gegenteil: Positives Denken kann uns noch mehr in die Verzweiflung stürzen, weil es erwiesenermaßen nicht wirkt. Positives Denken färbt die Realität schön, lässt uns Gefahren und die wahren Verursacher und Ursachen von Missständen nicht erkennen, sondern legt alle Verantwortung allein in unsere Hände. Positives Denken ist daher schädlich; negative Gedanken hingegen können uns schützen. Sie können uns vorbereiten auf unausweichliche Veränderungen und uns warnen vor unguten Entwicklungen. Dies ist kein Plädoyer für Hypochondrie oder permanente Ängstlichkeit. Beides würde uns vom Leben abhalten. Es ist vielmehr ein Plädoyer für einen realistischen Blick auf das Dasein, so wie es ist. Mit seinen Sonnen- und mit seinen Schattenseiten. Wenn wir immer die Sonnenseiten wünschen und sehen wollen, erschrecken wir fürchterlich, wenn einmal ein Schatten auf uns fällt. Wissen wir aber, dass dort, wo Licht ist, mit Schatten zu rechnen ist, sind wir stark genug für alles, was das Schicksal für uns bereithält.

Nur wenn negative Gedanken den Bezug zur Realität völlig verloren haben, ist es sinnvoll, sie mit therapeutischen Mitteln in die Realität zurückzuholen. Das hat dann aber nichts mit positivem Denken zu tun.

Fünftes Gebot
Sei erfolgreich!

Im Februar 2010 überfuhr eine Frau eine rote Ampel, wurde von der Polizei gestoppt und musste ins Röhrchen blasen. Sie hatte 1,5 Promille Alkohol im Blut. Fälle wie diese sind für die Polizei nichts Außergewöhnliches. Die Zeitungen berichten nur in Ausnahmefällen davon. Dieser hier war einer. Denn die alkoholisierte Frau war Margot Käßmann, Bischöfin und Vorsitzende der Evangelischen Kirche Deutschlands. Die Medien hatten mal wieder einen Nachrichtenknüller, und die Menschen diskutierten erregt diesen Fall. Die meisten waren sich einig in dem Urteil: Eine Bischöfin darf sich kein Fehlverhalten erlauben. Was bei Otto Normalverbraucher vielleicht verzeihlich ist, ist es bei dieser Frau nicht. Ihr Verhalten läuft unseren Wertvorstellungen zuwider. Es mag normal sein, dass unsereins mal einen über den Durst trinkt. Passiert das aber einer Bischöfin, ist das *nicht normal*. Margot Käßmann zog denn auch bewundernswert schnell die Konsequenzen und trat von ihren Ämtern zurück.

Als der Golfprofi Tiger Woods von den Medien als (angeblich) sexsüchtig entlarvt und seine Affären in zahllosen Artikeln und Berichten ausgebreitet wurden, schüttelten die meisten Menschen den Kopf. Wie kann er nur! Als Profisportler muss er doch ein Vorbild sein, vor allem für die Jugend. Wer sich so verhält, mit dem muss irgendetwas nicht in Ordnung sein. Das ist doch *nicht normal!*

Der Fall des Wetterexperten Jörg Kachelmann, der von einer Ex-Freundin wegen Gewaltanwendung und Vergewaltigung angezeigt wurde, erregte ebenfalls die Gemüter. Der Anzeige ging eine langjährige Beziehung voraus, die nach Aussagen von Zeugen zwar nicht der Norm entsprach, aber durchaus glücklich war – sonst hätte sie ja nicht so viele Jahre gehalten. Doch anscheinend sind Kachelmann seine diversen Leben zu viel geworden, anscheinend hat er die Fassung und die Kontrolle verloren. Unter Druck? Aus schlechtem Gewissen? Sei's drum; auch in diesem Fall war sich die Öffentlichkeit schnell einig: Ob Kachelmann wirklich Gewalt angewandt hat, das ist wohl nicht zu beweisen. Aber dass er mehrere Beziehungen parallel in verschiedenen Ländern unterhielt, ist doch *nicht normal!*

So unterschiedlich die drei geschilderten Fälle sind, so unterschiedlich die beteiligten Personen sein mögen, sie haben eines gemeinsam: Sie sind an einem Punkt ihres Lebens gestrauchelt. Sie sind gescheitert. Ihre Erfolgssträhne wurde durch menschliche Schwäche, einen Fehltritt oder durch einen Ausraster vorläufig beendet. Bis zu dem »Knacks« in ihrem Leben hatten sie jedoch alle ein Gebot unserer Zeit mehr als erfüllt: das Gebot *Sei erfolgreich!* Margot Käßmann, Tiger Woods, Jörg Kachelmann – sie alle haben eine steile Karriere gemacht, sie haben es zu Prominenz und Popularität gebracht, sie waren ziemlich erfolgreich. Doch mit dieser Karriere war es von einem Tag auf den anderen vorbei. Und damit verloren sie gleichzeitig das Wohlwollen der Gesellschaft. Die Medien berichten zwar genüsslich über das Scheitern von Prominenten, aber noch lieber verbreiten sie Erfolgsgeschichten. Wer scheitert, gerät schnell »aus den Augen, aus dem Sinn«.

Was für prominente Personen gilt, das gilt in abgeschwächter Form für uns alle. Wir glauben, dass auch wir nur so lange interessant sind, solange wir auf der Erfolgsseite stehen. Kommen wir mal ins Straucheln, dann fürchten wir, kein wertvolles Mitglied dieser Gesellschaft mehr zu sein. Schließlich bekommt nur Anerkennung und Respekt, der das Gebot *Sei erfolgreich!* erfüllt. Also versuchen wir, diesem Gebot gerecht zu werden, und bemühen uns um Erfolge.

Ein schwieriges Unterfangen. Denn im Leben mangelt es nicht an Stolpersteinen. Immer mal wieder geht etwas schief, wir erreichen ein gestecktes Ziel nicht, müssen Niederlagen verkraften, eigene Grenzen erkennen. Erfahrungen des Scheiterns begleiten jeden von uns – ein Leben lang. Als Kind schreiben wir schlechte Noten, müssen vielleicht eine Klasse wiederholen, fühlen uns ausgeschlossen aus dem Klassenverbund, schaffen später den Numerus clausus nicht, bekommen nicht die Lehrstelle, die wir uns wünschen, finden keinen Arbeitsplatz, werden vielleicht nach langer Betriebszugehörigkeit gekündigt, bleiben ungewollt kinderlos, müssen uns als untalentiert erleben, ziehen einen Auftrag nicht an Land, finden keinen Partner fürs Leben oder erkennen, dass der gewählte nicht der richtige ist, werden geschieden, bekommen eine Krankheit, Träume zerplatzen, Pläne müssen als unrealisierbar ad acta gelegt werden.

Scheitern gehört zum Leben. Unvermeidlich ist jeder Mensch zu irgendeinem Zeitpunkt seines Lebens ein Verlierer, ein Loser, ein Versager. Doch anders als das Gelingen, der Erfolg, ist das Versagen in unserer Gesellschaft kein Thema – das Scheitern ist sogar »das große moderne Tabu«, wie der Soziologe Richard Sennett feststellt: »Es gibt jede Menge populärer Sachbücher über den Weg zum Erfolg, aber kaum eines zum Umgang mit dem Scheitern.« Eine Tatsache, die durch eine Suchanfrage beim Internetbuchhändler Amazon bestätigt wird. Auf das Stichwort »Erfolg« erhält man unter »Bücher« fast 10 000 Treffer, darunter Titel wie *Die Erfolgs-Geheimnisse der Millionäre, Die sieben geistigen Gesetze des Erfolgs*, *Erfolg muss man wollen*, *Die Gesetze der Gewinner* und so weiter. Auf das Stichwort »Scheitern« meldet Amazon dagegen nur knapp 340 Titel – unter denen sich wiederum viele verkappte Erfolgsbücher verstecken, weil die Autoren oftmals euphorisch beschreiben, wie sie Niederlagen und Schicksalsschläge *erfolgreich* bewältigt haben. Was in Theater, Literatur und Film ein großes, wenn nicht *das* Thema überhaupt ist – man denke nur an *Alexis Sorbas*, *Wer hat Angst vor Virginia Woolf?*, *Tod eines Handlungsreisenden*,

Der große Gatsby, Endstation Sehnsucht –, wird im gesellschaftlichen Alltag systematisch ausgeblendet.

Erfolg ist in unserer Gesellschaft deutlich anziehender als Scheitern – was ja zunächst nicht verwundert. Wer will schon scheitern? Niemand. Jeder von uns will erfolgreich sein, Siege erringen, Karriere machen, Anerkennung bekommen.

Was soll daran schlecht sein? Nichts. Gäbe es nicht in unserer Gesellschaft einen Zwang zum Erfolg. Das Gebot *Sei erfolgreich!* ist fest verankert in unseren Köpfen, nur wirklich erfolgreiche Menschen sind anerkannte Mitglieder unserer Gesellschaft. Erfolg ist zu einem von Inhalten losgelösten Ziel geworden, das wir unbedingt erreichen müssen. Immer wieder. Und in möglichst vielen Lebensbereichen.

Weil Erfolg so wichtig ist, dürfen Misserfolge natürlich nach Möglichkeit nicht auftreten. Tun sie es doch, sind wir meist sehr darum bemüht, sie zu verbergen. So zeigen wir nach außen eine Fassade der Zufriedenheit, obwohl es Schwierigkeiten in unserer Ehe gibt, obwohl unsere Kinder nicht so gut geraten wie die der Nachbarn, obwohl wir nicht so erfolgreich unser Gewicht halten wie die Freundin, obwohl wir am Arbeitsplatz nicht befördert werden, obwohl wir zu viele Schulden haben …

Wir schweigen und schämen uns, weil wir glauben, dass »so etwas« nur uns passiert, dass wir vom Pech verfolgt sind, unser Glück nicht richtig geschmiedet haben, dass es grundsätzlich jedem Menschen möglich ist, erfolgreich zu sein – ganz gleichgültig, wie die Umstände ihm mitspielen. Das bedeutet: Wenn uns etwas zustößt, wenn wir stolpern, dann sind wir selbst schuld, denn wir hätten den Stolperstein sehen und ihm ausweichen oder gleich von Anfang an einen anderen, weniger holperigen Weg wählen können. Und wenn wir schon das Stolpern nicht vermeiden konnten, sollten wir wenigstens schnell wieder fest auf unseren Beinen stehen. Wenn uns das nicht gelingt, haben wir möglicherweise eine falsche »Grundstimmung«, meint der Motivationstrainer Erich Lejeune, der wie kein anderer die frohe Botschaft verbreitet, dass Erfolg machbar ist. In seinem Internetblog kann man dazu Folgendes lesen:

»Wie ist Ihre derzeitige Grundstimmung gegenüber dem Leben? Glauben Sie an die Kraft des Guten, der Freude und des Glücks? Glauben Sie an den Sieg der Gerechtigkeit? Glauben Sie an die Kraft intakter Beziehungen? Glauben Sie an die reinigende Wirkung ehrlicher und aufrichtiger Gespräche? Glauben Sie an Gott? Glauben Sie daran, dass jeder Mensch auf dieser Erde einen Auftrag zu erfüllen hat und dass er dafür alle Anlagen und Kräfte mitbekommen hat, die er zu seiner Ausführung benötigt? Warum zögern Sie dann noch, diesen Auftrag mit Ihrem Leben zu verwirklichen? Schließen Sie die Augen, breiten Sie die Arme aus und sagen Sie laut und deutlich: ›Ja, ich bin bereit für den Erfolg meines Lebens!‹ *Das größte Risiko liegt im Vermeiden von Risiken. Wer das Risiko meidet, vermeidet seinen Erfolg!*«

Man kann alles schaffen, man muss nur wollen

Warum denken wir, dass wir im Prinzip jedes Ziel erreichen können, wenn wir uns dafür starkmachen? Weil wir das Gebot *Sei erfolgreich!* längst verinnerlicht haben. Unsere Gesellschaft liebt Erfolgsgeschichten. Wenn sie überhaupt das Scheitern thematisiert, dann nur, um daraus wieder eine Erfolgsgeschichte zu machen. Hollywoodfilme sind hierfür Paradebeispiele. In Varianten wird darin immer wieder dieselbe Geschichte erzählt: Jeder kann erfolgreich sein, er muss es nur wollen. Dann kann er selbst die widrigsten Umstände überwinden. Vor allem der »Vom Tellerwäscher zum Millionär«-Mythos wird immer wieder gern aufgegriffen. Ein Beispiel dafür ist der Film *Das Streben nach Glück* mit Will Smith in der Hauptrolle:

Der talentierte, aber glücklose Geschäftsmann Christopher Gardener hält sich mit Gelegenheitsjobs über Wasser und muss sich gleichzeitig um seinen Sohn kümmern. Als er aus seiner Wohnung fliegt, müssen die beiden in Obdachlosenheimen Unterschlupf suchen. Trotz dieses herben Rückschlags gibt Christopher nicht auf und ergattert durch Hartnäckigkeit und mit dem Mut der Verzweiflung kurz darauf ein Praktikum bei einer renommierten Maklerfirma. Die harte Arbeit und seine Selbstdisziplin bringen ihn schließlich weiter als je erträumt.

Geschichten wie diese gibt es nicht nur im Film. Die Medien präsentieren uns immer wieder gern reale Personen, die an sich glauben, diszipliniert arbeiten, Stehvermögen zeigen und es schaffen, allen Widerständen zu trotzen und erfolgreich zu sein. So berichtete beispielsweise vor einiger Zeit der Österreichische Rundfunk über eine 30-jährige Salzburgerin. Sie war zur Alleinerzieherin des Jahres 2008 ernannt worden, weil sie in bewundernswerter Weise ihre schwierige Lebenssituation meisterte. Nach der Scheidung lebte sie mit ihren zwei kleinen Buben in Wien und konnte auf keine Unterstützung durch den Vater oder andere Familienmitglieder hoffen. Mit ihrem geringen Einkommen bei einer gemeinnützigen Einrichtung finanzierte sie das Leben und schaffte es noch, nebenbei zu studieren und ihr Studium mit einer Promotion abzuschließen. Unbestritten: eine tolle Leistung. Nicht gemeldet wird natürlich, wie es der jungen Frau mit dieser enormen Belastung ging. Was beim Hörer dieser Nachricht hängen bleibt, ist die Botschaft: *Schau, was man alles schaffen kann, wenn man nur will.* Wie viele alleinerziehende Mütter werden sich bei dieser Nachricht wie eine Versagerin vorgekommen sein? Wie viele mögen gedacht haben: *Ich schaffe schon den ganz normalen Alltag kaum, wie könnte ich da noch ein Studium absolvieren? Ich weiß jetzt schon nicht, wo mir der Kopf steht?* Und sie werden vielleicht an sich gezweifelt haben: *Was mache ich falsch? Bin ich als Mutter eine Versagerin? Müsste ich mich noch mehr anstrengen?*

Eine andere Erfolgsgeschichte, von den Medien ebenfalls begierig aufgegriffen und ausgeschlachtet, handelt vom unscheinbaren Sohn eines Busfahrers und einer Kassiererin. Dieser entdeckte schon als Schüler seine Begeisterung für den Gesang, für klassische Musik und die Oper. Von seinen bescheidenen finanziellen Mitteln leistete er sich Gesangsunterricht. Sein Talent wurde entdeckt, er absolvierte einige öffentliche Auftritte, aber lange Jahre hatte er keinen wirklichen Erfolg und wusste oft nicht, wie er seinen Lebensunterhalt bestreiten sollte. Doch dann kam der Durchbruch – schlagartig und überwältigend: Im Jahr 2007 trat er in der englischen Castingshow *Britain's got talent* auf (das ist die englische Version von *Deutschland sucht den Superstar*). Der kleine, dickliche, scheue Mann rührte die Jury zu Tränen und gewann den Wettbewerb. Paul Potts wurde berühmt. Am 3. Dezember 2007 trat er vor Queen Elizabeth II auf, er bekam rund 125 000 Euro Preisgeld und einen Plattenvertrag in Höhe von 1 250 000 Euro. Sein erstes Album trägt den Titel *One Chance*.

Eine Chance bekam auch die 19-jährige Schülerin Lena Meyer-Landrut. Sie durfte ihr Talent in Stefan Raabs Castingshow »Unser Star für Oslo« zeigen – und gewann. Ein »Shootingstar«, jubelte, die Presse, sie wurde von Talkshow zu Talkshow gereicht, brachte in Windeseile eine CD heraus, vertrat Deutschland beim Eurovision Song Contest 2010 in Oslo und ersang sich in einer fulminanten Show den ersten Platz. »Alle lieben lovely Lena«, schrieb am Tag darauf Jan Feddersen auf *SpiegelOnline*. Und stellte beeindruckt fest: In nur fünfzehn Wochen hat Lena es von »einer schulmüden jungen Frau zu einem Popstar der Extraklasse geschafft«.

Diese Geschichten sind vielbeachtete Einzelfälle. Der Erfolg, den Sendungen wie *Deutschland sucht den Superstar* oder auch *Germany's next Topmodel* beim Publikum haben, zeigt, dass die dort produzierten Schicksale einen Nerv treffen. Sendung um Sendung belegen sie: Im Prinzip kann es jeder schaffen, der hart an sich arbeitet und seine Talente richtig einsetzt. So wundert es nicht, dass diese Castingshows jungen Menschen als Orientierungshilfe dienen. Zu diesem Ergebnis kam eine Studie des Internationalen Zentralinstituts für Jugend- und Bildungsfernsehen in München. »Castingshows geben vielen Jugendlichen das Gefühl, etwas für ihren Lebensweg mitzunehmen«, fasst die Leiterin der Studie, Maya Götz, die Ergebnisse ihrer Umfrage zusammen. Nach Ansicht von 60 Prozent der befragten Jugendlichen zeigt beispielsweise Heidi Klum genau, wie man sein muss, um Erfolg zu haben. Und 70 Prozent der Befragten finden die harte Kritik durch Bohlen an den Kandidaten »absolut gerechtfertigt«. Besonders junge Männer im Alter zwischen 18 und 19 Jahren schätzen Dieter Bohlens Offenheit, die sie für Ehrlichkeit halten. 83 Prozent stimmten der Aussage zu, dass Bohlens Kritik fair sei, obwohl er damit Kandidaten persönlich verletze.

Aus dem, was die jungen Leute am Bildschirm sehen, schlussfolgern sie: Auch ich kann es schaffen, auch ich kann das Beste aus mir machen, auch ich kann Erfolg haben. Ich muss nur auf mich vertrauen und hartnäckig sein. Und ich muss bereit sein, einiges einzustecken. Ich darf mich von Kritik und Niederlagen nicht unterkriegen lassen, ich darf den Glauben an mich niemals verlieren. Dann liegen die Chancen sozusagen auf der Straße, ich muss sie nur sehen und zugreifen. Nichts ist unmöglich! Wie groß der Glaube an die Machbarkeit des Erfolges ist, zeigen regelmäßig jene Kandidaten, die aus den Castingshows rausfliegen. Statt sich ihre Erfolglosigkeit einzugestehen, trumpfen sie oftmals noch auf. Sie wüssten, dass sie Talent haben, sagen sie unter Tränen, sie würden sich nicht entmutigen lassen, sie würden es weiter versuchen.

Weil in unserer Machbarkeitsgesellschaft das Scheitern nicht vorkommen darf, versuchen wir verständlicherweise, Niederlagen und Fehlschläge zu vermeiden, sie geschickt zu verbergen oder sie umzudeuten: Eigentlich waren wir ja erfolgreich, nur die Umstände standen zwischen uns und dem Erfolg. Das Scheitern ist so tabuisiert, dass es an Beispielen und Vorbildern mangelt, die uns zeigen könnten: Misserfolge gehören zum Leben. Man muss sich nicht schämen und sich verstecken, wenn doch mal etwas nicht so rund läuft. Sicher, die Medien leben davon, dass sie genüsslich die Niederlagen und Fehltritte Prominenter breittreten. Aber sie tun das mit Häme und in einer Art und Weise, die den Lesern vermittelt: Schaut nur, wie dumm sich Prominente verhalten können, wie viel sie falsch machen, wie das Glück und der Erfolg sie verlassen haben.

»Wie kaputt ist ihre Seele?«, sorgt sich scheinheilig die Zeitschrift *Bunte* auf ihrer Onlineseite (1.4.2010) über das psychische Wohlergehen von Britney Spears. Der Artikel, der nach dieser scheinbar einfühlsamen Schlagzeile folgt, ist eine einzige Hinrichtung:

»Ungewaschene Wuschelhaare, fehlender BH, ungepflegte Nägel – wer Britney Spears (28) in letzter Zeit in Los Angeles über den Weg läuft, traut seinen Augen kaum. Nichts ist mehr zu sehen von der strahlenden Sängerin, die sich nach ihrem Zusammenbruch im Februar 2007 wieder in das Rampenlicht zurückgekämpft hat. An der Seite ihres On/Off-Freundes Jason Trawick (28) wirkt das Popsternchen jetzt wieder ungewohnt bizarr. Sie setzt sich Kinderkrönchen ins Haar und läuft damit durch die Stadt, streitet lauthals in der Öffentlichkeit und wechselt ihre Launen im Minutentakt.

Wird der Sängerin langsam alles zu viel? Immer noch kontrolliert ihr Vater Jamie die Finanzen, immer noch hat ihr Ex-Mann Kevin Federline (32) das Sorgerecht für die gemeinsamen Söhne Jayden James (3) und Sean Preston (4). Und auch die Liebesbeziehung mit Jason scheint vor dem Ende zu stehen: ›Jason ist eigentlich eher ein guter Freund als ihr Lebensgefährte‹, berichtet ein Insider. ›Aber er ist derzeit ihr einziger Freund – also bleibt sie bei ihm.‹

Schon nach der Trennung von Kevin war Britneys Leben

aus den Fugen geraten. Sie feierte mit Paris Hilton und Lindsay Lohan, trank zu viel Alkohol und rasierte sich schlussendlich vor den Augen der Paparazzi eine Glatze. Nach einem Aufenthalt in der Entzugsklinik schien es wieder bergauf zu gehen – doch dann der nächste Tiefschlag: Der Sorgerechtsstreit mit Kevin und das Karrieretief waren zu viel für den einstigen Teeniestar. Im Januar 2008 wurde sie von einem Notarzt aus ihrem Haus geholt, weil Britney eine Gefahr für sich selbst und andere darstellte. Doch sie rappelte sich wieder auf! Das Album ›Circus‹ und die anschließende Tour waren ein voller Erfolg, es schien, als habe Britney ihr Leben wieder auf die Reihe bekommen – bis jetzt ...«

Jede Krise ist eine Chance!
Von wegen!

Was immer wir über Krisen, Niederlagen, Misserfolge in den bunten Blättern und im Fernsehen serviert bekommen – die Betroffenen werden öffentlich an den Pranger gestellt und in gewisser Weise immer als Versager und Loser porträtiert. Gelingt es aber einem Menschen, die Krise zu überstehen, erhebt er oder sie sich wie Phoenix aus der Asche, verändert sich die Tonlage. So hämisch und kritisch sie vorher war, jetzt ist sie bewundernd und manchmal sogar euphorisch. Auch im pseudo-sorgenvollen *Bunte*-Text über Britney Spears klingt das an. Sie hatte zeitweise ihre Drogensucht überwunden: »Nach einem Aufenthalt in der Entzugsklinik schien es wieder bergauf zu gehen.« Sie feierte ein Comeback: »Das Album ›Circus‹ und die anschließende Tour waren ein voller Erfolg.«

Verspottet wird, wer scheitert, gelobt wird, wem es gelingt, die Niederlage und das Scheitern in einen Erfolg zu verwandeln. Die Botschaft, die wir hören, ist eindeutig: Misserfolg ist schlecht. Gut am Misserfolg ist nur, wenn man ihn überwindet. Im Fall eines Schicksalsschlags oder eines Misserfolgs müssen und können wir wieder die Ärmel hochkrempeln, wir müssen aus unseren Fehlern lernen und danach möglichst ein noch besseres Leben, ein noch erfolgreicheres Leben führen als vor der Krise. Wenigstens eine Lehre, einen Sinn sollten wir aus dem Scheitern ziehen. Ja, wir sollen sogar an dem Erlebten seelisch wachsen.

Und so berichten Scheiternde stolz, wie sie es schafften, sich aus Sackgassen herauszumanövrieren und wieder auf den Lebensautobahnen im Strom der Erfolgreichen mitzufahren. Konstantin Wecker, der Liedermacher, der wegen Drogensucht im Gefängnis saß, sieht im Scheitern eine »Kunst« und propagiert »tausend unmögliche Wege, das Glück zu finden« – so der Untertitel seines Buches *Die Kunst des Scheiterns*. Ähnlich beschreibt der Sportler Hermann Wenning in seinem Buch *Lauf zurück ins Leben*, wie er seine lange, schwere Drogensucht überwand und sein Comeback ins Leben als Marathonläufer schaffte. Die Botschaft lautet auch hier: Scheitern ist schon okay, aber nur, wenn es uns gelingt, danach glücklich zu werden. Wenn man so will, beeinflusst das positive Denken auch unseren Umgang mit schwierigen Zeiten. Krisen, Niederlagen, Schicksalsschläge sind zwar belastend, doch wenn wir die Chance erkennen, die in ihnen liegt, können uns schlimme Erfahrungen stärker machen. An Krisen, wenn wir sie denn nicht vermeiden können, sollen wir wachsen. Die Niederlage soll uns aktivieren und dazu ermutigen, das Schicksal endlich in die eigene Hand zu nehmen. Fühlen wir uns von schwierigen Situationen überfordert, fehlt uns die Kraft zum Handeln, haben wir schon verloren.

Wenn wir einen Misserfolg verkraften müssen, werden wir durch die Aufforderung »steh auf, kämpfe, lass dich nicht unterkriegen« unter enormen Druck geraten. Wir müssen nicht nur unser Scheitern bewältigen, nein, wir müssen möglichst gleich einen Plan aus der Tasche ziehen, wie wir gedenken, die Krise in eine Chance zu verwandeln. Wenn wir schon nicht erfolgreich waren, dann sollen wir wenigstens den Misserfolg erfolgreich bewältigen. Das erinnert an die Geschichte von den beiden Fröschen, die in eine Milchkanne fallen. Der eine Frosch erschrickt fürchterlich, weiß nicht, was er tun soll, und ertrinkt. Der andere strampelt und strampelt und strampelt – so lange, bis er die Milch zu Butter gestrampelt hat. Damit hat er festen Boden unter den Füßen und kann aus der Milchkanne springen.

Wer erfolglos ist, muss also nur kräftig strampeln, dann wird er eines Tages wieder das Gebot *Sei erfolgreich!* erfüllen können? Wenn es denn so einfach wäre. Das Bild vom tapferen Frosch mag Mut machen, es vernachlässigt jedoch etwas Grundlegendes. Die Möglichkeit, dass eine Krise lange anhalten kann und dass es nicht immer gleich eine Lösung und einen Ausweg gibt, wird ebenso ausgeblendet wie die Erfahrung, dass eine Krise möglicherweise von einer anderen abgelöst wird und dass es nicht immer in unserer Hand liegt, schwierige Zeiten abzuwenden oder gar aus eigener Kraft zu bewältigen. Für solche »schrecklichen« Aspekte ist im Krisenmodell unserer Gesellschaft kein Platz.

Natürlich können wir in manchen Situationen tatsächlich strampeln und kämpfen, manchmal können wir unser Schicksal wirklich in die Hand nehmen. Aber das gilt nicht für alle Lebenslagen und schon gar nicht für jene Fälle, in denen wir gar keine Macht über das Geschehen haben und uns keine Möglichkeiten zur Verfügung stehen, um Veränderungen herbeizuführen. Das gilt für individuelle Krisen, wird jedoch besonders deutlich, wenn wir Opfer von Schicksalsschlägen oder gesellschaftlichen Veränderungen werden. Nur ein paar Beispiele zur Illustration:

- Die Mitarbeiter der Firma Quelle haben gekämpft und gestrampelt, aber sie konnten ihre Firma nicht retten. Sie wurde im Jahr 2009 »abgewickelt«, die Angestellten wurden »freigesetzt«.

- Auch den Mitarbeitern der Firma Nokia in Bochum hat all das Strampeln und Kämpfen nichts genützt – das Management verlagerte das Werk trotz aller Protest aus Kostengründen nach Rumänien.
- Prinzessin Madeleine von Schweden wird nach der gelösten Verlobung mit Jonas Bergström nicht gleich zur Tagesordnung übergehen können. Sie beendete die Verbindung, nachdem eine angebliche Affäre ihres Verlobten publik geworden war. Mit dem Scheitern der Beziehung ist viel Leid verbunden, Leid, das nicht »auf Knopfdruck« überwunden werden kann. Jeder von uns weiß das: Der Schmerz, betrogen worden zu sein, ist heftig. Es braucht viel Zeit und Geduld, um die Wunden heilen zu lassen.

Das Gebot *Sei erfolgreich!* blendet die äußeren Umstände, die wirtschaftlichen und politischen Gegebenheiten ebenso aus wie die Tatsache, dass wir oftmals Opfer der Handlungen anderer werden, die wir nicht beeinflussen können. Doch Ungerechtigkeiten, Ungleichheit, Machtungleichgewichte zählen für dieses Gebot nicht. Wenn etwas schiefgeht, ist es unsere Aufgabe, erfolgreich damit fertig zuwerden. Dann müssen wir uns in angemessener Weise um uns selbst kümmern, dürfen nicht unser Selbstvertrauen verlieren und schon gar nicht unsere Zuversicht. Was auch immer geschehen sein mag, es ist kein Grund, pessimistisch in die Zukunft zu schauen. Im Gegenteil: »Jetzt erst recht«, sollen wir uns zurufen, die Ärmel hochkrempeln und uns um den Erfolg kümmern. Die Botschaft, die hinter all den Aufmunterungen steht, hören wir wohl: Wir dürfen nicht scheitern. Und wenn doch, müssen wir uns fragen, was wir versäumt haben zu tun.

Lebenslanger Erfolgsdruck?

Niemals dürfen wir uns auf dem Erreichten ausruhen. Würden wir dies tun, würden wir sehr schnell von Erfolgreicheren überholt werden und wären dann nicht mehr erfolgreich, sondern im besten Fall nur noch Mittelmaß.

Wer ein Projekt erfolgreich abgeschlossen hat, darf sich keine allzu lange Ruhepause gönnen, sondern muss möglichst gleich die nächste Aufgabe angehen und dabei natürlich wieder erfolgreich sein, oder besser noch erfolgreicher als beim letzten Mal. Wer zum Jahresabschluss für seine Abteilung eine gute Bilanz vorlegen kann, dessen Ziel wird fürs kommende Jahr gleich höher gesetzt. Wer einen Hit gelandet hat, egal in welcher Branche, von dem wird erwartet, dass ein weiterer, noch größerer Hit folgt. Und auch im Kleinen befinden wir uns im Erfolgshamsterrad: War ein Urlaub ein erfolgreiches Unterfangen, muss der nächste natürlich besser sein. Schreibt unser Sohn gute Noten, erwarten wir, dass er das immer tut. Waren wir all die zurückliegenden Jahre gesund und fit, wollen wir das auch in Zukunft sein.

Das Gebot *Sei erfolgreich!* macht uns Druck. Wir dürfen eigentlich nie lockerlassen, müssen immer an und für unseren Erfolg arbeiten. Die erreichten Qualifikationen sind nie gut genug, wir dürfen nicht aufhören, uns mit den Veränderungen und Neuerungen auseinanderzusetzen. Wir sollen lebenslang lernen, um mithalten zu können, um in der Konkurrenz um den besten Posten, die nächste Beförderung, das anregende Partygespräch nicht ins Hintertreffen zu geraten. Weiterbildungskurse aller Art scheinen uns in dieser Situation ein geeignetes Mittel zu sein, um mithalten zu können im Wettbewerb der Kräfte.

Wir wollen Neues lernen, Altes auffrischen, eine zusätzliche Fremdsprache erlernen oder in der alten endlich besser werden. »Wer aufhört zu lernen, hört auf zu leben.« Mit diesem Spruch warb die Münchner Volkshochschule auf Plakaten für ihre diversen Kurse.

Den Zwang zum lebenslangen Lernen stellt inzwischen niemand mehr ernsthaft in Frage. So wenig wie die Versprechungen der Weiterbildungsindustrie, die uns glauben machen will, dass wir durch lebenslanges Lernen auf der sicheren Seite sind, unabhängig bleiben und immer bestens vorbereitet auf alle möglichen Wechselfälle des Lebens sind. Auch die Arbeitsagenturen bieten für Langzeitarbeitslose Kurse an, in denen diese lernen können, vielleicht doch noch erfolgreich zu werden. Die Menschen, die ihre eigene Ohnmacht erleben mussten, als sie aus welchen Gründen auch immer »freigesetzt« wurden, sollen nun fit werden für den Wettbewerb: Sie sollen lernen, flexibel und konkurrenzfähig zu werden, den eigenen Marktwert erkennen und möglichst vergrößern, um dann genau den Job zu finden, der für sie wie gemacht ist.

Gegen Wiedereingliederungshilfen kann natürlich niemand etwas haben. Sofern sie sinnvoll und angemessen sind. Doch viele der angebotenen Kurse hinterlassen bei den Geschulten nur den Eindruck, dass ihr Scheitern allein auf ihre Defizite zurückzuführen ist und dass sie Erfolg haben werden, sobald diese Defizite verschwunden sind. Dass sie in vielen Fällen an ihrer Misere gar nicht schuld sind, darüber redet niemand.

Die Aufforderung zum »lebenslangen Lernen« suggeriert, dass wir nie nachlassen dürfen in unseren Verbesserungsanstrengungen, und sie legt uns nahe, dass wir in allen Lebenslagen unseres Glückes Schmied sind. Wenn wir scheitern, spielt das »Warum« keine Rolle, denn die Verantwortung liegt ganz bei uns selbst. Gleichgültig, welche anderen Kräfte da noch am Werk gewesen sein mögen, wir haben unseren Erfolg in der Hand.

Diese Vorstellung von »Erfolg« hat Folgen, wie eine Befragung zeigt, die das amerikanische Marktforschungsinstitut Yankelovich Partners durchführte. 300 Karrierefrauen im Alter zwischen 35 und 49 Jahren gaben Auskunft über ihre Zufriedenheit in Beruf und Privatleben. Es waren mehrheitlich sehr erfolgreiche, hoch bezahlte Managerinnen, die den Marktforschern Rede und Antwort standen. Trotz ihrer tollen Karriere sagten 87 Prozent, sie überlegten ernsthafte Veränderungen. Fast ein Drittel gab zu, häufig unter depressiven Verstimmungen zu leiden, mehr als 40 Prozent klagten, sie hätten das Gefühl, in einer Falle zu stecken, und fast alle meinten, sie hätten gar kein eigenes Leben.

Bei einer ähnlichen Befragung der Unternehmensberatung Kienbaum haben sich viele Führungskräfte als »Extremjobber« geoutet. 80 Prozent der Topmanager arbeiten demnach mehr als 50 Stunden, 50 Prozent sogar mehr als 60 Stunden pro Woche. Kein Wunder, wenn sie im Erfolgsrennen irgendwann ausfallen. Aber nicht nur Führungskräfte sind betroffen. Auch andere sind irgendwann ausgebrannt, weil sie, um erfolgreich zu sein, sich zu viel aufgeladen haben. Sie leiden unter Zeitdruck, unter dem Zwang, zu viele Aufgaben auf einmal erledigen zu müssen, und der Tatsache, trotz ihrer Leistung nicht sicher sein zu können, ob sie nicht bei der nächsten Umstrukturierung auf der Strecke bleiben. Irgendwann fühlen sie sich nur noch erschöpft, frustriert und ausgelaugt. Können selbst am Wochenende und im Urlaub nicht mehr auftanken. Sie haben keine Freude mehr an der Arbeit, sind gereizt im Job und auch zu Hause, und schließlich zweifeln sie an ihrer Leistungsfähigkeit und ihrer Kompetenz.

Erfolg hat viele Gesichter

Das Gebot *Sei erfolgreich!* lässt keinen Spielraum für Pausen und Auszeiten, und schon gar nicht für Misserfolge, Rückschläge und Niederlagen. Dabei sind diese Erfahrungen für uns ebenso wichtig wie Erfolgserlebnisse. Die Psychologie weiß inzwischen, dass Menschen, die ihre Niederlagen und

Fehler nicht wahrhaben wollen oder zu schnell abhaken oder die an unerreichbaren Zielen festhalten, in ihrer Persönlichkeitsentwicklung stehenbleiben. Die Fähigkeit, Erfahrungen des Scheiterns bewusst zu registrieren und sich damit auseinanderzusetzen, ist danach nicht nur ein Zeichen von Reife, sondern ein ganz wichtiger Entwicklungsfaktor, der persönliches Wachstum erst möglich macht.

Wenn wir anerkennen könnten, dass wir nicht nur dann erfolgreich sind, wenn wir Erfolg haben, sondern selbst dann, wenn das Gegenteil der Fall ist, würden wir für unser Leben enorm viel gewinnen. Denn in der Tat hat der Erfolg viele Gesichter: Wir sind nicht nur erfolgreich, wenn wir siegen. Wir sind unter Umständen auch erfolgreich, wenn wir aufgeben, wenn wir loslassen, wenn wir uns eingestehen, dass wir ein Ziel nicht erreichen können. Wenn wir unseren Niederlagen offen begegnen, sie als zum Leben gehörend begreifen und sie – wie im Falle von Kündigungen oder Krankheit – nicht unserem »Versagen« ankreiden, verlieren wir nicht das Vertrauen in uns selbst. Und noch wichtiger: Wir haben nicht das lähmende Gefühl der Hilflosigkeit und des Kontrollverlusts. Wenn wir uns das Scheitern mit aller Klarheit eingestehen und erkennen, dass eine weitere Verfolgung des Ziels aussichtslos und kraftraubend ist, bleiben wir Handelnde. Tun wir jedoch das Gegenteil, halten wir zum Beispiel an einer längst gescheiterten Beziehung fest, wollen wir nicht wahrhaben, dass unsere beruflichen Pläne sich nicht verwirklichen lassen, dann fühlen wir uns ausgeliefert und nicht mehr Herr des Geschehens. Schamgefühle, Depressionen und Passivität, vielleicht auch die Flucht in Drogen sind die Folge, wenn Scheitern nicht als ebenso selbstverständlich wie Erfolg einkalkuliert und akzeptiert wird.

Wer um keinen Preis scheitern darf, wird sich niemals entspannen können und niemals die beruhigende Erfahrung machen können: Wenn ein Weg verschüttet ist, wird ein anderer sichtbar. Wenn ein nicht erreichbares Ziel aufgegeben wird,

wird der Platz frei für ein neues. Manche Menschen erkennen durch eine Niederlage, dass die bisherige Jagd nach Status und Erfolg ihnen keinen Sinn im Leben geben konnte, und verabschieden sich vom verloren gegangenen hochdotierten Job, um beispielsweise kreativ oder karitativ zu arbeiten. Und einige entdecken die Chance der Verlangsamung. Bislang in anspruchsvollen, stark fordernden Berufen tätig, sehen sie im Scheitern die Chance, einen Gang runterzuschalten.

Sigmund Freud, der Begründer der Psychoanalyse, schreibt in dem Aufsatz *Das Unbehagen in der Kultur:* »Man kann sich des Eindrucks nicht erwehren, dass die Menschen gemeinhin mit falschen Maßstäben messen, Macht, Erfolg und Reichtum für sich anstreben und bei anderen bewundern, die wahren Werte des Lebens aber unterschätzen.«

In unserer Gesellschaft halten wir denjenigen für glücklich und zufrieden, der materiellen Erfolg vorweisen kann – »Mein Haus, mein Auto, mein Boot ...« – und dessen Privatleben in »normalen« Bahnen verläuft. Wer sich all dem entzieht, wer sich lieber bescheidet, als sich um des materiellen Wohlstandes willen aufzureiben, erregt Argwohn. Der Kollege, der auf die Beförderung verzichtet, weil ihm seine Familie und sein Hobby wichtiger sind, die Frau, die für einige Jahre aus dem Beruf aussteigt, weil sie sich ihren Kindern widmen will, der Arzt, der eine vielversprechende Karriere zugunsten eines Engagements in Entwicklungsländern aufgibt – sie alle stoßen vielleicht kurzfristig auf Bewunderung, langfristig jedoch auf Unverständnis. Sie irritieren uns mit ihren Entscheidungen, die so gar nicht im Mainstream liegen.

Angie Sebrich hat wohl beides erfahren: Bewunderung und Unverständnis. Ihre Geschichte ist ein gutes Beispiel dafür, wie vielschichtig der Begriff »Erfolg« ist. Angie Sebrich war Kommunikationsleiterin beim Musiksender MTV, hatte viel Erfolg und gute Chancen, weitere Sprossen der Karriereleiter zu erklimmen. Doch dann entschloss sie sich zu einem Schritt, den man in den USA »Downshifting« nennt – runterschalten.

Angie Sebrich schaltete gleich mehrere Gänge herunter, verzichtete auf beruflichen Erfolg und Karriere, entschied sich gegen Überstunden, gegen Stress und Wochenendarbeit, gegen ungesunde Ernährung, gegen das ständige Abgehetztsein. Stattdessen wählte sie ein Leben, in dem andere Werte zählten: Leben in der Natur, Leben mit Kindern, Leben in einer befriedigenden Partnerschaft, Leben mit einer sinnvollen Tätigkeit. Gemeinsam mit ihrem Mann übernahm sie die Leitung einer bayerischen Jugendherberge. Ihr MTV-Job hatte ihr vieles geboten: Geld, Aufstiegschancen, Glamour. Nur eines nicht: Zeit. Aber das war es, was sie am dringendsten brauchte. Nun, als Jugendherbergsmutter, konnte sie das Aufwachsen ihrer Töchter hautnah erleben, die Jahreszeiten genießen und ihren Mann jeden Tag sehen, nicht nur an begrenzten Stunden am Wochenende.

Angie Sebrich gelang es, sich von dem eindimensionalen, eingeengten Erfolgsbegriff zu lösen, der in unserer Gesellschaft dominierend ist. Erfolgreich ist demnach derjenige, dessen Erfolg man sehen und messen kann: Geld, materieller Besitz, Status, Titel, Rangabzeichen, der extra ausgewiesene Parkplatz auf dem Firmengelände, der Dienstwagen, das exklusive Urlaubsziel, die Rolex am Arm und vor allem: viele, viele Überstunden. All dies und vieles mehr sind Insignien des Erfolgs. Sie belegen: Die betreffende Person kann sich das alles leisten, weil sie erfolgreich ist. Und das wiederum heißt: Sie ist besser, schneller, intelligenter, höher bezahlt als andere Menschen. Erfolg erkennen wir in unserer Gesellschaft aus dem Vergleich. Erfolgreiche heben sich aus der Masse heraus, sie haben die anderen hinter sich gelassen. Erfolg und Konkurrenzverhalten sind Geschwister: Erfolg braucht als Gegenstück den Misserfolg des anderen.

Angie Sebrich konkurriert mit niemandem mehr. Sie hat keine Statussymbole, die sie als besonders erfolgreich kennzeichnen. Dennoch wird sie sich als erfolgreich bezeichnen: Sie lebt das Leben, das sie leben will.

Wenn wir uns dem Gebot *Sei erfolgreich!* entziehen, können wir erkennen, was für uns richtig und wertvoll ist. Die Erkenntnis »Ich kann auch ein anderer sein« kann uns einen ungeheuren Schub an Gelassenheit bringen.

Eine gelassene Definition von »Erfolg«

Gewinnen und Verlieren. Beides gehört zu unserem Leben. Wenn es uns gelingt, diese Erkenntnis in unser Leben zu integrieren, sind wir langfristig zufriedener und ausgeglichener als Menschen, die das Scheitern um jeden Preis vermeiden wollen und – wenn es doch passiert – möglichst schnell zur Tagesordnung übergehen. Wir können uns dem Gebot *Sei erfolgreich!* entziehen. Wir sind in der Lage, aus dem Hamsterrad auszusteigen und nach unserem eigenen Tempo ohne Erfolgszwang zu leben. Dazu müssen wir jedoch einen Perspektivenwechsel vornehmen. Wir müssen erkennen: Ein gutes, gelingendes Leben hängt nicht davon ab, was wir alles leisten, sondern davon, was wir uns selbst ersparen. Wir bekommen unsere Erfüllung nicht dadurch, dass wir alles richtig machen, sondern das gut machen, woran uns wirklich etwas liegt.

Sind wir nicht auch erfolgreich, wenn wir ein kleines, wichtiges persönliches Ziel erreicht haben? Zum Beispiel wenn es uns gelungen ist, ein Gericht perfekt zu kochen, einen Kunden zufriedengestellt zu haben, jemandem eine kleine Freude bereitet zu haben? Sind wir nicht auch dann erfolgreich, wenn wir es geschafft haben, einen Konflikt zu schlichten, eine Theaterkarte für eine begehrte Aufführung zu ergattern, ein intensives Gespräch mit einer Freundin zu führen? Und sind wir nicht extrem erfolgreich, wenn wir uns von einer Vorstellung, einem Projekt, einem Ziel lösen können, wenn wir feststellen, dass es für uns nicht erreichbar ist?

Diese persönlichen Erfolge zählen leider im großen Erfolgswettbewerb wenig, kaum jemand anderer außer uns bemerkt sie, niemand lobt uns dafür, wir bekommen keine Gehaltserhöhung und werden nicht befördert. Für diese Erfolge können wir uns nichts kaufen. Aber wir gewinnen durch diese Erfolge etwas, was anderen, die dem Gebot *Sei erfolgreich!* auf den üblichen Wegen gerecht werden wollen, vorenthalten bleibt: Freude, Zufriedenheit, Selbstvertrauen und das Gefühl, dass das, was wir tun, und das, was wir lassen, für unser Leben einen Sinn ergibt. Für diesen Erfolg müssen wir niemanden ausstechen oder überholen, wir müssen nicht schneller und besser sein, und wir müssen dafür nicht durchs Leben hetzen. Erfolg im Leben haben wir dann, wenn wir nach unseren eigenen Werten und Vorstellungen leben und diese erreichen. Wir brauchen dann niemanden mehr, der uns auf die Schulter klopft, uns bewundert und belohnt. Wie wissen selbst, was wir leisten. Wir können selbst Anerkennung geben, weil wir das tun, was für uns wichtig und richtig ist.

Wenn wir das Gebot *Sei erfolgreich!* auf diese Weise definieren, bekommt es einen neuen Sinn und verliert seinen antreibenden Charakter. Gelingt uns dieser Perspektivenwechsel, dann bewundern wir nicht mehr jene Menschen, die ihre Leistungen und ihre Erfolge mit ständiger Zeitnot und tiefer Erschöpfung bezahlen, und geben nicht jenen unsere Anerkennung, die möglichst viele Anforderungen gleichzeitig erfüllen können. Im Gegenteil: Wir werden diese armen Menschen dann bemitleiden, weil sie an ihrem Leben vorbeileben. Bewundern werden wir dafür jene Menschen, die anspruchsvoll genug sind, ihre eigenen Prioritäten zu setzen und selbst zu definieren, was für sie ein Erfolg ist.

Unsere Vorstellungen von Erfolg können wir aber nur dann langfristig verändern, wenn wir gleichzeitig an unserer Einstellung dem Scheitern gegenüber arbeiten. Nur wenn wir akzeptieren können, dass wir scheitern dürfen und zwangsläufig immer wieder scheitern müssen, können wir die Erfolge, die wir haben, wirklich erkennen.

FAZIT
Warum wir das Gebot **Sei erfolgreich!** nicht befolgen sollten

Dieses Gebot tut so, als sei Scheitern vermeidbar. Sollte es doch mal passieren, dann liegt es an uns, schnell wieder auf die Füße zu kommen. Eine Erwartung, die uns unter Druck setzt und in die völlige Erschöpfung führen kann. Was das Gebot verschweigt: Gewinnen und Verlieren gehören beide zu unserem Leben. Wenn es uns gelingt, diese Erkenntnis in unser Leben zu integrieren, sind wir langfristig zufriedener und ausgeglichener als Menschen, die das Scheitern um jeden Preis vermeiden wollen und im Falle des Falles möglichst schnell zur Tagesordnung übergehen.

Wie können wir uns dem Gebot *Sei erfolgreich!* entziehen? Indem wir einen wichtigen Perspektivenwechsel vornehmen und Erfolg weniger eng definieren, als es das Gebot *Sei erfolgreich!* tut. Achten wir auf die Erfolge in unserem Leben, auf die es wirklich ankommt. Wenn uns Freundschaften gelingen, wenn wir uns bei einem guten Buch erholen, wenn wir Zeit finden, in der Natur zu wandern, wenn wir eine Karte für ein Konzert unseres Lieblingsmusikers ergattern … sind wir erfolgreich. Wenn wir ein Lächeln von Menschen geschenkt bekommen, die uns wichtig sind, wenn unsere Kinder sich geborgen fühlen, wenn wir für andere hilfreich sein konnten … sind wir erfolgreich. Wir bekommen unsere Erfüllung nicht dadurch, dass wir alles richtig machen, sondern das gut machen, woran uns wirklich etwas liegt. Erfolg im Leben haben wir dann, wenn wir nach unseren eigenen Werten und Vorstellungen leben.

Sechstes Gebot
Strebe nach dem Besten!

»Wenn ich mal größer bin …!« »Wenn ich erst einmal erwachsen bin …!« »Wenn ich die Schule abgeschlossen habe …!« »Wenn ich mein erstes Geld verdiene …!« »Wenn ich mir ein Auto leisten kann …!« »Wenn ich eine Familie habe …!« »Wenn ich mein Haus gebaut habe …!« »Wenn ich auf Weltreise gehen kann …!«

Wir sind von Kindheit an voller Pläne. Wir denken und hoffen, dass das Leben besser wird, wenn bestimmte Voraussetzungen erfüllt sind. Wir suchen uns Ziele, die uns weiterbringen sollen. Unser Denken ist in die Zukunft gerichtet, und diese Zukunft ist immer besser, schöner, leichter, attraktiver als die Gegenwart. Wir können gar nicht anders als »nach Höherem« zu streben. Dagegen ist zunächst nichts zu sagen, denn nur so ist Entwicklung überhaupt möglich.

Die Evolution hat uns Menschen mit Ehrgeiz ausgestattet. Aus gutem Grund: Unsere Vorfahren mussten ständig ums Überleben kämpfen und durften dabei nicht schlappmachen. Im Gegenteil: Sie waren gezwungen, große Anstrengungen zu unternehmen und sich immer weiter zu verbessern, denn nur so konnten sie sich und den Familienclan mit ausreichend Nahrung versorgen und vor Angreifern schützen. Je schneller sie laufen konnten, desto größer waren ihre Chancen im Wettlauf mit dem hungrigen Tiger oder dem vor dem tödlichen Speer flüchtenden Wild. Je besser die Waffen, umso größer der Jagderfolg. Je gesünder und zahlreicher die Kinder, umso sicherer die Weitergabe der eigenen Gene und umso gesicherter auch die Versorgung im Alter. In der Frühzeit des Menschen war »mehr«, »besser«, »schneller« gleichzusetzen mit – Überleben!

Die Menschheit wäre heute nicht da, wo sie ist, wenn nicht

unsere Vorfahren diesen Vorwärtsdrang verspürt und Ehrgeiz besessen hätten.

Das Streben nach Mehr, der Wunsch, höher hinaus zu kommen, sich nicht auf dem einmal Erreichten auszuruhen, ist also ein evolutionäres Erbe. Wir modernen Menschen müssen uns unsere Nahrung zwar nicht mehr mit den besten Tricks erjagen oder unsere Familie gegen Feinde verteidigen, dennoch ist in uns nach wie vor der Trieb wirksam, nach einer Verbesserung unserer Lebensbedingungen zu streben. Wir wollen unsere Fähigkeiten so gut wie möglich ausbauen und einsetzen, wir wollen von anderen als kompetent wahrgenommen und geschätzt werden. Wir geben unser Bestes. Und wir arbeiten daran, dass »das Beste« immer noch besser wird. Das ist gut so, denn nur auf diese Weise sind Fortschritt und Innovation möglich. Auch für unsere persönliche Entwicklung brauchen wir eine gesunde Prise Ehrgeiz. Die eigenen Grenzen ausloten und sich selbst immer mal wieder positiv überraschen – das stärkt das Selbstwertgefühl ungemein.

So weit, so gut. Solange wir das Gefühl haben, dass die Ziele, die wir uns stecken, tatsächlich unsere Ziele sind und wir sie wirklich erreichen können, solange wir gelassen bleiben und das Projekt »Selbstverbesserung« nicht verbissen angehen, sondern auch mal Rückschläge und Fehler passieren dürfen – ist nichts dagegen einzuwenden, wenn wir das Beste aus uns und unserem Leben machen wollen.

Allerdings scheint heute der ganz normale Drang, besser, schneller, geschickter, beliebter zu sein, Dimensionen angenommen zu haben, die das normale Maß überschreiten und besorgniserregend sind. Heute geht es nicht mehr nur darum, sich weiterzuentwickeln. Heute geht es nicht mehr ums Überleben und in den Dingen gut zu sein, die für uns selbst relevant sind. Heute geht es um Perfektion bei jeder Entscheidung, die wir zu treffen haben. Gut ist längst nicht mehr gut genug. Wir wollen nur das Beste! Gleichgültig, worum es geht, wir streben nach der Nummer 1. Wir sind zu angestrengten Perfektionisten geworden, die niemals wirklich zufrieden sein können mit dem, was sie haben und was sie erreichen, weil sie immer das nagende Gefühl verspüren: »Irgendwo gibt es etwas Besseres, ich habe es nur noch nicht gefunden.« Und das bezieht sich auf alle Lebensbereiche:

Gleichgültig, ob es um die Wahl eines neuen Autos, einer Espressomaschine, eines Lebenspartners, eines Urlaubsziels oder ganz simpel eines Handytarifs geht – wir sagen selten: »Gut gewählt! Ich bin zufrieden.«

Gleichgültig, ob es um ein berufliches Projekt oder eine bewältigte Aufgabe im Privatleben geht – wir sagen selten: »Gut gemacht!«

Gleichgültig, wie passend und verlockend uns ein Urlaubsziel erscheint – wir suchen weiter, vielleicht gibt es ein noch passenderes und spannenderes. Und wissen dann irgendwann gar nicht mehr, wo wir eigentlich unsere Ferien verbringen wollen.

Was immer wir tun oder zu entscheiden haben, wir werden oft das Gefühl nicht los, wir hätten möglicherweise eine bessere Entscheidung treffen oder eine bessere Leistung abliefern können. Ein unangenehmes Gefühl. Es führt dazu, dass wir bei der nächsten anstehenden Entscheidung oder bei der nächsten Aufgabe uns noch mehr anstrengen und unter Umständen sehr lange brauchen, ehe wir »zu Potte kommen«. Denn es reicht ja nicht aus, eine Wahl zu treffen, die »gut genug« ist, wir müssen, so glauben wir, eine perfekte Entscheidung treffen. Eine, die wirklich »sitzt«, die im Nachhinein keinerlei Zweifel aufkommen lässt.

So kann es vorkommen, dass wir so lange über den Kauf eines Kleides nachdenken, bis es an jemand anderen verkauft ist.

So kann es vorkommen, dass wir monatelang schlecht schlafen, weil wir uns nicht entscheiden können, welche Matratze denn nun die beste für uns ist.

So kann es vorkommen, dass wir sehr viel Zeit damit verbringen, Testberichte von Kameras zu lesen und zu vergleichen, von einem Fotohändler zum nächsten rennen und nach dem Kauf einer Kamera uns immer noch nicht entspannen können. Schließlich wissen wir nicht, ob diese Kamera wirklich die Königin unter den Kameras ist.

So kann es vorkommen, dass wir Jahr für Jahr an den »falschen« Urlaubsort fahren, weil sich jedes Mal herausstellt, dass Berge doch besser gewesen wären als Meer oder umgekehrt.

Du bist für mich nicht gut genug!

Das Streben nach dem Besten, das wir bei Alltagsentscheidungen an den Tag legen, mag von außen gesehen lächerlich erscheinen. Manchmal geht es uns vielleicht sogar selbst auf die Nerven, und wir machen uns über unsere Unentschlossenheit und unsere Perfektion lustig. In anderen Lebensbereichen aber kann das Gebot *Strebe nach dem Besten!* großen Schaden anrichten. Zum Beispiel im Bereich Partnerschaft. Es kommt immer häufiger vor, dass Männer und Frauen ihre Beziehung als durchaus »gut« wahrnehmen, dass aber dieses »gut« nicht »gut genug« ist.

Weil die Leidenschaft nachgelassen hat, weil die Schmetterlinge im Bauch verschwunden sind, zweifeln wir, ob wir wirklich mit dem richtigen Mann, der richtigen Frau zusammen sind. Gibt es vielleicht da draußen einen besseren Partner? Vielen ergeht es wie diesem Mann, den die Soziologin Eva Illouz in ihrem Buch *Der Konsum der Romantik* zitiert:

»In meiner letzten Beziehung verstanden wir uns recht gut, und wir kamen gut miteinander aus. Wir passten ziemlich gut zusammen. Wir liebten es, Tag für Tag zusammen zu sein. Aber die romantischere, ideale Seite, die habe ich vermisst.

Ich hatte eher das Gefühl, mit meiner besten Freundin ins Bett zu gehen als mit einer Geliebten.«

Ähnlich argumentiert eine Ehefrau, die sich von ihrem Ehemann nach 20 Jahren Ehe trennen will. Sie spricht sehr zugewandt über ihren Ehemann: dass er den Kindern ein guter Vater sei, dass er ihr gegenüber immer aufmerksam ist, dass er sorgfältig Geschenke für sie aussuchte, dass er ihre Steuererklärung machte. Kurz, so sagt sie: Er ist ein guter Freund. Auf die Frage, wo denn ihr Problem wohl liege, meint sie: »Es fehlt etwas. Ich bin nicht mehr in ihn verliebt. Und ich will auf die Liebe nicht verzichten.«

Das romantische Gefühl ist ein unerlässliches Kennzeichen der wahren Liebe geworden. Stellt es sich nicht ein oder verflüchtigt es sich mit der Zeit, glauben Männer wie Frauen, eben doch den oder die Richtige, den oder die Beste noch nicht gefunden zu haben. Sie machen sich lieber erneut auf die Suche, als einen Zustand zu akzeptieren, der nur »gut genug« ist.

Wenn es um Beziehungen geht, sind die meisten Menschen überzeugt, dass irgendwo Mr. oder Mrs. Right auf sie warten. Sie glauben, dass es irgendwo den vollkommenen Mann, die vollkommene Frau für sie gibt. Erscheint die momentane Partnerschaft als nicht perfekt, haben sie das nagende Gefühl, dass etwas Wichtiges fehlt, und kommen schnell auf die Idee, dass dieses Etwas mit einem anderen Partner vielleicht besser realisiert werden könnte. Deshalb geht die Suche, bewusst oder unbewusst, weiter – sogar dann, wenn die bereits bestehende Beziehung eigentlich gut ist. So manchem ergeht es wie jenem Mann, über den der Autor Sven Hillenkamp in seinem Buch *Das Ende der Liebe* berichtet.

Dieser Mann lebt seit drei Jahren mit einer Frau zusammen, die er übers Internet kennengelernt hat. Per Zufall entdeckt sie eines Tages, dass ihr Profil noch online ist. Sie löscht es. Nur so zum Spaß schaut sie, was aus dem ihres Partners geworden ist. Es steht ebenfalls noch im Netz. Im Unterschied zu ihrem ist seines jedoch aktiv. Als sie ihn zur Rede stellt, sagt er, es sei nur ein Spiel gewesen, ein Zeitvertreib. Es habe gar nichts zu bedeuten. »Du hast weiter gesucht«, sagt sie tief gekränkt. Und irgendwann gibt er zu: »Da war so eine Sehnsucht …« Dass dies kein Einzelfall ist, konnten amerikanische Psychologen in einer Studie belegen: Viele Menschen setzen heute ihre Partnersuche fort, obwohl sie verheiratet oder fest gebunden sind. Das Scheidungs- und Trennungsrisiko erhöht sich dadurch erheblich, wie die Forscher feststellen.

Früher hatten Männer und Frauen keine große Auswahl: Der Partnermarkt war überschaubar. Man suchte in seinem engeren Umfeld nach einer passenden Frau, einem passenden Mann. Oftmals kannte man einander schon aus dem Kindergarten oder der Schule, häufig waren die jeweiligen Eltern miteinander befreundet. Das gemeinsame soziale Umfeld schuf Vertrautheit. Heute hat die Globalisierung auch unsere Beziehungen erreicht. Durch den Beruf, im Urlaub oder übers Internet lernen wir sehr viel mehr Männer und Frauen kennen, die als potenzielle Partner in Frage kommen. So häufen sich in letzter Zeit (nicht zuletzt bedingt durch die berufliche Mobilität) Fernbeziehungen: Sie, die in Berlin lebt, hat ihn im Urlaub auf Mallorca kennengelernt und pendelt nun am Wochenende zu ihm nach Hamburg. Sie ist ihm in einem Internetportal positiv aufgefallen, und nun treffen sie sich an einem Wochenende in Köln, am anderen in Wiesbaden. Den Mann, die Frau des Lebens finden wir schon lange nicht mehr nur in unserem persönlichen Umfeld. Die Welt steht uns auch diesbezüglich offen.

Die Existenz vieler Partneralternativen mag zunächst als Bereicherung erscheinen. Prima, wenn man die Gelegenheit hat, mit so vielen Menschen in Kontakt treten zu können. Aber diese große Auswahl ist auch ein Fluch. Sie macht uns unruhig. Denn sobald wir in unserer aktuellen Partnerschaft unzufrieden sind, weil uns die Lücke zwischen dem, was wir erwartet haben, und dem, was wir haben, zu groß erscheint, glauben wir, immer noch die Wahl zu haben. Das Gebot *Strebe nach dem Besten!* führt zu Unzufriedenheit – selbst in Beziehungen, die »gut genug« sind. Die romantische Vorstellung vom besten aller Partner, den man finden muss, kann funktionierende Beziehungen instabil machen.

Warum wir nach dem Besten suchen

Woher kommt dieser Perfektionismus, warum sind wir so darauf aus, das Gebot *Strebe nach dem Besten!* zu befolgen? Ganz sicher liegt das an der Welt, in der wir heute leben. Sie enthält zum einen wenige Orientierungspunkte, anhand deren wir feststellen könnten: »So, wie ich lebe, lebe ich richtig.« Und zum anderen bietet sie uns scheinbar grenzenlose Wahlmöglichkeiten. Wenn alles möglich ist, dann müssen wir immer und in jeder Situation ganz genau wissen, wonach wir suchen und was wir wollen. Für eine solche Entscheidungssicherheit fehlt uns wiederum oft die Orientierung. Ein Teufelskreis.

Unser Leben ist in den vergangenen Jahrzehnten ständig unübersichtlicher und komplexer geworden. Und komplexen Fragestellungen ist eben nicht mehr nach dem einfachen Muster »ja oder nein«, »gut oder böse«, »richtig oder falsch« beizukommen. Wann immer wir herausfinden wollen, was für uns wirklich das Beste ist, müssen wir eine Fülle an Informationen sichten, be- und auswerten und schließlich begreifen. Der beste Stromanbieter? Die günstigste Krankenkasse? Die sinnvollste Diät? Was kann man mit einem iPad machen? Wie lege ich mein Geld an, damit es bestmögliche Rendite abwirft? Welche Kurse belege ich, um im Konkurrenzkampf mithalten zu können oder bei der nächsten Beförderung den Kollegen X aus dem Rennen zu werfen? Was bedeutet es, wenn ganze Länder pleitegehen? Bin ich im Alter ausreichend abgesichert?

Angesichts der Informationsflut fühlen wir uns häufig hilflos, überwältigt, inkompetent. Wissenschaftler sprechen vom »infobiologischen Unzulänglichkeitssyndrom« – wir leiden, weil wir uns in der Fülle der zur Verfügung stehenden Informationen nicht schnell genug und oftmals überhaupt nicht zurechtfinden. Kaum haben wir einigermaßen verstanden, was das Kommunikationsmedium Twitter ist, und euphorische Artikel darüber gelesen, kommt die Nachricht, dass Twitter veraltet und sinnlos ist. Was sollen wir nun glauben? So geht es uns oft: Das Gefühl, nur fragmentarisches Wissen zu besitzen, nicht wirklich mitreden zu können und der Entwicklung auf vielen Gebieten meilenweit hinterherzulaufen, nimmt uns unsere Selbstsicherheit. Doch statt sich dem Sog zu entziehen und sich zu den vorhandenen Wissenslücken zu bekennen, gestalten die meisten Menschen ihre verzweifelte Suche nach dem Besten nur noch intensiver.

Die Unübersichtlichkeit unseres Lebens, die Unmöglichkeit, sich in dem Dickicht der Informationen, Neuigkeiten und Wahlmöglichkeiten zurechtzufinden, hat uns zu »Maximierern« werden lassen. So nennt der amerikanische Psychologieprofessor Barry Schwartz jene Menschen, die in allen Lebensbereichen nach Perfektion streben, die immer nur nach dem Besten suchen und keine Kompromisse eingehen wollen. »Maximierer müssen stets davon überzeugt sein, dass jede Kaufhandlung und jede Entscheidung die beste ist, die überhaupt denkbar ist«, beschreibt Schwartz den Typus Mensch, der Mittelmäßiges fürchtet wie die Pest. »Ein Maximierer kann nicht sicher sein, dass er wirklich den besten Pullover gefunden hat, bevor er sich nicht alle Pullover angesehen hat. Er kann nicht wissen, dass er den günstigsten Preis gefunden hat, bevor er nicht andere Preise überprüft hat.« Maximierer wollen sichergehen, dass alles, was sie tun und entscheiden, perfekt ist. Maximierer halten ihr Leben für einen Rohdiamanten, der erst durch ihr Zutun zu einem funkelnden, wertvollen Stein werden kann. Maximierer glauben, dass sie eine Schneise schlagen können in die unübersichtliche Welt, dass es einen Weg gibt, auf dem sie sicher vorangehen können.

Doch die Erkenntnis »Das ist es!«, »Das ist richtig!« wird sich nur selten einstellen, wenn wir nach dem Optimum streben. Denn wenn wir zu den Maximierern gehören, wird die Unübersichtlichkeit nicht geringer, sondern größer. Als Maximierer sammeln wir ja möglichst alle Informationen, die uns zugänglich sind. Um das Bestmögliche herauszufiltern, müssen wir alle Alternativen überprüfen. Das aber ist ein Ding der Unmöglichkeit. Selbst wenn wir viel Zeit und Ausdauer investieren, können wir nie sicher sein, wirklich alle Informationen berücksichtigt zu haben. Hinzu kommt: Haben wir uns dann mal nach langer Recherche für eine Option entschieden, werden wir garantiert schnell von der Entwicklung überholt. Es ist wie in der Tierfabel *Hase und Igel*: Kaum hat man einen Kauf getätigt, sagen wir ein Handy erworben, kommt ein scheinbar besseres, billigeres oder sonst wie verlockenderes auf den Markt. Kaum haben wir uns für eine Wohnung mit Garten entschieden, merken wir, dass wir gar keine Zeit für den Garten haben und ein Penthouse viel sinnvoller gewesen wäre. Kaum haben wir eine Familie gegründet, kommen uns erhebliche Zweifel, ob wir nicht ein viel zu großer Individualist sind und besser alleine geblieben wären.

Das Maximierungsspiel können wir nicht gewinnen. Denn die angestrebte Perfektion ist nicht zu erreichen, das Beste wird schnell von noch Besserem getoppt – Enttäuschung und Versagensgefühle sind vorprogrammiert. Barry Schwarz glaubt, »dass die Zielsetzung der Maximierung ein Quell großer Unzufriedenheit ist und Menschen unglücklich machen kann – besonders in einer Welt, die uns mit einer überwältigenden Fülle von Wahlmöglichkeiten konfrontiert, trivialen und weniger trivialen«.

Wie findet man das Beste?

Das Bemühen um das perfekte Leben ist anstrengend. Sehr anstrengend. Und weit und breit ist niemand in Sicht, der uns als Vorbild dienen könnte, wie wir die Puzzlesteine unseres Lebens am besten zusammensetzen können. Dort, wo man früher die Eltern oder Großeltern gefragt hat: »Wie geht das?«, »Wie macht man das?«, »Was ist deine/eure Erfahrung in diesem oder jenem Punkt?«, »Wie würdet ihr euch entscheiden?«, »Welchen Rat habt ihr für mich?«, sind wir heute auf uns gestellt und in unserer Verunsicherung allein gelassen. Weil das nur schwer auszuhalten ist, werden wir anfällig für Angebote, die uns weismachen, dass sie uns bei der Suche nach dem perfekten Leben unterstützen können.

Das Gebot *Strebe nach dem Besten!* treibt uns nicht nur in Fitnessstudios und in die Ratgeberabteilungen der Buchhandlungen, es macht uns auch zu treuen Kunden von Beratern und Experten aller Art. Sie sollen uns helfen, diesem Gebot gerecht zu werden, und uns zu den Experten machen, die wir gern sein wollen. Gleichgültig, ob wir im Beruf nicht weiterwissen oder in unserer Partnerschaft, ob wir Rat und Unterstützung in Finanzfragen brauchen oder bei der Erziehung unserer Kinder, ob wir in Stil- und Outfit-Fragen unsicher sind oder nicht wissen, wie wir uns ernähren sollen – an Expertenrat mangelt es nicht. Mit dem Rat eines Experten, so glauben und hoffen wir, kommen wir unserem Ziel, das jeweils Beste aus einer Situation zu machen, schneller und effektiver näher, als wenn wir uns auf unseren Verstand und unser Gefühl verlassen.

Der Erfolg bestimmter Sendeformate im Fernsehen ist vor diesem Hintergrund zu verstehen: Ob es sich um die vielen Kochshows handelt, um »Lebensberatung« à la Kallwas, um die »Super-Nanny«, um Diätsendungen oder solche, die uns zeigen, wie wir unsere Schulden loswerden, wie wir richtig flirten oder wie wir an Körper und Seele gesund bleiben – sie alle profitieren von unserer Orientierungslosigkeit und dem Wunsch, es »richtig« machen zu wollen im Leben. Lebensberatung ist eine boomende Branche und wird es bleiben. Denn die Verunsicherung darüber, wie man ein gelingendes Leben führen kann angesichts der schnellen Veränderungen und Instabilitäten, wird weiter zunehmen.

Wir dürfen niemals lockerlassen, wir dürfen uns keine Blöße geben, nirgends, an keinem Ort, vor keinem Menschen. Denn wir wissen sehr wohl: Wenn wir nicht perfekt sind, fallen wir auf, zeigen Schwäche – und das stößt in unserer Gesellschaft auf wenig Verständnis. Als der ehemalige Ministerpräsident Günter Oettinger Anfang 2010 in einer Rede seine dürftigen, mit starkem schwäbischem Akzent durchsetzten Englischfähigkeiten offenbarte, brach eine Welle von Hohn und Spott über ihn herein. Die Rede kursierte als Videoclip auf YouTube und wurde schnell zum Renner. Die informierte Welt machte sich lustig über Oettinger. Er hatte gegen das Gebot *Strebe nach dem Besten!* verstoßen – jedenfalls was seine Fremdsprachenfähigkeiten anging. Ein Politiker muss sich doch fließend auf Englisch verständlich machen können! Mit ähnlichem Unverständnis, gepaart mit Spott und Herablassung, begegnete die Öffentlichkeit Bundesaußenminister Guido Westerwelle, als er zu Beginn seiner Amtszeit in einer Pressekonferenz eine auf Englisch gestellte Frage womöglich aus Unsicherheit abwehrte: »Wir sind hier in Deutschland. Hier wird Deutsch gesprochen.«

Die »perfekte« Gesellschaft kennt kein Pardon. Wir wissen das und versuchen deshalb, uns ständig neu zu motivieren und das Beste aus uns selbst zu machen. Doch dieses Bemühen muss zwangsläufig an Grenzen stoßen. Mag sein, dass es uns eine Zeitlang ganz gut gelingt, aber irgendwann ist man ausgelaugt und erschöpft vom Suchen nach dem Maximum. Das Gebot *Strebe nach dem Besten!* produziert selten Gewinner, aber häufig Verlierer. Und ein Verlierer ist selbst schuld.

Er hat etwas falsch gemacht oder sich nicht ausreichend bemüht. Denn Hinweise und Ratschläge, wie wir immer besser und besser werden können, gibt es schließlich genug. Gelingt uns »das Beste« nicht, haben wir zu wenig auf die Experten und ihre Ratschläge gehört, waren vielleicht sogar so vermessen zu glauben, wir könnten alles allein schaffen. Auf die Idee, unseren Perfektionismus zu hinterfragen, kommen wir nicht. Wir stellen das Gebot *Strebe nach dem Besten!* nicht in Frage. Denn wir fürchten, schnell zu Außenseitern zu werden, wenn wir damit aufhören, immer besser, schöner, fitter, erfolgreicher, leistungsfähiger zu werden.

Gut genug ist gut genug

Das ist eine unangebrachte Befürchtung. Wir können dem Maximierungsdruck durchaus etwas entgegensetzen, wir müssen es sogar, wenn uns etwas daran liegt, gelassener und zufriedener zu leben. Wie aber können wir der Perfektionismusfalle entkommen? Eine mögliche Antwort auf diese Frage liefert Barry Schwartz. Er hat festgestellt, dass es Menschen gibt, die sich dem Maximierungszwang entziehen können. Er nennt sie »Satisficer« (etwa: Zufriedene) und erklärt, was diese Menschen von Maximizern (Maximierern) unterscheidet: Sie begnügen sich mit dem, was gut genug für sie ist. Wenn sie eine Entscheidung getroffen haben, verschwenden sie keinen Gedanken daran, ob es eventuell etwas Besseres gegeben hätte.

»Ein Satisficer«, so Schwartz, »besitzt durchaus Kriterien und Maßstäbe. Er (oder sie) sucht, bis er etwas findet, was diesen Maßstäben genügt, und stellt dann seine Suche ein. Falls er im ersten Geschäft, das er betritt, einen Pullover findet, der seinen Maßstäben in Hinblick auf Sitz, Qualität und Preis entspricht, kauft er ihn – basta. Bessere Pullover oder günstigere Preise, die ihn möglicherweise gleich um die Ecke erwarten, interessieren ihn nicht.«

Satisficer sind sich im Gegensatz zu Maximierern sehr bewusst darüber, dass sie sich mit einer Entscheidung die vielen anderen Möglichkeiten ausschließen. Sie nehmen es in Kauf, dass sie viele Optionen ungenutzt lassen, sobald ihre Wahl auf etwas Bestimmtes fällt. Sie wissen: Wenn sie dieses Auto kaufen, können sie sich in den nächsten Jahren nicht umentscheiden. Wenn sie diesen Mann, diese Frau heiraten, dann sollte es eigentlich für immer sein. Wenn sie diese Wohnung mieten, werden sie für längere Zeit nicht mehr umziehen. Maximierer dagegen wollen genau das verhindern. Sie möchten sich alle Türen offen halten, sie fürchten die Festlegung, die durch eine Entscheidung stattfindet.

Dass viele Menschen diese Furcht haben, konnte Dan Ariely, Verhaltensökonom am Massachusetts Institute of Technology, in einem interessanten Experiment belegen: Die Teilnehmer bekamen auf einem Bildschirm drei Türen gezeigt: eine blaue, eine rote und eine grüne. Mit einem Mausklick konnten sie die Türen öffnen und den dahinter liegenden virtuellen Raum betreten. Mit jedem weiteren Klick verdienten sie eine kleine Geldsumme (zwischen ein und zehn Cent). Auf dem Bildschirm konnten sie ihren Kontostand immer sehen. Um möglichst viel zu verdienen, mussten sie herausfinden, hinter welcher Tür es das meiste Geld für einen Klick gab. Allerdings hatten sie nur hundert Klicks zur Verfügung, und jeder Wechsel zu einer anderen Tür verringerte die Klickmöglichkeiten. Wer also hektisch von einer Tür zu anderen sprang, verbrauchte schnell seine Klicks und verdiente am Ende am wenigsten.

In einer Variante dieses Experiments verschwanden Türen, die nach zwölf Klicks nicht geöffnet worden waren, für immer vom Bildschirm. Was zur Folge hatte, dass die Teilnehmer ganz nervös von einer Tür zur anderen hetzten. Sie wollten unbedingt verhindern, dass sich ihnen eine Tür verschloss – und das mussten sie »büßen«. Sie erzielten deutlich weniger Gewinne als die anderen Studienteilnehmer. Sie hätten sehr viel mehr einnehmen können, wenn sie sich für einen Raum entschieden hätten und ihm »treu« geblieben wären.

Übertragen auf Alltagssituationen heißt das: Wir können uns nicht entscheiden, weil wir uns nicht *gegen* etwas entscheiden wollen. Weil wir Angst davor haben, eine Tür endgültig zu verschließen, versuchen wir oft, uns möglichst viele Türen offen zu halten. Auf der Suche nach dem Besten wollen wir auf keine Option verzichten – und setzen uns dadurch erheblich unter Druck. Wir beenden unbefriedigende Freundschaften nicht (wer weiß, wofür wir sie noch brauchen können), wir pendeln zwischen zwei möglichen Partnern hin und her (der eine gibt Sicherheit, der andere verspricht Abenteuer) oder nehmen zu viele berufliche Projekte an (sicher ist sicher). Intensiv beschäftigt mit dem Türenaufhalten, prüfen wir oft gar nicht mehr, welche Tür für uns und unsere Lebensziele wirklich wichtig ist.

Barry Schwartz ist davon überzeugt, dass es uns erheblich besser ginge, wenn wir mit dem zufrieden sein könnten, was »gut genug« für uns ist, statt immer nur das Beste zu wollen. Wir könnten uns dann in einer Welt voller Wahlmöglichkeiten stressfreier bewegen und fühlten uns zudem wohl mit dem, was wir haben. Das gilt für Konsumgüter, Berufe, Lebensziele, Partnerschaften – eben alle Lebensbereiche, in denen das Gebot *Strebe nach dem Besten!* wirksam ist.

Das Glück des Mittelmaßes

Wie können wir lernen, mit dem zufrieden zu sein, was wir haben? Wie können wir unsere Ansprüche an uns selbst etwas niedriger hängen, wie können wir von Maximierern zu Satisficern werden? Darauf gibt es nur eine Antwort: Indem wir das Prinzip »gut genug« in unserem Leben verankern. Um nicht Opfer fremder Maßstäbe zu bleiben und uns in der Unübersichtlichkeit der zahlreichen Wahlmöglichkeiten zu verheddern, sollten wir es uns zur Regel machen, nach dem zu suchen, was »gut genug« ist, und unsere Suche nach dem Besten einzustellen.

- Der Urlaub, den wir planen, muss nicht der beste aller Zeiten werden, es reicht aus, wenn er gut genug wird. Und das bedeutet: Er muss meinen Kriterien entsprechen. Wenn ich mir Erholung wünsche, brauche ich nicht zu erwarten, dass der Urlaub auch noch der beste Abenteuerurlaub aller Zeiten wird.
- Das Körpergewicht, das ich anstrebe, muss nicht das Idealgewicht sein. Es muss ein Gewicht sein, mit dem ich mich gut fühle.
- Der Partner, mit dem ich lebe, muss nicht der beste aller Männer, die beste aller Frauen sein. Es reicht, wenn er oder sie gut genug für mich ist. Wenn ich mich in meiner Beziehung wohl fühle und entfalten kann, muss die Partnerschaft nicht auch noch jederzeit Leidenschaft und Romantik bieten.
- Unsere Freunde stimmen nicht in allen Punkten mit uns überein. Sie haben manchmal seltsame Ansichten und störende Verhaltensweisen, sie wählen aus unserer Sicht die falsche Partei – aber sie sind zuverlässig, man kann mit ihnen lachen und weinen, feiern und still durch den Wald laufen. Sie sind nicht perfekt. Aber sie sind gut genug.

Gelingt es uns, nach dem Motto »gut genug« zu leben, dann verschaffen wir uns eine große Entlastung. Denn dann müssen wir nicht immer auf das »richtige« Leben hinarbeiten, und die Entscheidungen, die wir treffen, müssen nicht mehr 100-prozentig richtig sein. »Richtige« Entscheidungen gibt es ohnehin nicht. Die Psychologin Maja Storch lässt in ihrem Buch *Machen Sie doch, was Sie wollen!* einen Physikprofessor zu Wort kommen, der uns zum Thema »richtige Entscheidung« alle Illusionen nimmt: »Die Menschen glauben, die richtigen Entscheidungen für ihre Lebensgestaltung lägen in der Welt herum wie Ostereier. Als gäbe es irgendwo ein Versteck für die richtige Entscheidung, das man nur finden muss. Die Welt ist aber nicht so aufgebaut, dass man immer klar entscheiden kann, was richtig und was falsch ist. Das gibt es nicht einmal in der Physik. Manche Entwicklungen können wir nicht vorausberechnen. Auch mit den besten mathematischen Formeln können wir für einige Phänomene immer nur Wahrscheinlichkeiten angeben. 100-prozentige Sicherheiten gibt es in solchen Fällen einfach nicht.«

Ob eine Wahl richtig oder falsch war, das können wir oftmals erst wissen, wenn wir eine Zeitlang mit ihr gelebt haben. Das Ausmaß unserer Zufriedenheit ist der einzige Gradmesser, den wir haben. In der akuten Entscheidungssituation steht er uns allerdings nicht zur Verfügung, wir müssen also zwangsläufig immer ein gewisses Risiko eingehen, denn nur sehr selten können wir bei komplexen Wahlmöglichkeiten wissen, wie zufrieden wir damit in der Zukunft sein werden. Wer das Risiko für sich etwas minimieren möchte, dem empfiehlt die Psychologin Storch, die »Katastrophenfrage« zu stellen: »Was wäre, wenn sich meine Entscheidung in der Zukunft als falsch herausstellen würde?« Bei dieser Überlegung sollte man dem Bauchgefühl den Vorrang geben. Denn die meisten Menschen, so Storch, können sich mit einer falschen Entscheidung eher aussöhnen, wenn sie etwas gewagt haben und ihren Gefühlen gefolgt sind. Für viele ist es schlimmer, wenn sie sich den Vorwurf machen müssen, gegen ihre innere Stimme gehandelt zu haben.

In eine ähnliche Richtung geht der Vorschlag, sich in komplexen Entscheidungssituationen zu fragen: »Was würde ich rückblickend an meinem 80. Geburtstag bedauern?« Dann merkt man vielleicht: Später würde man es bereuen, wenn man sich die Affäre mit dem sehr viel jüngeren Mann, die Weltreise, das Sabbatical-Jahr oder den teuren Umzug in die Traumwohnung nicht leisten würde. So gesehen kann eine

»falsche« Entscheidung im Nachhinein durchaus als »richtig« wahrgenommen werden; nämlich dann, wenn wir sie in Überstimmung mit unseren Werten, Träumen und Zielen getroffen haben. Kümmern wir uns also nicht mehr darum, was andere für richtig und »perfekt« halten, leben wir vielmehr nach unseren eigenen Kriterien und suchen wir nicht mehr nach dem Besten, sondern nach dem, was für uns »gut genug« ist.

Wer jetzt fürchtet, dass er dann im Mittelmaß stecken bleibt, dass er möglicherweise Wichtiges versäumt, kann beruhigt werden. Das Mittelmaß hat zu Unrecht einen schlechten Ruf. Das Mittelmaß ist nämlich das, was »gut genug« ist, es hat das Potenzial, uns wirklich zufrieden zu machen, und kann uns von dem Stress befreien, perfekt sein zu müssen. Dies ist eine wichtige Erkenntnis: Wenn wir gelassener und zufriedener leben wollen, sollten wir das Glück des Mittelmaßes entdecken. Es ist völlig absurd und aussichtslos, immer das Beste aus uns und unserem Leben machen zu wollen. Wenn wir nach dem Besten streben, dann ist nur eines sicher: Wir werden niemals zufrieden werden. Denn wer entscheidet, was jeweils das Beste ist? Sensibilisieren wir uns dagegen für das, was »passt«, was »gut genug« ist, dann bringen wir damit eine enorme Entspannung in unseren Alltag.

Ein Fünf-Gänge-Menü für die Freunde wäre perfekt? Ein Eintopf und als Dessert ein Eis aus der Kühltruhe sind einfacher zu haben und ganz sicher »gut genug« für einen netten Abend.

Wenn die Tochter das Abitur mit 1,0 schaffen würde, dann wäre das perfekt. Dann könnte sie auf jeden Fall Medizin studieren. Möglicherweise aber ist das gar nicht ihr Ziel, weil sie eigentlich mehr Interesse an Sprachen hat, und eine 2,3 daher »gut genug« ist.

Eine liebevolle, leidenschaftliche Beziehung voller Verständnis wäre perfekt? Sicher. Aber im Alltag nicht lebbar. Wenn wir realisieren, dass uns der Partner trotz so mancher

Defizite guttut, dass wir uns wohl fühlen an seiner Seite, dass wir Vertrauen haben können, dann ist das »gut genug« für die Zukunft.

Ein Job, der immer interessant ist und Freude macht, wäre perfekt? Verständlich. Aber ebenso illusorisch. Routine und Langeweile, Ermüdung und Überforderung sind mit den meisten Jobs verbunden. Und Chefs oder Kollegen können immer und überall nerven. Denn: In anderen Gärten (sprich: Firmen) ist das Gras auch nicht grüner. Höchstens im ersten Moment. Eine nur mittelmäßig interessante Tätigkeit hat auch ihre Vorteile: Wir können entspannter unserer Arbeit nachgehen, weil wir sie beherrschen. Wir kennen die Fallstricke und können ihnen besser ausweichen. Wir powern uns nicht aus und haben mehr Energie für unser Leben außerhalb der Arbeitswelt.

In Gefahr und größter Not bringt der Mittelweg der Tod. So lautete der Titel eines Films, den der Regisseur Alexander Kluge Mitte der 1970er Jahre in die Kinos brachte. Mag sein, dass der Mittelweg die falsche Wahl ist, wenn wir in Gefahr und größter Not sind. Für unser ganz normales Alltagsleben jedoch, das schon stressig genug ist und das schließlich nicht ewig dauert, reicht es vollkommen aus, wenn wir uns für den Mittelweg und das Mittelmaß entscheiden, also für das, was »gut genug« für uns ist. Wenn wir aufhören, dem Gebot *Strebe nach dem Besten!* zu folgen, bringt das Entlastung und Entspannung in unser Leben. Wir verschwenden dann nicht mehr unsere Zeit mit der Suche nach dem Maximum, sondern können unsere Energie für das Wesentliche einsetzen: für das gute Leben.

FAZIT
Warum wir das Gebot **Strebe nach dem Besten!** nicht befolgen sollten

Dieses Gebot verlangt Unmögliches von uns. Wir sollen in einer Welt, die so unübersichtlich und einem extrem schnellen Wandel unterzogen ist, immer wissen, was das Beste für uns ist. Angefangen vom günstigsten Handy bis zum absolut richtigen Lebenspartner sollen wir immer die richtigen Entscheidungen treffen. Perfektion in allen Lebenslagen fordert dieses Gebot von uns. Eigentlich liegt es auf der Hand, dass diese Perfektion nicht erreichbar ist – dennoch versuchen wir, nach dem Besten zu streben. Und sind unzufrieden mit uns, wenn uns das nicht gelingt. Was wir verlernt haben: zufrieden zu sein mit dem, was wir haben. Wir sollten nicht nach dem Maximum greifen, sondern erkennen, was für uns und unser Leben »gut genug« ist. Das klingt in unseren Ohren zunächst abwertend, nach Mittelmaß, nach Resignation. In Wirklichkeit ist es im wahrsten Sinne eine reife Leistung, wenn es uns gelingt, aus dem Übermaß an Angeboten das zu wählen, das zu uns passt. Nichts anderes bedeutet nämlich die Aussage: »Das ist gut genug für mich!«

Siebtes Gebot
Manage deinen Körper!

Gehören Sie zu den Menschen, die sich mit einem permanent schlechten Gewissen herumschlagen, weil Sie Ihre Gelüste, Ihre Trägheit, kurz: Ihren inneren Schweinehund nicht im Griff haben? Wie oft am Tag maßregeln Sie sich, weil Sie ungesund leben, sich nicht genügend bewegen und Ihr Idealgewicht immer noch nicht erreicht haben? Wie häufig denken Sie, ich sollte, ich müsste … endlich weniger Süßes naschen, Vollkornbrot statt Baguette essen, ausreichend Gemüse- oder Obstmahlzeiten einplanen, auf das Glas Rotwein oder die Flasche Bier am Abend verzichten, dreimal die Woche für mindestens dreißig Minuten ins Schwitzen kommen, meine Muskeln aufbauen, zwei Liter Wasser am Tag trinken …?

Es ist sicher keine Übertreibung: Die meisten von uns haben zu ihrem eigenen Körper kein entspanntes Verhältnis. Und das hat einen ganz einfachen Grund: Wir wissen ganz genau, was wir tun müssen, um uns gesund zu ernähren und schlank und beweglich zu bleiben. Wir sind Gesundheits-, Fitness-, Diätexperten und wissen, was wir anstreben und was wir besser meiden sollten. Doch so viel wir auch wissen, es fällt uns schwer, dieses Wissen konsequent umzusetzen. All die Empfehlungen und Erkenntnisse, die uns helfen sollen, gesünder zu leben, führen zu einer recht ungesunden Situation: Wir haben ein schlechtes Gewissen, wir können nicht mehr richtig genießen, wir machen uns Sorgen über unser Gewicht, über unseren Cholesterinspiegel, über unsere Bindegewebsschwäche, über unsere schlaffen Muskeln, über unsere mangelnde Disziplin. Immer wieder fassen wir gute Vorsätze, und kurzfristig gelingt es uns, diese einzuhalten. Dann nehmen wir durch »vernünftige« Ernährung die lästigen drei

Kilo ab, gehen zweimal pro Woche zum Sport, kaufen keinen Kuchen und meiden die Süßigkeitenregale im Supermarkt. Doch früher oder später kommt wieder die Couch-Potato, der Schokoladenfan und die Waage-Ignoriererin in uns durch. Immer wieder müssen wir erleben, dass wir schwach sind.

Das macht uns zu schaffen. Es setzt uns unter Druck, weil wir gegen besseres Wissen handeln und das Gesetz *Manage deinen Körper!* ständig ignorieren. Wirklich gut können wir uns inzwischen nur dann fühlen, wenn wir nach den geltenden Regeln leben, essen, uns bewegen, trinken, schlafen ... Wir alle kennen Menschen, die uns wie erleuchtet vorkommen, wenn es ihnen mal eine Zeitlang gelingt, sich vernünftig zu verhalten. Sie halten uns dann Vorträge über die Ernährungslehre, die ihnen geholfen hat, einige Kilos abzuspecken, sie reden mit leuchtenden Augen von dem wunderbaren Erlebnis des Joggens am Morgen, sie erklären uns ausführlich, warum wir die Insulinausschüttung ins Blut unbedingt verhindern müssen, warum es wichtig ist, auf den Basenhaushalt zu achten. Und sie schauen ein wenig verächtlich auf uns Normalsterbliche herab, die sich ein Stück Kuchen gönnen und Salatblätter für Tiernahrung halten. Früher oder später haben die Gesundheits- und Fitnessapostel es dann geschafft: Wir fühlen uns schlecht und fassen – zum wievielten Mal? – gute Vorsätze.

Du darfst nicht so bleiben, wie du bist

Aber ist es wirklich unser eigener Wille, wenn wir beschließen, uns »vernünftig« zu ernähren und auf einen schlanken und fitten Körper zu achten? Natürlich wollen wir keinen Körper, der uns den Gehorsam verweigert. Natürlich wollen wir nicht krank und eingeschränkt in unserer Beweglichkeit sein. Das Ausmaß unseres schlechten Gewissens ist jedoch nicht damit zu erklären, dass wir gegen unseren Willen verstoßen; nein, wir verstoßen gegen ein weiteres Machbarkeitsgebot unserer Gesellschaft. Dieses Gebot lautet: *Manage deinen Körper!*. Es gibt uns zu verstehen: Der Körper, den wir haben, ist nicht gut genug. Es gibt viel an ihm auszusetzen, auszubessern, zu verschönern und zu gestalten. Tun wir nicht alles zur Vollendung unseres Körpers, sind wir wieder einmal selbst schuld: Wir tragen die Verantwortung, wenn wir nicht so schön und attraktiv sind, wie wir es sein könnten. Wir tragen die Verantwortung, wenn wir eines Tages Beschwerden bekommen oder gar krank werden. Das wäre zu vermeiden, wenn wir die zahlreichen Gesundheits- und Schönheitslektionen aufgreifen und umsetzen würden, die uns allenthalben begegnen.

Wir brauchen nur eine x-beliebige Zeitschrift aufzuschlagen und stoßen unweigerlich auf die aktuellsten Ernährungstipps oder Fitnessratschläge. Dass diese sich oft widersprechen oder schnell revidiert werden, tut nichts zur Sache. Wir glauben jeder neuen Botschaft: Diese Diät wird es jetzt bringen, dieses Gemüse ist das gesündeste von allen, diese Gesichtscreme lässt die Haut garantiert langsamer altern, dieses Muskeltraining ist wirklich besser als die bisherige Gymnastik. All die Tipps und Ratschläge, all das ständig als neu verkaufte Ernährungs- und Gesundheitswissen betrachten wir nicht als reine Informationen oder als Unterhaltung, denn diese Botschaften haben einen starken Aufforderungscharakter. Probier mich aus! Kauf mich! Ich bin die Lösung deiner Körper- und Schönheitsprobleme!

Wir fühlen uns verpflichtet, dieses Wissen für uns zu nutzen und möglichst strikt umzusetzen. Schließlich wollen wir gesund bleiben, unser Körper soll straff, funktionsfähig und belastbar sein. Und natürlich schön aussehen. Es liegt in unserer Macht, welches Bild wir abgeben. Es liegt in unserer Macht, unseren Körper zu formen und gesund zu halten. Ignorieren wir jedoch das Ernährungs- und Fitnesswissen unserer Zeit, machen wir uns »strafbar«: Wir arbeiten nicht am eigenen Körper, wir vernachlässigen unsere Gesundheit – und verstoßen gegen das Gebot *Manage deinen Körper!*. Wir brauchen uns dann nicht zu wundern, wenn wir zunehmen, wenn Erkältungen uns plagen, wenn die Gelenke schmerzen oder wir gar ernsthaft erkranken. Wenn wir einen unvollkommenen, nicht gesunden, zu dicken oder zu unbeweglichen Körper haben, haben wir versagt. Wir waren träge und verführbar. Unser Körper entspricht nicht der gesellschaftlichen Norm und signalisiert unserer Umwelt: Hier seht ihr einen Menschen, der alle guten Ratschläge in den Wind geschlagen hat!

Eigentlich könnte es uns gleichgültig sein, wie andere darüber denken. Ist es aber nicht. Denn ein Körper, der nicht der Norm entspricht, wird geächtet. Wie anders soll man einen Artikel auf der Onlineseite der Zeitschrift *Bunte* werten, der die Schauspielerin Helen Hunt im Bikini abbildet und Folgendes berichtet:

»Im schwarzen Bikini macht der Hollywoodstar mit seinen sechundvierzig Jahren eine gute Figur. Und doch: Selbst Stars sind vor der Cellulite nicht gefeit, wie bei genauem Hinsehen zu erkennen ist. Helens Oberschenkel gleichen einer Mondlandschaft. Auch vor Oscar-Preisträgern macht die Orangenhaut eben nicht halt. Doch Helen Hunt scheint sich ihres Problems durchaus bewusst zu sein: (Die Schauspielerin) gönnt sich einen eher unüblichen Snack: eine getrocknete Alge! Schließlich wird Algen eine hautstraffende Wirkung nachgesagt ... Doch vielleicht hat die Schauspielerin etwas falsch verstanden. Schließlich werden Algen beim Kampf gegen die Cellulite in der Regel hauptsächlich äußerlich angewendet. Also, vielleicht solltest du dich in Zukunft lieber mit Algen einwickeln, statt sie gleich aufzuessen, liebe Helen ...«

Welch eine Blamage! Helen Hunt hat Orangenhaut, wie konnte ihr das passieren? Und dann weiß sie nicht einmal, dass man Algen äußerlich anwenden muss!! Die Leserin lernt viel aus diesem kleinen Beitrag: Schlank sein allein reicht nicht, Dellen an den Oberschenkeln dürfen nicht sein, Algen helfen gegen Orangenhaut, also: Du kannst etwas gegen Cellulite tun, wenn du nicht so schrecklich aussehen willst wie Helen Hunt! Kaufe Algenprodukte!

Zugenommen?
Schäm dich!

Das Machbarkeitsgebot *Manage deinen Körper!* befiehlt uns nicht nur, alles zu unternehmen, um möglichst lange gesund, funktionsfähig und ansehnlich zu bleiben, es redet uns auch ein, dass wir dieses Ziel erreichen können. Es ist kein Hexenwerk, man braucht dazu kein Geheimwissen, sondern nur etwas Willenskraft und Disziplin. Der Lohn der Mühe? Wenn wir alles richtig machen und eines Tages den perfekten Körper besitzen, werden wir lange gesund bleiben, und vor allem werden wir glücklich sein. Versprochen, sagt die Schönheitsindustrie. Versprochen, sagen die Gesundheitsexperten. Versprochen, sagen die Hochglanzmagazine. Doch der Beweis für all diese Versprechungen steht bis heute aus, die wissenschaftliche Grundlage der guten Ratschläge ist dünn. Und was viel wichtiger ist: Auch das versprochene Glücksgefühl bleibt aus. Denn selbst wenn wir uns extrem diszipliniert verhalten, wenn wir uns kasteien und ungesunde Genüsse verweigern, werden wir irgendwann »scheitern«. Wir werden an die Grenze unserer Willenskraft kommen, wir werden schwach werden oder einen Rückschlag erleiden. Dann empören wir uns und sind unglücklich: »Jetzt gehe ich regelmäßig joggen und habe trotzdem ständig eine Erkältung.« Oder: »Ich habe ein Kilo zugenommen, dabei esse ich überhaupt nichts Falsches.«

Um kein Missverständnis aufkommen zu lassen: Natürlich können wir etwas dafür tun, um uns in unserem Körper wohl zu fühlen. Wir können in einem vernünftigen Maß auf unsere Ernährung achten, unser Gewicht kontrollieren und durch regelmäßige Bewegung aktiv bleiben. Aber es liegt nicht in unserer Macht, den Körper beliebig zu formen und zu beeinflussen. Und es liegt vor allem nicht in unserer Macht, Krankheiten und Alterungsprozesse langfristig aufzuhalten oder gar zu verhindern. Eigentlich ist das eine Selbstverständlichkeit. Doch das Machbarkeitsgebot *Manage deinen Körper!* will uns weismachen, dass wir durch Wohlverhalten und die richtigen Maßnahmen die totale Kontrolle über körperliche Vorgänge haben und dass wir Zipperlein, Krankheiten oder Übergewicht vermeiden können.

Unser Körper – unser Feind?

Die Beschäftigung mit dem eigenen Körper ist zu einer Art Droge geworden. Wir glauben inzwischen tatsächlich, dass im Prinzip alles machbar ist, und bemühen uns nach Kräften, dieses Machbare in unserem Leben, sprich: an unserem Körper, Realität werden zu lassen. Diverse Forschungsergebnisse bestätigen das:

- Umfrageergebnisse belegen eindeutig, dass in den letzten Jahrzehnten die Zahl der Menschen, die ein negatives Körperbild haben, kontinuierlich zugenommen hat. Am häufigsten hadern Menschen (vor allem Frauen) mit ihrem Gewicht. Sie finden ihren Bauch zu dick, die Oberschenkel zu schwabbelig, die Hüften zu breit. Der zweithäufigste Grund für ein negatives Körperbild ist körperliche Faulheit. Nicht regelmäßig Sport zu treiben verursacht Frauen wie Männern Schuldgefühle.
- 82 Prozent der Deutschen sagen, sie hätten in den letzten zwei Jahren eine Diät gemacht.

- In Deutschland unterziehen sich jährlich eine halbe Million Frauen und Männer einer Schönheitsoperation.
- Männer spüren inzwischen ebenso den Schönheitszwang wie Frauen. Waren es im Jahr 2000 »nur« zehn Prozent der Männer, die sich Schönheitsoperationen unterzogen, waren es 2009 bereits 19,5 Prozent. Die Zahl hat sich also fast verdoppelt. Nicht alle Männer lassen sich operieren, weil sie unbedingt schöner werden wollen; sie hoffen vielmehr, es nach dem Eingriff im Berufsleben und/oder bei den Frauen leichter zu haben.
  Auch vor Essstörungen sind Männer längst nicht mehr geschützt. Die Probleme, die sie haben, können sich auf ganz verschiedene Weise äußern: Wünschen sich Männer einen schlanken Körper, sind sie ebenso wie Frauen gefährdet, durch exzessive Diäten Essstörungen zu entwickeln. Wollen sie dagegen eher dem Männlichkeitsideal entsprechen, das einen V-förmigen Körper verlangt (breite Brust, schmale Hüften), werden sie möglicherweise fitnesssüchtig.
- Längst hat die Körperunzufriedenheit auch Jugendliche erfasst. Fast die Hälfte der elf- bis dreizehnjährigen Mädchen hat Erfahrung mit Diäten, mehr noch wünschen sich, schlanker zu sein. Unter jugendlichen Mädchen ist exzessives Diäthalten, Auslassen von Mahlzeiten und Erbrechen weit verbreitet. Laut einer kanadischen Studie mit 4254 Schulkindern sind bereits mehr als sieben Prozent der Zehn- bis Elfjährigen sehr unzufrieden mit ihrer Figur und damit gefährdet, eine Essstörung zu entwickeln. In einem Artikel, veröffentlicht im Magazin der SÜDDEUTSCHEN ZEITUNG (31.7.2009), werden erschreckende Zahlen genannt. Danach finden sich zwei Drittel aller zwölf- bis fünfzehnjährigen Mädchen in Europa und den USA nicht schön genug; 40 Prozent aller Mädchen zwischen sechs und sechzehn Jahren würden sich gern Fett absaugen lassen. Nach Angaben der Bundeszentrale für gesundheitliche Aufklärung fühlt sich jedes zweite Mädchen zwischen vierzehn und siebzehn Jahren »zu dick«; jedes dritte dieses Alters zeigt ein gestörtes Essverhalten. Jedes vierte Mädchen hat schon einmal über eine Schönheitsoperation nachgedacht.
- Die Schönheitsindustrie setzt jährlich 120 Milliarden Euro um.

Die Unzufriedenheit mit dem eigenen Aussehen und dem Körper hat in unserer Gesellschaft epidemische Ausmaße angenommen. Gibt es objektive Gründe für diese Unzufriedenheit? Sind unsere Körper in den letzten Jahrzehnten hässlicher und unförmiger geworden? Wohl kaum. Eher schon hat sich unser Blick für die Körperrealitäten zunehmend getrübt. Psychologische Studien belegen, dass es Menschen immer schwerer fällt, sich so zu sehen, wie sie wirklich sind. In einer dieser Untersuchungen wurden Frauen gebeten, die Maße einer Kiste zu schätzen, und ihre Schätzungen fielen ziemlich genau aus. Danach sollten sie angeben, wie breit ihre Hüften, ihr Brustkorb und ihre Taille sind. Sie verschätzten sich im Schnitt um 25 Prozent zu ihren Ungunsten. Sogar Frauen mit Idealgewicht oder leichtem Untergewicht hielten sich für dicker, als sie wirklich waren. Der Blick in den Spiegel, so zeigen Studien wie diese, ist also immer kritischer geworden.

Wird nach den Schuldigen für diese Entwicklung gefragt, tauchen an erster Stelle der Sünderliste die Medien auf. Sie würden mit ihren Bildern von klapperdürren und gestylten Models die Körperunzufriedenheit der Geschlechter fördern. Dass dies nicht nur ein Vorurteil ist, belegt eine amerikanische Umfrage. 43 Prozent der befragten Frauen beklagen sich demnach, dass sie durch die »sehr dünnen oder muskulösen Models« stark verunsichert würden, was ihr eigenes Gewicht angeht. Und fast die Hälfte der Frauen (48 Prozent) glaubt, dass ihr Wunsch nach Schlankheit etwas mit den Bohnenstangen aus den Hochglanzmagazinen zu tun hat.

Noch mehr Einfluss haben die allgegenwärtigen Bilder der Superschlanken auf Frauen, die sich für übergewichtig halten und besonders unzufrieden mit ihrem Körper sind: In dieser Gruppe sagen 67 Prozent, die dünnen Mannequins würden ihr Selbstwertgefühl noch weiter sinken lassen. Auch eine im Jahr 2006 in Wien durchgeführte Studie mit essgestörten und mit gesunden Frauen zeigt: Vor allem Erstere betrachten die in Mode- und Frauenjournalen abgebildeten Models als Vorbilder. Sie werden von den Bohnenstangenfiguren mehr beeinflusst als normalgewichtige Frauen. Dass die Beeinflussung durch die Medien bereits sehr früh greift, zeigt eine Studie mit über 3000 Mädchen aus zwölf verschiedenen Ländern. Zwei Drittel meinten, es sei »schwierig, sich schön zu fühlen, wenn man mit den heutigen Schönheitsidealen konfrontiert wird«.

Die Historikerin Joan Jacobs Brumberg hat sich Tagebücher von jungen Mädchen daraufhin angeschaut, welche Rolle Selbstverbesserung darin spielt. »Vor dem ersten Weltkrieg erwähnten die Mädchen ihre Körper nur selten in Zusammenhang mit Selbstverbesserungsstrategien oder Kämpfen mit ihrer persönlichen Identität. Sie wollten eine bessere Person werden, indem sie weniger Aufmerksamkeit auf sich selbst richteten und mehr für andere taten und sich mehr in der Schule anstrengen wollten. ›Denke, bevor du sprichst. Arbeite ernsthaft.‹« In einem typischen Tagebuch eines modernen Mädchens ein Jahrhundert später las Brumberg: »Ich will mich verbessern auf jede Weise, die ich mir leisten kann. Ich will an Gewicht verlieren, neue Linsen kaufen, neuen Haarschnitt, gutes Make-up, neue Kleider.«

Der Einfluss der Schönheits- und Schlankheitsbilder ist fatal und das Bemühen um das Gebot *Manage deinen Körper!* aussichtslos. Das zeigt uns immer wieder die Erfahrung. Das zeigt uns aber auch ein Blick auf die Körperrealitäten. Von Modeltraummaßen sind durchschnittliche Frauen weit entfernt. Nur eine Minderheit entspricht dem extremen Körperideal mit den Maßen 90–60–90 (Brust, Taille, Hüfte in Zentimeter). Zum Vergleich: Konfektionsgröße 38 entspricht den Maßen 88–72–97. Die durchschnittliche deutsche Frau ist nach einer vom deutschen Bundesministerium für Ernährung, Landwirtschaft und Verbraucherschutz in Auftrag gegebenen Studie 1,63 Meter groß, 69,9 Kilogramm schwer und hat einen Taillenumfang von 83 Zentimetern, einen Hüftumfang von 103,6 Zentimetern und einen Body-Mass-Index von 26,1.

Die Zeitschrift *Brigitte* hat deshalb im Herbst 2009 eine »Revolution« angekündigt: Sie wolle künftig auf dürre, magersüchtige Models verzichten und ganz normale Frauen abbilden. Die Persönlichkeit zähle, nicht das Aussehen, meinten die Chefredakteure Andreas Lebert und Brigitte Huber. Mehr als ein gut gemachter PR-Gag war dies jedoch nicht. Blättert man eine beliebige Ausgabe dieser Zeitschrift durch, sieht man nach wie vor äußerst attraktive, superschlanke (wenn auch vielleicht nicht mehr dürre) Frauen und bekommt nach wie vor Diättipps. Eine Revolution sieht anders aus.

Ohnehin wird das aktuelle Schönheitsideal längst nicht mehr allein durch Zeitschriften oder Werbeanzeigen verbreitet. Zunehmend prägt auch das Internet die Vorstellung der Menschen, welche Körper, welches Aussehen als schön und chic gelten. An einem Beispiel lässt sich dieser Einfluss eindrucksvoll verdeutlichen. Wie die American Society of Plastic Surgery berichtet, ist die Vaginalchirurgie das am schnellsten wachsende Segment dieser Fachrichtung. In Deutschland wurden im Jahr 2008 schätzungsweise 20 000 korrigierende Eingriffe an den Schamlippen vorgenommen. Auch die Intimrasur ist in den letzten Jahren zunehmend ein Thema geworden. Immer mehr Frauen wünschen sich, im Intimbereich auszusehen wie ein junges Mädchen. Und werden in diesem Wunsch häufig von ihrem Partner unterstützt. Experten führen dieses Phänomen auf das Internet zurück, das leichten Zugang zu Pornografie bietet und bereits junge Menschen mit perfekten Körpern und ebenso perfekten Geschlechtsmerkmalen konfrontiert. »Der zunehmende Körperkult und das durch die Möglichkeiten der Bildbearbeitung fast virtuell gewordene Schönheitsideal fördern bei Kindern die Vorstellung, der Körper sei beliebig formbar – wie ein Avatar. Dadurch verschiebt sich die Messlatte immer weiter nach oben. Die Folge ist eine völlig verzerrte Wahrnehmung der eigenen Figur«, erklärt Klaus Oelbracht, Psychologe an der Christoph-Dornier-Klinik in Münster.

Der uralte Wunsch nach Schönheit hat in unserer Zeit pathologische Ausmaße angenommen. »Wir erleben eine nie da gewesene Hysterie um den Körper, es gilt als normal, ihn nicht zu mögen«, empört sich die Feministin und Autorin Susie Orbach. »Millionen Menschen schämen sich für ihn, kämpfen tagtäglich gegen ihn, weil er sie verstört und verunsichert. Das ist ein immenses Problem und hat nichts mit Eitelkeit zu tun.« Es scheint, als sei unser Körper unser größter Feind. Orbach spricht von »Körperterror«, den wir ausüben, und warnt: »Es ist viel ernster, als wir glauben wollen, genau genommen handelt es sich um einen Gesundheitsnotstand, der Namen trägt wie Selbstzerstörung, Übergewicht, Magersucht, Körperhass und Körperkult und Fitnesswahn.«

Kontrolle über den Körper. Kontrolle über das ganze Leben?

Angesichts des Ausmaßes, den der Körperkult in den westlichen Gesellschaften angenommen hat, stellt sich die Frage, ob es wirklich nur die Medien sind, die uns in die falsche Richtung steuern und dem Gebot *Manage deinen Körper!* ständig neue Nahrung geben. Da muss es doch noch einen anderen Grund geben, warum wir den »Körperterror« so bereitwillig ausüben. Warum tun wir das? Zwei Gründe scheinen hierfür verantwortlich zu sein. Und sie haben miteinander zu tun.

1. Wir managen unseren Körper, weil wir »normal« sein wollen.
2. Wir managen unseren Körper, weil wir uns sicher fühlen wollen.

Schauen wir uns zunächst den ersten Grund genauer an: Was hat das Gefühl, »normal« zu sein, mit unserem Körper zu tun?

Wir sind frei, wir können im Prinzip tun und lassen, was

wir wollen. Niemand schreibt uns heute mehr vor, wie wir zu leben haben. Staat, Kirche, Familie – drei Instanzen, die noch unseren Großeltern viele Vorschriften machten, haben heute keinen wirklichen Einfluss mehr auf unsere Lebensgestaltung. Wir sind weitgehend frei von ihren Zwängen, ihrer Bevormundung und Beeinflussung. Und das ist gut so. Nur leider sind wir oft damit überfordert, diese Freiheit wirklich für uns zu nutzen. Wir wissen oft nicht, was wir genau wollen, wohin wir unser Lebensschiff steuern wollen, wir wissen nicht, was richtig und was falsch ist. Wie schon in den vorherigen Kapiteln immer wieder erwähnt: Uns fehlt die Orientierung, wir haben keine eigenen Maßstäbe, nach denen wir unser Handeln ausrichten können. Das ist eine unangenehme, oft kaum auszuhaltende Situation. Wir sind verunsichert und suchen nach etwas, das uns Halt geben könnte. Doch da finden wir meist nichts: Gott oder seine irdischen Vertreter scheinen uns als Ratgeber wenig geeignet, den Familienverbund haben wir längst als schwach und hemmend erkannt und hinter uns gelassen. Wir sind auf uns selbst gestellt. Was uns nicht unbedingt sicherer macht. Denn in uns selbst finden wir oftmals nicht die Antworten, nach denen wir suchen. Was also tun wir mit unserer Freiheit?

Wir orientieren uns – an der Norm. Wir halten Ausschau nach dem, was in unserer Gesellschaft als »normal« gilt, und versuchen, diesem Normalzustand möglichst nahe zu kommen. Das »Normale« gilt uns dann als Richtschnur. Wir wollen nicht anders sein, nicht auffällig oder etwas Besonderes. Nein, wir wollen nur normal sein. Wenn wir das Gefühl haben, normal zu sein, geht es uns gut. Dann glauben wir zu wissen, dass wir »richtig« leben, dass wir unser Leben im Griff haben.

Jedem Urteil, jedem Vergleich liegt eine Vorstellung von Normalität zugrunde. So signalisiert ein normaler Preis, was eine Ware durchschnittlich kostet, und wenn der Arzt sagt, die Körpertemperatur sei normal, weiß jeder, was das bedeutet.

Wenn in unserer Gesellschaft ein Body-Mass-Index von 21 als normal gilt und alles was drunter oder drüber liegt, als nicht normal, werden wir versuchen, das Normalmaß zu erreichen.

Wenn es in unserer Gesellschaft von einem Tag auf den anderen nicht erlaubt ist, in der Öffentlichkeit zu rauchen, und Raucher geächtet werden, werden wir, wenn wir ein Raucher sind, versuchen, unsere Sucht loszuwerden oder zu verbergen. Rauchen ist inzwischen nicht mehr normal.

Wenn es in unserer Gesellschaft als normal gilt, biologisches Gemüse zu kaufen, unseren Cholesterinspiegel im Auge zu behalten, dreimal die Woche Sport zu treiben und zweimal pro Woche (mindestens) Sex mit unserem Partner zu haben – dann werden wir uns bemühen, in all diesen Punkten möglichst normal zu sein.

Wir wollen normal sein, weil die Normalität der rote Faden ist, an dem wir uns orientieren. Sobald wir Zweifel haben, ob das, was wir tun, normal ist, sind wir beunruhigt und fragen uns: Ist das normal, dass ich manchmal so einen Heißhunger auf Süßes habe? Ist es normal, dass ich lieber faul vor dem Fernseher liege, als ins Fitnessstudio zu gehen? Ist es normal, dass ich am liebsten so ungesund koche wie »bei Muttern«? Ist das normal, dass ich nur fünf Stunden Schlaf brauche, öfter mal ein Glas zu viel trinke und meine Abende lieber zu Hause als in der Kneipe verbringe? Die Frage »Ist das normal?« treibt uns um, wenn wir das Gefühl haben, anders zu sein, als es von uns erwartet wird (und wir es von uns selbst erwarten). Wenn wir an unserer Normalität zweifeln, wissen wir, dass wir uns verändern müssen.

Das Gebot *Manage deinen Körper!* hat sehr viel mit der jeweils geltenden Vorstellung von Normalität zu tun. Wenn es normal ist, sehr schlank zu sein, muss jeder, der etwas fülliger ist, den Wunsch verspüren abzunehmen. Wenn es normal ist, dass man regelmäßig Sport treibt, muss jeder, der lieber inaktiv ist, sich fragen, ob er sich in diesem Punkt nicht verändern sollte. Wenn es normal ist, dass man etwas gegen das Altern tut, muss jeder, der eigentlich mit sich zufrieden ist, sich fragen, ob er wirklich die Jahre einfach so auf sich zukommen lassen darf.

Fitter Körper, fitte Seele?

Hinter dem Wunsch, normal zu sein, der Norm zu entsprechen, steckt ein anderer Wunsch. Er ist die zweite Antriebskraft, die uns dazu verführt, ständige Verbesserungsmaßnahmen an unserem Körper vorzunehmen: *Wir managen unseren Körper, weil wir uns sicher fühlen wollen.*

Das Leben ist unübersichtlich und unsicher geworden. Im Job läuft nicht immer alles rund und auch nicht in unseren Beziehungen. Oft fühlen wir uns völlig hilflos und ausgeliefert, wissen nicht, wie und ob wir etwas verändern können. In solchen Situationen bietet sich unser Körper als Ausweg an. Ihn können wir besser und schneller unter Kontrolle bekommen als andere Lebensbereiche. Wenn wir den »richtigen« Körper haben, wenn unser Körper Stärke, Gesundheit und Schönheit signalisiert, geben wir ein Bild von uns ab, das unangreifbar und unantastbar ist. Wenn die äußere Hülle stimmt, fragt niemand so schnell, wie es innen drin aussieht. Ist der Körper gesund, kann es der Seele ja nicht so schlechtgehen. So suchen wir über den Umweg über den Körper unsere psychischen und seelischen Krisen, unsere Selbstzweifel und Unsicherheiten in den Griff zu bekommen. Nicht umsonst wird die Schönheitschirurgie als »Therapie mit dem Skalpell« bezeichnet. Viele, die sich unters Messer legen, ihre Falten wegspritzen lassen oder sündhaft teure Cremetiegel kaufen, haben die Hoffnung, dass durch die Renovierung ihres Äußeren die Seele aufatmet.

Wenn es uns gelingt, unseren Körper zu managen, dann, so

glauben wir, werden wir ganz sicher glücklich. Denn mit einem perfekten Körper, einem Körper, welcher der Norm entspricht, sind wir erfolgreich, anerkannt, begehrt. Mit einem perfekten Körper sind wir normal und fallen nicht weiter auf. Und mit einem solchen Körper lassen sich alle anderen Probleme leichter lösen, wenn nicht sogar auflösen: »Wenn ich erst einmal schlank bin, finde ich den Mann meiner Träume. Wenn ich erst richtig gesund bin, kann ich all meine geplanten Projekte verwirklichen.« »Wenn mein Körper in Form ist, bekomme ich leichter einen Job.« Wir versuchen, unseren Körper unter Kontrolle zu bringen, und erhoffen uns davon einen besseren Stand in unserem Leben.

Hinzu kommt: Während wir über innere Unsicherheiten kaum sprechen, während wir nach wie vor meist schamhaft schweigen, wenn es uns seelisch nicht gut geht oder wir gar in psychotherapeutischer Behandlung sind, bekommen wir für die Bemühungen am und um den Körper Applaus: Niemand schaut uns schief an, wenn wir dreimal pro Woche mehrere Stunden im Fitnessstudio verbringen und uns niemals ein Stück Kuchen gönnen. Jeder hat Verständnis dafür, dass wir Diät halten, weil wir zu viel gegessen haben, und wir ernten große Bewunderung, wenn es uns gelingt, ein paar Tage oder sogar eine Woche lang zu fasten.

Wenn wir das Gebot *Manage deinen Körper!* befolgen, zeigen wir uns und anderen, dass wir unser Leben im Griff haben und dass wir ganz normal sind. Wir lassen uns nicht gehen, sind nicht willensschwach, wissen über »richtig« und »falsch« Bescheid. Wir sind keine Schwächlinge, die einer Zigarette oder einem Glas Wein nicht widerstehen können, wir sind keine Opfer unserer Bedürfnisse. Unser Körper ist – wie unser Auto, unsere Wohnung, unsere Kleidung – ein Mittel zur Selbstdarstellung und natürlich auch Selbstinszenierung. Ob wir schlank sind oder mollig, ob wir uns nach der neuesten Mode kleiden oder uns ihr verweigern, ob wir uns schminken oder bewusst ungeschminkt bleiben – wir geben durch unser Verhalten anderen Menschen Botschaften über uns selbst. Wenn wir in einem Gespräch ganz nebenbei einfließen lassen, dass wir jeden Morgen vor der Arbeit einen Kilometer schwimmen oder regelmäßig Yoga-Übungen machen, werden wir von unseren Zuhörern sicher als dynamisch und diszipliniert bewundert. Wie aber würden wir wahrgenommen, wenn wir zugeben würden, dass uns unser Gewicht gleichgültig ist, dass wir absolute Bewegungsmuffel sind und es uns völlig egal ist, ob der Wein am Abend oder die Schachtel Zigaretten am Tag unserer Gesundheit schaden?

Über unseren Körper kommunizieren wir mit der Umwelt. Über unseren Körper zeigen wir anderen, wie es uns geht und wie wir von ihnen wahrgenommen werden wollen. Unser Körper ist eine Art Schutzschild: Ist er in Form, brauchen wir keine Befürchtungen zu haben, dass andere unsere Unsicherheit, unsere Selbstzweifel, unsere Traurigkeit oder unsere Überforderung merken.

Weil wir glauben, diesen Schutz zu brauchen, ist das Gebot *Manage deinen Körper!* so mächtig. Sich ihm zu entziehen ist daher alles andere als einfach.

Ich darf so bleiben wie ich bin!

Wollen wir zu einem gelassenen Umgang mit unserem Körper finden, geht das im Grunde nur, wenn wir lernen, uns selbst, so wie wir sind, zu akzeptieren. Das ist natürlich nicht einfach in einer Welt, in der wir ständig aufgefordert werden, an uns zu arbeiten, uns zu verbessern und niemals nachzulassen in unseren Bemühungen nach Vervollkommnung. Dennoch kann es gelingen. Zum Beispiel wenn wir erkennen, dass wir nur begrenzt Einfluss auf Gewicht und Form unseres Körpers haben, dass es aber sehr wohl in unserer Macht steht, sich im eigenen Körper wohl zu fühlen, wenn wir uns ganzheitlich um ihn kümmern. »Ganzheitlich« bedeutet: Wir sorgen für unseren Körper, nicht weil wir ihn nach einem vorgeschriebenen Bild formen, sondern eben, weil wir uns mit und in ihm wohl fühlen wollen. Und wir sorgen für unsere Seele, weil der Körper ihr auf lange Sicht keinen sinnvollen Schutz bieten kann.

Wie können wir für körperliches und seelisches Wohlbefinden sorgen? Alles, was nicht dem engen Erfolgsziel, schlank und fit zu werden, dient, ist dazu geeignet. Saunabesuche, Massagen, Entspannungsübungen, Atemtraining, Yoga sind einige der Methoden, bei denen es nicht um körperliche Leistung, sondern um sinnliches Körpererleben geht. Auch Bewegung ohne straffen Leistungsplan, bei der das Spielerische im Vordergrund steht oder das Erleben der Natur, bringt uns dem eigenen Körper auf freundliche Weise näher. Wenn wir uns in schönen Landschaften aufhalten, wenn wir durch den Wald wandern, in Parks schlendern oder an Flüssen sitzen, gönnen wir uns eine Auszeit vom Alltag. Gerade weil wir uns die meiste Zeit in naturfernen Räumen aufhalten, brauchen wir zum Ausgleich natürliche Umgebungen, um uns körperlich und seelisch zu regenerieren. Wo unser Alltag voller Lärm ist, ist die Natur still. Wo wir uns im Alltag in Räumen aufhalten, die entweder schlecht gelüftet oder durch Klimaanlagen heruntergekühlt sind und durch künstliches Licht erhellt werden, tanken wir in der Natur Sauerstoff und Sonnenlicht.

Um die positiven Wirkungen der Natur zu spüren, sollten wir uns aufmerksam in ihr bewegen. Nur so können wir die intensiven Gerüche, das Zwitschern der Vögel, das Rauschen der Bäume, das Knacken im Unterholz und vieles mehr wahrnehmen. Nichts verlangt, wie im Alltag, unsere konzentrierte Aufmerksamkeit, wir können unsere Gedanken und unsere Gefühle loslassen. Wenn wir dagegen mit der Pulsuhr am Arm durch die Landschaft hetzen, weil wir schlank und fit bleiben wollen, bringen wir uns um die vielfältigen sinnlichen

Erfahrungen, welche die Natur uns bietet. Setzen wir uns nur in Bewegung, um das Gebot *Manage deinen Körper!* zu befolgen, wird sich unser Körpergefühl nicht wirklich verbessern.

Ein weiterer wichtiger Punkt ist es, Vergleiche zu vermeiden. Wer sich ständig mit schlanken, attraktiven, sehr jungen Medienfiguren vergleicht, muss auf Dauer zwangsläufig unzufrieden werden. Maßstab für den eigenen Körper sollten nur die eigene Gesundheit und körperliches Wohlbefinden sein, nicht die Maße von Mannequins oder Schauspielern. Hungerkuren, schmerzende und gefährliche Schönheitsoperationen, Injektionen mit muskellähmendem Gift – all das können wir getrost denen überlassen, die diese Horrormethoden aus beruflichen Gründen ihrem Körper antun müssen.

Für ein besseres Körpergefühl, für das Ziel, endlich einverstanden zu sein mit dem eigenen Körper, braucht es nicht viel. Susie Orbachs Erfolgsrezept für eine normale, gesunde Figur lautet: »Iss, wenn du Hunger hast. Iss, was dir guttut. Hör auf, wenn du satt bist.« Wenn wir uns außerdem regelmäßig bewegen – wobei es schon ausreicht, tagtäglich häufiger die eigenen Beine und seltener das Auto, den Aufzug oder andere Transportmittel zu benutzen –, dann, so Orbach, können wir unseren Körper endlich bewohnen »wie ein bequemes Sofa oder ein gemütliches Haus«. Ein Haus, das gesund genug, schön genug, schlank genug ist. Ein Haus, das unseren Maßstäben genügt und das nicht nach den Maßstäben anderer gebaut ist.

Wichtig ist ein weiterer Punkt: Wollen wir uns gesund und fit fühlen, ist auch hier das Mittelmaß (ähnlich wie beim Gebot *Strebe nach dem Besten!*) ausreichend. Wir kommen mit unserem Körper dann ins Reine, wenn wir die Extreme vermeiden. Vernachlässigung bekommt unserem Körper ebenso wenig wie besessener Gesundheits- und Fitnesskult. Starkes Übergewicht ist schädlich, ebenso wie zu wenig Gewicht. Gar keine Bewegung schadet unserem Körper ebenso wie exzessives tägliches Joggen. Zwischen diesen Extremen aber gibt es eine große Zone, in der es immer wieder zu Schwankungen kommen wird. Mal essen und trinken wir zu viel und das Falsche und bewegen uns zu wenig; mal sind wir wieder mehr im Lot mit uns, machen unsere Gymnastik und verzichten ein paar Tage auf Ungesundes. Es ist gar nicht so wichtig, sich jeden Tag konsequent vernünftig zu verhalten, es kommt vielmehr auf die Mischung an. Wenn wir mal über die Stränge schlagen, wenn wir in Stresszeiten nicht auch noch über unsere Ernährung nachdenken wollen und auf die tröstende Schokolade nicht verzichten können, ist das kein Grund zur Sorge und schon gar nicht für ein schlechtes Gewissen. Es ist schlicht und einfach normal. Wir können auf die Weisheit unseres Körpers vertrauen, er wird sich schon wieder »beruhigen« und von sich aus Bedürfnisse anmelden, die uns wieder ein gesundheitsbewussteres Verhalten erleichtern.

Vielleicht können wir uns dem Gebot *Manage deinen Körper!* öfter entziehen, wenn wir hinterfragen, was wir bislang für normal halten. Ist denn unser Schönheitsideal wirklich normal? Wollen wir zur normalen Masse gehören oder wollen wir unsere Individualität entdecken? Normalität ist eine Anpassungsleistung, meinte Erich Fromm. So wie die Mehrheit lebt und handelt, das gilt als normal – selbst dann, wenn es objektiv betrachtet verrückt ist. H. G. Wells erzählt in seiner Kurzgeschichte *The Country of the Blind* von einem sehenden jungen Mann, der einen Stamm entdeckt, in dem alle Menschen unter angeborener Blindheit leiden. Dass er sehen kann, wird von diesem Stamm als Krankheit betrachtet. Als er sich in ein blindes Mädchen verliebt, soll er sie erst heiraten dürfen, wenn er auf seine Sehkraft verzichtet.

Im Fall des Körperkults in unserer Gesellschaft und dem als völlig »normal« empfundenen Gebot *Manage deinen Körper!* könnte es erleichternd sein, wenn wir die Verrücktheit hinter dieser »Normalität« erkennen könnten. Ist unser

Leben nicht zu schade dafür, verrückte Ziele erreichen zu wollen, nur weil sie eine angepasste, durchschnittliche, unauffällige Mehrheit für normal hält? Und: Wollen wir wirklich alle so aussehen, wie es die Schönheitsindustrie vorschreibt? Was wäre das für eine Welt, in der alle die gleichen schlanken, durchtrainierten, biologisch-dynamisch ernährten Körper, schönheitsoperierte Brüste und gerade gerückte Nasen haben? Eine langweilige Welt wäre das und eine, die Angst macht. Denn in dieser Welt gibt es keinerlei Individualität mehr. Wie gut, dass diese Welt niemals zur Realität wird. Denn Gott sei Dank sind die meisten von uns so normal (im Sinne von: besitzen genug gesunden Menschenverstand), dass sie die Verrücktheit des Gebotes *Manage deinen Körper!* erkennen und sich ihm immer wieder entziehen. Wenn wir das in Zukunft ohne schlechtes Gewissen tun, sind wir auf einem guten Weg.

FAZIT
Warum wir das Gebot **Manage deinen Körper!** nicht befolgen sollten

Diesem Gebot gelingt es wie keinem anderen, dass wir uns selbst bekämpfen. Es redet uns ein, dass wir unseren Körper formen und uns kasteien müssen, es nimmt uns die Freude am Genießen und Faulenzen, es treibt uns an, möglichst jede Spur des Lebens am eigenen Körper zu tilgen. Wir wollen der Norm entsprechen, weil dieses Gebot uns weismacht, dass auch wir die Norm erfüllen können. Wir müssen nur wollen. Dass diese Norm alles andere als normal ist (und gar nicht so »schön«, wie behauptet) wissen wir, dennoch bemühen wir uns immer wieder, sie zu erreichen. Das aber führt zu frustrierenden Misserfolgen und Selbstbeschuldigungen. Würden wir stattdessen unseren Körper in seiner Weisheit unterstützen, ihm wohltuende Erfahrungen vermitteln und darauf vertrauen, dass er gut für sich sorgen kann, dann könnten wir ein Ziel erreichen, das nicht utopisch ist, das Ziel, sich im eigenen Körper gut zu fühlen und davon überzeugt zu sein: Ich darf so bleiben, wie ich bin!

Achtes Gebot
Vermarkte dich!

Meine Präsentation heute war einfach super!«, erzählt voller Stolz der Kollege. »An mir kann kein Mann vorbeigehen. Ich falle einfach auf«, prahlt die Freundin. »Ich habe heute dem Chef mal wieder die Meinung gesagt, tut ja sonst keiner«, bemerkt der Ehemann zufrieden seiner Frau gegenüber. Und diese kontert: »Was ich heute alles geschafft habe, du glaubst es nicht ...« Eigenlob stinkt, haben wir vielleicht von unseren Eltern zu hören bekommen, wenn wir uns scheinbar zu wichtig nahmen. Heute, so scheint es, ist Selbstlob das Gebot der Stunde. Zunehmend sind wir mit Zeitgenossen konfrontiert, die – oftmals aus unerfindlichen Gründen – von sich selbst begeistert sind. Sie prahlen vor ihren Freunden, geben mit ihren wichtigen »Connections« und »supertollen Erfolgen« an und tun so, als seien sie der Nabel der Welt. Sie protzen damit, dass sie anderen immer ihre Meinung sagen und sich nichts gefallen lassen (»Der Wein korkt, habe ich zu dem Kellner gesagt, da kenne ich nichts.«), geben mit ihren Urlaubszielen an (»Bali muss einfach mal wieder sein, wir kennen da jemanden, der hat dort ein Haus ...«) und machen aus jeder noch so kleinen Leistung eine heroische Tat. Die Selbstdarsteller sind unter uns. Und sie werden immer mehr, so scheint es. Kein Wunder. Sie alle befolgen ein weiteres Gebot unserer Gesellschaft. Es lautet: *Vermarkte dich!*

Dieses Gebot fordert uns auf, uns selbst wie eine Ware zu begreifen und möglichst geschickt Werbung in eigener Sache zu machen. Optimale Selbstdarstellung, so suggeriert das Gebot, ist in der heutigen Zeit unerlässlich. Wer sich nicht gut präsentiert, wird nicht wahrgenommen, erreicht seine Ziele nicht. Nur wer laut genug für sich trommelt, wer durch äußerliche Attribute wie Aussehen, Outfit, Statussymbole und offensives Verhalten Aufmerksamkeit auf sich zieht, wird beachtet. Wir müssen uns möglichst gut verkaufen. Vernachlässigen wir die PR-Arbeit in eigener Sache, finden wir uns schnell an den Rand gedrängt, warnt uns das Gebot. Und es macht sich über alle lustig, die hoffen, allein durch Leistung, Qualität, Seriosität, Verlässlichkeit, Integrität auf sich aufmerksam zu machen. »Du bist ein naiver Optimist«, höhnt das Gebot dann und prophezeit uns, dass wir mit unserer Naivität nicht weit kommen werden. Als Beweis dafür führt es Studien an, die zum Beispiel zeigen, dass Aufstiegschancen im Beruf vor allem von drei Faktoren abhängen: zu zehn Prozent von der Leistung, zu 30 Prozent vom Image und dem persönlichen Stil und zu 60 Prozent vom Gesehenwerden und Auffallen. Der Eindruck, den man hinterlässt, ist also zu 90 Prozent von äußeren Attributen abhängig. Die Leistung scheint demnach eine untergeordnete Rolle zu spielen.

Das Gebot *Vermarkte dich!* beschränkt sich nicht nur auf das Arbeitsleben, sondern treibt sein Unwesen in allen Lebensbereichen. Wann immer wir heute mit anderen in Kontakt treten, scheinen Äußerlichkeiten wichtiger als innere Qualitäten. Wir sind, was wir scheinen? Offensichtlich. Das Gebot *Vermarkte dich!* behauptet: Je besser uns die Selbstdarstellung gelingt, desto schneller und nachhaltiger beeindrucken wir unser Gegenüber. Wir dürfen nicht darauf hoffen, dass andere unsere Qualitäten schon nach und nach entdecken werden. Im Gegenteil, wir müssen versuchen, sofort den Fuß in die Tür zu bekommen. Denn, so klärt uns das Gebot mit Hinweis auf psychologische Studien auf: Für den ersten Eindruck gibt es keine zweite Chance. Bereits in den ersten Sekunden einer Begegnung nehmen wir eine Unmenge Informationen über unser Gegenüber auf. Und diese Informationen beeinflussen langfristig unsere Handlungen und unsere Einstellung diesem Menschen gegenüber. Im Strom der vielen Begegnungen, die uns der Zwang zur Mobilität und Flexibilität beschert, kommt daher schnell zu kurz, wer keinen bleibenden Eindruck hinterlässt.

Nur die Lauten werden gehört

Um Aufmerksamkeit zu bekommen, müssen wir uns heute ziemlich ins Zeug legen. Aufmerksamkeit wird uns nicht einfach geschenkt, nur weil wir nett und tüchtig sind. Im Gegenteil – wir müssen sie uns regelrecht erkämpfen. Denn andere sind nicht zimperlich, andere wissen sehr wohl um das Gebot *Vermarkte dich!* – und sie ziehen oft alle Register, um ihm gerecht zu werden. »Wo wir gehen und stehen, stoßen wir auf Dinge, deren einziger Sinn und Zweck es ist, uns am Ärmel zu zupfen und zu sagen: ›Schau her!‹ Man kann der Belästigung nicht mehr entrinnen … wo immer ein paar Menschen zusammenkommen, geht das Gerangel um die Aufmerksamkeit schon los«, klagt der Philosoph Georg Franck. In der Vielfalt der Angebote, Verlockungen und Verheißungen geht jedes Produkt unter, dem es nicht gelingt, das Interesse auf sich zu ziehen.

Aufmerksamkeit ist in der Tat ein knappes Gut geworden. Die Konkurrenz ist groß – und sie schläft nicht. Es ist richtig: Wir alle müssen tagtäglich entscheiden, wem und was wir unsere Aufmerksamkeit schenken, womit wir uns befassen oder was wir links liegen lassen, was uns nicht interessiert, wofür unsere Zeit zu knapp oder zu schade ist. Allem mit gleichem Interesse zu begegnen hieße, über kurz oder lang den Verstand zu verlieren. In dieser Situation sind geübte Selbstdarsteller sicher im Vorteil. Sie ziehen geschickt und oft hemmungslos die Aufmerksamkeit auf sich und verweisen die Bescheidenen ins Abseits. »Es ist wie im Bierzelt. Wenn alle schon laut reden, muss man auch selbst brüllen, um noch gehört zu werden«, erklärt Georg Franck.

Das Bild vom Bierzelt passt: Wir leben in einer Zeit, in der die stillen Töne und sanften Farben leicht übersehen werden. Die Schau- und Zeigelust blüht, das Eindruckschinden und die Selbstreklame sind zu Tugenden geworden sind. Aufmerksamkeit erregen kann man heute scheinbar nur noch mit Lautstärke, grellen Bildern und Skandalen. Die Kandidaten der diversen Castingshows führen uns vor, wie Selbstdarstellung heute funktioniert, und Dieter Bohlen mit seinen frechen Sprüchen oder Mario Barth mit seinen Zoten zeigen: Fall auf, und du bekommst Aufmerksamkeit. Nur noch selten (am ehesten bei Sportveranstaltungen) schenken wir Menschen Beachtung, die uns mit ihrer Leistung beeindrucken. Wer um seiner selbst willen oder seines Könnens wegen geachtet und wahrgenommen werden will, wer über Angeber die Nase rümpft und sich lieber auf die Zunge beißt, als sich selbst zu loben, gerät schnell ins Hintertreffen.

Ein Beispiel, das inzwischen wahrscheinlich in Vergessenheit geraten ist, das aber das Gebot *Vermarkte dich!* ideal illustriert:

Im April des Jahres 2000 wurde der nordrhein-westfälische Bundestagsabgeordnete Ruprecht Polenz zum Generalsekretär der CDU ernannt. Nach nur sechs Monaten trat er, »überraschend«, wie die Medien schrieben, zurück. Nach und nach wurden Stimmen laut, die meinten, Polenz sei »nicht der Richtige« für das Amt gewesen, er sei zu ruhig, zu zurückhaltend. In der Tat war der Politiker eine angenehme Ausnahmeerscheinung im Politzirkus. Er argumentierte, er griff Andersdenkende nicht unter der Gürtellinie an, er war ein Mann der moderaten Töne. Ruprecht Polenz gehörte zu den Leisen, den eher Schüchternen. Das harte Urteil der Medien und seiner Politikerkollegen ließ nicht lange auf sich warten: als Generalsekretär ungeeignet!

Das Beispiel Polenz zeigt: Wer zur Gruppe der eher Zurückhaltenden gehört, hat schlechte Karten. Stille Menschen werden auf der Bühne des Alltags schnell zu Komparsen. Sie können dem Gebot *Vermarkte dich!* nicht gerecht werden. Man muss Mitleid haben mit den Ruhigen, den Schüchternen, die nicht für sich selbst trommeln können, seufzen scheinheilig die »Bierzeltbesucher«. Sie glauben: Wer sich zurückhält, will gar keine Aufmerksamkeit, der will freiwillig nur in der zweiten Reihe stehen, da fühlt er sich am wohlsten. Dann darf er sich aber auch nicht beschweren, wenn sie, die Lauten, in der ersten Reihe sitzen. Er darf sich nicht wundern, wenn man ihn übersieht, wenn er als uninteressant gilt, bei Beförderungen übersehen wird und beim anderen Geschlecht wenig Erfolg hat.

Das Gebot *Vermarkte dich!* ist ein unerbittliches. Es kennt kein Pardon. Wer nicht mithalten kann im Chor der lauten Stimmen, der bleibt eben auf der Strecke. Oder er muss sich überwinden und lernen, ebenfalls für sich zu trommeln. Dafür sind Selbstbehauptungstrainings und viele Coaching-Angebote doch da! Niemand muss schüchtern bleiben, wenn er es nicht will. Jeder kann lernen, sich selbst besser zu verkaufen. Nichts ist unmöglich. Auch das nicht.

Als zurückhaltender Mensch könnte man angesichts des Gebotes *Vermarkte dich!* mutlos werden und glauben, dass man mit einem Leben im Hintergrund den Kürzeren zieht und am besten gleich ein entsprechendes Seminar bucht. Ist das wirklich so? Müssen wir dem Gebot folgen, um wahrgenommen zu werden? Gibt es nicht doch andere Kanäle, über die wir unsere Kompetenzen, unsere Interessen, unsere Persönlichkeit kommunizieren können?

Die Stillen sind die Mehrheit

Zunächst sollten wir uns eine wichtige Tatsache bewusst machen: Die Stillen sind nicht in der Minderheit. Diesen Eindruck bekommt man nur, weil die Selbstdarsteller so viel

»Lärm« machen. In Wirklichkeit haben sehr viele Menschen große Schwierigkeiten, dem Gebot *Vermarkte dich!* zu folgen. Viele sind schüchtern, möchten nicht auffallen, stellen ihr Licht unter den Scheffel, lassen andere reden und hören lieber zu. Wie groß die Gruppe der Leisen ist, kann man nur schätzen. Einen Anhaltspunkt geben die Zahlen, die über extrem schüchterne, sozial ängstliche Menschen im Umlauf sind. Diese haben starke Berührungsängste, würden am liebsten den Kontakt zu anderen meiden, brauchen die anderen nicht, um sich in deren Aufmerksamkeit zu sonnen. Sogar im Selbstdarstellerland USA gehört schätzungsweise die Hälfte der Bevölkerung zu dieser Gruppe. Nicht sehr viel anders stellt sich die Situation in Deutschland dar. Auch hier ist extreme Schüchternheit kein seltenes Phänomen: Angst vor anderen gilt – nach der Agoraphobie (der Angst vor weiten Plätzen) – als die zweithäufigste Angststörung. Selbst Personengruppen, bei denen man solche Ängste kaum vermutet, sind betroffen. Eine Untersuchung mit 521 Berliner Studenten zeigt, wie weit verbreitet dieses Problem ist: 51 Prozent der Studenten haben Angst, in der Öffentlichkeit zu sprechen, sie haben Angst, sich lächerlich zu machen, 35 Prozent haben Versagensängste, 16 Prozent befürchten Demütigungen. Weil ihre Angst so stark ist, vermeiden diese Studenten – so gut es in ihrem Alltag nur geht – Situationen, in denen die Aufmerksamkeit anderer auf sie gerichtet ist.

Wenn schon die Zahl der extrem zurückhaltenden und sozial ängstlichen Menschen so groß ist, wie viele Menschen sind dann »normal« schüchtern? Wie vielen fällt es schwer, sich selbst zu verkaufen? Die Dunkelziffer dürfte sehr hoch liegen. Denn die Mehrheit der Schüchternen sind »privatly shy«, wie amerikanische Psychologen es nennen. Das heißt: Ihre Schüchternheit ist nicht sichtbar, sie bleibt für andere Menschen unbemerkt. Nicht selten sind sogar Prominente, die ständig im Rampenlicht stehen, von dieser »heimlichen Schüchternheit« betroffen. Einer, der dies offen zugibt, ist der amerikanische Talkmaster David Letterman. Abend für Abend begeistert er sein Fernsehpublikum mit seiner Spontaneität und Schlagfertigkeit, für seine deutschen Nachahmer bleibt er ein unerreichtes Vorbild. Dass Letterman unter Schüchternheit leidet, darauf käme wohl kein Zuschauer. Doch sobald die Scheinwerfer aus sind, flüchtet er sich in seine Privatsphäre. Bei gesellschaftlichen Anlässen sucht man ihn in der Regel vergebens.

Um uns herum gibt es also mit hoher Wahrscheinlichkeit sehr viele zurückhaltende Menschen, die versuchen, über ihren Schatten zu springen, um sich dem Gebot *Vermarkte dich!* gegen ihren Willen und ihre Überzeugung zu unterwerfen. Menschen, die unter starken Stress geraten, wenn sie sich irgendwo präsentieren müssen, die es hassen, eine Rede zu halten, die wunderbare Gesprächspartner im kleinen Kreis sind, aber keine Partylöwen, die lieber zu Hause ein Buch lesen als durch die Kneipen zu ziehen ... Die Schüchternen sind die Mehrheit. Sich dies bewusst zu machen, kann ermutigend sein. Es kann es uns leichter machen, das Gebot *Vermarkte dich!* in Frage zu stellen, selbstbewusster zu unserer stillen Art zu stehen und gelassener unseren eigenen »Aufmerksamkeitsweg« zu gehen.

Zur Selbstdarstellung verdammt?

Vom Vermarktungsgebot mal abgesehen, brauchen wir natürlich alle ein bestimmtes Maß an Aufmerksamkeit. Diese notwendige Aufmerksamkeit ist allerdings etwas anderes als Imagepflege oder Eitelkeit: Wir sind darauf angewiesen, dass andere uns beachten, denn nur so können wir ein Gefühl für den eigenen Wert bekommen. Unser Selbstbild hängt von der Wertschätzung anderer ab. Eine positive Einstellung zur eigenen Person ist nur möglich, wenn wir von anderen Menschen

Zuwendung, Lob, Freundlichkeit und Interesse erfahren. »Der Mensch wird am Du zum Ich«, erkannte der Philosoph Martin Buber, und Abraham Maslow, einer der Gründer der Humanistischen Psychologie, hat das Bedürfnis nach Ansehen, Status und Anerkennung als ein grundlegendes Motiv des Menschen bezeichnet. Auf seiner fünfstufigen Bedürfnispyramide rangiert es nach den physiologischen Bedürfnissen, dem Bedürfnis nach Sicherheit und dem nach Zugehörigkeit und Liebe an vierter Stelle. Wer keine Beachtung findet, von anderen nicht angemessen wahrgenommen wird, fühlt sich leer und nicht existent.

Was bedeutet das für die stillen Menschen in einer Zeit, in der Aufmerksamkeit ein knappes Gut geworden ist? Heißt das, dass sie zur Selbstdarstellung verdammt sind? Dass sie sich überwinden und lernen müssen, lautstark für sich selbst Werbung zu machen? Können sie nicht darauf vertrauen, dass andere ihnen ohne Selbst-PR die nötige Beachtung schenken? Müssen sie sich, ob sie es wollen oder nicht, die lauten, schrillen Selbstdarsteller als Vorbilder nehmen? Müssen sie eine goldene Rolex tragen, den angesagten Wagentyp fahren und ihr Geld für Designerkleidung ausgeben? Ist es notwendig, immer exotischere Urlaubsziele anzusteuern, nur damit die anderen neidisch-interessiert aufhorchen: »Was, auf Java wart ihr?« Müssen sie all dies wirklich tun, nur um ein Stück vom Aufmerksamkeitskuchen zu bekommen? Können sie nur dann mit der Zuwendung anderer rechnen, wenn sie versuchen aufzufallen?

Es wäre fürchterlich, wenn wir nur auf die eine, die laute Tour von anderen Beachtung erhalten könnten. Ebenso schlimm wäre es, wenn wir unsere wertvolle Aufmerksamkeit an Selbstdarsteller verschwenden würden, die uns nur eine auffällige Fassade mit nichts dahinter anbieten. Das würde bedeuten: Die Anhänger der leisen Töne müssten vor der Tyrannei der Aufschneider und Angeber kapitulieren. Während die das kostbare Gut Aufmerksamkeit scheffeln, geriete das Beachtungskonto der Leisen immer mehr ins Soll.

Doch der »ordinäre« Reichtum an Aufmerksamkeit der auftrumpfenden Selbstdarsteller ist nicht der einzige und schon gar kein empfehlenswerter Weg. Wer mit Dieter Bohlen und ähnlichen Promis wenig gemein hat, wer auf Qualität und weniger auf Quantität setzt, der sollte versuchen, die »verfeinerte« Aufmerksamkeit anderer zu bekommen. »Es ist ja nicht so, dass alle es genießen würden, in Talkshows vorgeführt zu werden, in Klatschspalten zu prangen und von der Regenbogenpresse hofiert zu werden. Es gibt auch jene, die auf ihr Publikum achten und unter dem Beifall von der falschen Seite leiden. Nicht alle zieht es ins Fernsehen, nicht alle träumen von der Titelseite, nicht allen ist die Bestsellerliste die Leiter zum Himmel«, tröstet Georg Franck die Mehrheit der Stillen im Lande.

Die Aufmerksamkeitssnobs

Wer sich dem Gebot *Vermarkte dich!* entziehen will, wer eher die qualitativ wertvollere, die »verfeinerte« Aufmerksamkeit schätzt, braucht eine Eigenschaft, die in unserer Gesellschaft verpönter ist als jede noch so obszöne Selbstdarstellung: Snobismus. Wir können gar nicht arrogant und anspruchsvoll genug sein, wollen wir dem Gebot *Vermarkte dich!* etwas entgegensetzen und unseren eigenen Weg entwickeln und gehen. Wenn wir beschließen, dass wir das Trommeln anderen überlassen, wenn wir ein Aufmerksamkeitssnob werden wollen, dann sollten wir uns damit beschäftigen, was einen Snob vom lauten Selbstdarsteller unterscheidet:

- Einem Snob ist nur jene Aufmerksamkeit wertvoll, die von Menschen kommt, denen er selbst gern Beachtung schenkt und die er bewundert.

- Ein Aufmerksamkeitssnob verzichtet auf Beifall von der falschen Seite.
- Ein Aufmerksamkeitssnob gönnt sich den Luxus der Selektivität. Er verschleudert seine Aufmerksamkeit nicht wahllos. So wenig, wie wir Everybody's Darling sein sollten, so wenig können wir es uns leisten, allen Menschen Beachtung zu schenken, die um unsere Zuwendung werben. Der verstorbene Zeichner Chlodwig Poth bringt in einem Cartoon die Situation, in der wir uns heute oft befinden, auf den Punkt: Fragt die Gastgeberin höflich ihren Gast: »Darf ich Ihnen Herrn Dr. Köster vorstellen?« Der Gefragte antwortet kühl: »Nein, danke. Ich kenne schon genug Leute.«

Bleibt die Frage, wie es gelingen kann, die Menschen, an denen uns etwas liegt, auf uns aufmerksam zu machen. Auch wenn wir uns wünschen, nur um unserer selbst willen geliebt und geachtet zu werden – ohne ein gewisses Maß an Selbstdarstellung bekommen wir nicht, was wir wollen und brauchen. Aufmerksamkeit stellt sich eben nicht »wie von selbst« ein. Irgendeine Form von Selbstdarstellung spielt fast in jeder sozialen Situation eine Rolle. Gleichgültig, wie ablehnend wir den lauten Selbstdarstellern gegenüberstehen, auch wir versuchen immer, uns in einem guten Licht darzustellen – und wenden dabei alle möglichen selbstdarstellerischen Taktiken und Strategien an. Allerdings ist uns dies oftmals nicht bewusst. Sich als Selbstdarsteller besser kennenzulernen, könnte daher ein Weg sein, um sich zwischen all den lauten PR-Managern in eigener Sache selbstsicherer und zielgerichteter zu bewegen.

Nichts spricht dagegen,

- Eigenwerbung zu betreiben, die eigenen Fähigkeiten, Erfolge, Handlungen als positiv darzustellen: »Das ist mir wirklich gut gelungen!« »Da habe ich eine gute Hand bewiesen.« Den Leiseren unter uns, vor allem den Frauen, fällt diese Taktik schwer. Gerade sie sollten sich darin üben. Sonst überlassen sie oftmals den weniger Kompetenten das Feld.

- Nichts spricht dagegen, Kompetenz und Expertentum zu signalisieren. Die Hoffnung, dass andere von allein merken, was man leistet und was man kann, stellt sich meist als Irrtum heraus. Es ist wichtig, hin und wieder auf die eigenen Qualitäten hinzuweisen und die Aufmerksamkeit anderer auf die eigene Kompetenz zu lenken.
- Nichts spricht dagegen, die eigene Vertrauens- und Glaubwürdigkeit zu betonen. Wenn es gelingt, dass andere uns als glaubwürdig und vertrauenswürdig einschätzen, verschafft uns dieses Image langfristig einen enormen Vorteil.
- Nichts spricht dagegen, andere hinter die Kulissen der eigenen Person blicken zu lassen. Offene Menschen sind bei anderen beliebter, und sie verpflichten durch ihr Verhalten die anderen ebenfalls zu mehr Offenheit. Wichtig ist dabei das richtige Maß: Wer übertreibt, verspielt oft schnell das Vertrauen und läuft Gefahr, an Attraktivität zu verlieren.

Für sich selbst zu werben hat so lange nichts Anrüchiges, solange wir dabei wir selbst bleiben. Unsere Selbstdarstellung sollte authentisch sein. Wir sollten nicht mehr scheinen wollen, als wir sind. Das Bild, das wir von uns selbst vermitteln, darf nicht allzu weit von der Realität entfernt sein. Wir sollten uns unseren Fähigkeiten und Eigenschaften gemäß verhalten und anderen kein X für ein U vormachen wollen.

Sympathisch sind die Leisen

Menschen mit einem ausgeprägten, starken Selbstwertgefühl sind oft davon überzeugt, die Sympathien der anderen auf ihrer Seite zu haben. Doch da irren sie sich: Ihre Mitmenschen fühlen sich von ihrem überzogenen »Ich bin ich« oft abgestoßen und bringen den selbstbewussten Selbstdarstellern alles andere als Sympathie entgegen. Dieses Ergebnis der sozialpsychologischen Forschung ist tröstlich. Zeigt es doch, dass hemmungslose Selbstvermarkter nicht wirklich erfolgreich und schon gar nicht beliebt sind.

Und noch etwas sollten wir wissen, wenn wir glauben, das Gebot *Vermarkte dich!* befolgen zu müssen: Schüchterne und zurückhaltende Menschen haben positive Seiten und werden von anderen durchaus als angenehm wahrgenommen. Sie gelten als gute Zuhörer, sie sind aufmerksam und können sich gut in andere einfühlen. Gewinnt man sie zum Freund, sind sie äußerst loyal und treu. Die Ehepartner von Schüchternen betonen die positiven Auswirkungen dieser Charaktereigenschaft. Während schüchterne Menschen von Fremden meist als zurückgezogen und ungeschickt wahrgenommen werden, bezeichnen Ehepartner sie als bescheiden, einfühlsam, diskret und sanftmütig. Die Ehen von Schüchternen gelten als solider, befriedigender und dauerhafter als andere.

Menschen, die sich sozial zurückhalten, wirken auf Fremde zunächst uninteressant und, wie eine amerikanische Studie zeigt, als weniger intelligent. Diese Einschätzung ändert sich jedoch, sobald man sie näher kennenlernt. In einer Studie wurden 190 Versuchspersonen in Gruppen eingeteilt, die sich über einen Zeitraum von sieben Wochen einmal wöchentlich trafen. Nach dem zweiten Treffen wurden schüchterne Gruppenmitglieder in allen Gruppen als wenig intelligent eingeschätzt. Sie beteiligten sich nicht an den Gruppengesprächen und schienen unmotiviert. Nach dem siebten Treffen allerdings hatte sich die Stimmung zugunsten der Schüchternen gewandelt: Jetzt wurden sie als intelligenter und sympathischer eingestuft als nicht schüchterne Gruppenmitglieder.

Das Gebot *Vermarkte dich!* macht alle, die es befolgen, unglücklich. Diejenigen, die es gut befolgen können und keine Schwierigkeiten haben, auf sich aufmerksam zu machen, bekommen zwar kurzfristig, was sie sich wünschen: Aufmerksamkeit. Langfristig aber werden sie die Beachtung und Achtung, die sie so dringend brauchen, verlieren. Denn ihre

Mitmenschen kommen ihnen irgendwann auf die Schliche. Sie merken, dass die lauten Trommler auch nur mit Wasser kochen und nicht unbedingt zu den sympathischen Menschen im Lande gehören. Genervt von dem »Lärm«, den Selbstvermarkter anrichten, ziehen sie sich dann zurück. Wer das Gebot *Vermarkte dich!* allzu ernst nimmt, wird immer wieder feststellen, dass er eigentlich allein da steht. Die Mehrheit der Stillen und Schüchternen kann daraus die Gewissheit ziehen, dass sie nichts versäumen, wenn sie sich gelassen zurücklehnen und es sich in der zweiten oder dritten Reihe bequem machen.

FAZIT
Warum wir das Gebot **Vermarkte dich!** nicht befolgen sollten

Sie finden Menschen, die bei jeder sich bietenden Gelegenheit lautstark auf sich aufmerksam machen, nervend? Sie verzichten lieber auf ein Eigenlob, als in Gefahr zu geraten, als selbstbezogen und publicitysüchtig zu gelten? Dann gehören Sie höchstwahrscheinlich zu den Stillen, den Schüchternen, den Zurückhaltenden im Land. Dann gehören Sie zur Mehrheit! Denn die meisten Menschen haben Schwierigkeiten, das Gebot *Vermarkte dich!* zu befolgen. Und das ist gut so! Unvorstellbar, wie groß das Getöse wäre, wie heftig das Gedrängel in der ersten Reihe, wenn wir alle »begnadete« Selbstdarsteller wären. Die Tatsache, dass so viele Menschen es unangenehm finden, für sich selbst die Werbetrommel zu rühren, ist beruhigend. Wenn wir uns klarmachen, dass das Gebot *Vermarkte dich!* die meisten Menschen überfordert, können wir unsere Zurückhaltung und Scheu besser akzeptieren und gelassen den lauten Egomanen das Feld überlassen. Sorgen wir dann noch auf unsere eigene Weise und mit Geduld dafür, dass andere Menschen merken, was wir zu bieten haben, können wir das Gebot *Vermarkte dich!* ruhig ad acta legen.

Neuntes Gebot
Mach nicht schlapp!

Toll! Da ist diese berufstätige Mutter mit zwei kleinen Kindern, die ihre Gäste mit selbstgebackenem Kuchen und eingemachter Marmelade verwöhnt.

Toll! Da ist der Nachbar, der jeden Morgen vor seinem anstrengenden Job mindestens fünf Kilometer läuft.

Toll! Da ist diese junge Frau, die tagsüber acht Stunden als Sachbearbeiterin arbeitet und am Abend die Schulbank drückt, um das Abitur nachzumachen.

Toll! Da ist die Ärztin, die ihren Urlaub regelmäßig mit der Organisation »Ärzte ohne Grenzen« in Entwicklungsländern verbringt.

Toll! Wir sind voller Bewunderung. Mag sein, dass wir den ein oder anderen für einen Workaholic halten, aber in der Regel beeindruckt es uns, wenn andere Menschen mehr tun, als sie tun müssten. Eher geringschätzig denken wir dagegen über Zeitgenossen, die es langsam angehen lassen, die in den Tag hineinleben, die den Herrgott einen guten Mann sein lassen, die keinen Ehrgeiz haben, die nichts Großes leisten wollen, die zufrieden sind mit dem, was sie haben. Diese Menschen erregen Argwohn und Unverständnis, denn sie widersetzen sich dem Leistungsprinzip unserer Gesellschaft und damit einem weiteren wichtigen Gebot, das da lautet *Mach nicht schlapp!*. Wer gegen dieses Gebot verstößt, der hat unseren Respekt nicht verdient. Anerkennung ist nur jenen sicher, die sich anstrengen, die nicht müde werden, die Tatkraft, Initiative und Dynamik zeigen.

Weil wir nur zu gut wissen, wie Menschen, die sich scheinbar nicht anstrengen, in unserer Gesellschaft bewertet werden, bemühen wir uns, dynamisch zu sein und auf keinen Fall irgendwelche Spuren von Erschöpfung zu zeigen. Spüren wir

Lustlosigkeit oder Müdigkeit, ignorieren wir sie. Denn wenn wir uns selbst und anderen eingestehen, dass unsere Kräfte nicht mehr reichen, dass wir keine Energie mehr haben und unsere Aufgaben nicht mehr erfüllen können oder wollen, verstoßen wir gegen das Gesetz *Mach nicht schlapp!*. Das aber wollen wir nicht. Würden wir unserer Erschöpfung oder unserer Lustlosigkeit nachgeben, würden wir freiwillig ausscheiden aus dem Wettbewerb um Erfolg und Anerkennung. Dann würden wir nicht mehr dazugehören. Um das zu vermeiden, bemühen wir uns, wenigstens so zu tun, als seien wir allzeit bereit, immer hellwach, fit und aktiv. Warnzeichen ignorieren wir. Wenn wir schlecht schlafen, schieben wir das auf den Vollmond. Wenn wir ständig Kopfschmerzen haben, ist das Wetter daran schuld. Für unsere Rückenschmerzen machen wir die schlechte Matratze verantwortlich und für den zu hohen Alkoholkonsum unsere Willensschwäche. Wenn uns der leiseste Verdacht beschleicht, dass wir unser Arbeitspensum nicht mehr schaffen könnten, drehen wir umso mehr auf. Statt uns eine Auszeit zu gönnen, reduzieren wir lieber unsere Kontakte zu Freunden und Familienangehörigen auf ein Minimum, weil wir dafür »nun wirklich« keine Zeit haben. Wären wir ehrlich zu uns, müssten wir erkennen, dass wir zunehmend gereizt und ungeduldig sind. Und dass da eine tiefe, tiefe Erschöpfung in uns ist, die auch nach einem langen, ruhigen Wochenende nicht verschwindet. Diese Erschöpfung ist alles andere als normale Müdigkeit, doch gerade das wollen wir nicht wahrhaben.

Die täglichen kleinen Nadelstiche

Wenn wir nach einer großen Bergtour oder nach einer schweren körperlichen Arbeit endlich zur Ruhe kommen, wenn wir ein Projekt beendet oder den Haushalt erledigt haben, freuen wir uns darauf, die Füße hochzulegen, die Augen zu schließen und zu entspannen. Die Müdigkeit, die wir empfinden, ist angenehm. Es ist eine »rechtschaffene« Müdigkeit, wir wissen, wir haben etwas geleistet, wir haben uns die Müdigkeit verdient – und die Erholungspause. Diese Müdigkeit ist kein Grund zur Sorge. Diese Müdigkeit können wir genießen.

Doch mit dieser Müdigkeit hat die Erschöpfung, die wir manchmal empfinden, wenig zu tun. Diese Erschöpfung liegt wie eine Bleiplatte auf uns. Sie äußert sich in einer seelischen und körperlichen Trägheit, die uns schon am Morgen auf das Zubettgehen am Abend hoffen lässt. Diese Müdigkeit ist unerfreulich und belastend. Ihr wichtigstes Merkmal: Wir wissen oft nicht, was uns so erschöpft. Wir fühlen uns müde, matt, marode und können keinen plausiblen Grund für diesen Zustand nennen. Diese Müdigkeit hat scheinbar keine Ursache, wir haben sie uns nicht »erarbeitet« und werden sie auch mit einer noch so langen Pause oft nicht los. Wenn wir uns am Morgen im Spiegel betrachten, begegnet uns kein wacher, interessierter, klarer Blick, sondern ein müdes Gesicht. Die Nacht, die hinter uns liegt, hat uns offensichtlich wenig Erholung gebracht. Voller Tatendrang und Energie sind wir nur noch selten. Wir sind müde schon allein beim Gedanken an die Arbeit und die Pflichten des Tages, wir haben den Eindruck, uns im Kreis zu drehen, leiden unter schmerzhaften Verspannungen, und Erkältungen kommen und gehen.

Was macht uns so müde? Wenn wir nach den Ursachen forschen, konzentrieren wir uns meist auf die großen Belastungen des Lebens. Wenn wir dann nichts finden, kein schwieriges Ereignis, keine besondere Arbeitsanforderung, keinen Schicksalsschlag, glauben wir, eigentlich gar nicht müde sein zu dürfen. Und sagen uns: »Mach bloß nicht schlapp! Du hast keinen Grund dazu!« Was wir dabei allerdings übersehen: Nicht nur die schwierigen Lebensereignisse stressen uns. Auch die ganz normalen Anforderungen des Alltags können tiefe Spuren hinterlassen.

Lange Zeit hatte man angenommen, dass »kritische Lebensereignisse« – wie der Tod eines Angehörigen, Scheidung, Umzug, berufliche Veränderungen – besonders gefährliche Stressoren seien. Heute wissen Stressforscher, dass die Gefahr nicht von den großen Ereignissen in unserem Leben ausgeht. Ein singuläres, noch so heftiges Ereignis raubt uns in der Regel nicht langfristig unsere Kraft. Viel gefährlicher sind die täglichen kleinen Ärgernisse, die uns fast unmerklich, dafür permanent quälen.

Die Summe dieser Nadelstiche kann am Ende eines ganz normalen Tages enorm sein: Am Morgen haben wir die Kaffeemaschine eingeschaltet und dabei übersehen, dass die Kanne nicht unter dem Filter stand. Weil wir das Malheur beseitigen mussten, kamen wir zu spät zur Arbeit und handelten uns eine blöde Bemerkung vom Chef ein. Im E-Mail-Postkasten waren wie üblich viel zu viele Beschwerden und nervende Anfragen von Kunden, eine langweilige Konferenz hielt uns davon ab, sie zeitnah zu beantworten, Mittags hetzten wir zum Supermarkt, standen natürlich an der falschen Kasse an und mussten am Abend feststellen, dass wir wesentliche Nahrungsmittel für das geplante Abendessen vergessen haben. Dazwischen vergeudeten wir wertvolle Zeit im Stau, mussten uns mit einer nervenden Kollegin auseinandersetzen, bekamen keinen Friseurtermin und konnten die Kinder nicht zum Hausaufgabenmachen bewegen. – Wenn dann am Abend der Partner nach Hause kommt und freundlich fragt: »Wann gibt es das Abendessen?«, empfinden wir das als Kritik und explodieren.

Diese Auflistung macht deutlich: Wir sind von Stressquellen umzingelt. Jeden Tag. Ohne Pause. Wir bemerken die kleinen Stressnadelstiche in der Regel gar nicht; so sehr haben wir uns an sie gewöhnt. Was wir aber mit der Zeit immer deutlicher spüren, sind Müdigkeit, Lustlosigkeit und Gleichgültigkeit. Über einen gewissen Zeitraum hinweg können wir uns weismachen, dass es sich um eine vorübergehende Formschwäche handelt und dass wir nur mal so richtig ausschlafen müssten, um wieder zu Kräften zu kommen. Irgendwann aber müssen wir einsehen, dass es mehr als das ist. Die Müdigkeit sitzt uns tief in den Knochen, sie ist längst chronisch geworden. Die Unfähigkeit, sich zu regenerieren, Entspannung bei eigentlich entspannenden Tätigkeiten zu finden, ist ein wesentliches Merkmal der »großen Müdigkeit«.

Das Schlimmste an dieser Müdigkeit ist: Wir glauben, sie uns nicht anmerken lassen zu dürfen. Wir ermahnen uns selbst: »Reiß dich zusammen!«, denn diese Müdigkeit verstößt gegen das Gebot *Mach nicht schlapp!*. Deshalb halten wir nach außen hin die Fassade aufrecht und beruhigen uns selbst: Wir schaffen doch noch alles, wir sind doch noch fit und dynamisch. Wir dürfen uns nicht eingestehen, dass unsere Batterien längst leer sind, denn schließlich gibt es da dieses ungeschriebene Gebot, das uns vorschreibt, immer unseren Mann, unsere Frau zu stehen.

Erschöpfung ist keine Lappalie

Erschöpfung und Müdigkeit sind Warnsignale unseres Körpers und unserer Seele. Sie wollen uns beibringen, dass wir so, wie wir leben, Raubbau betreiben an unseren körperlichen und geistigen Kräften, dass wir zu viel Energie verlieren und zu wenig Energie nachtanken. Insofern ist die Müdigkeit, die wir verspüren, eine Schutzreaktion. Sie will, dass wir innehalten und uns neu sortieren. Doch genau das tun wir nicht. Das Gebot *Mach nicht schlapp!* treibt uns voran. Wir ignorieren die Warnzeichen, schieben den Gedanken »Ich kann nicht mehr« weit von uns – und machen weiter wie gehabt. Dafür zahlen wir langfristig einen hohen Preis.

Einen hohen Preis hat auch Miriam Meckel bezahlt. Diese erfolgreiche Frau, Professorin für Kommunikationswissenschaften, ehemalige Regierungssprecherin von Nordrhein-Westfalen und Staatssekretärin für Europa, machte »schlapp«. Diagnose: Burnout. Sie mag diese Diagnose nicht, wie sie in ihrem Buch *Brief an mein Leben* schreibt. Irgendwo hat sie gelesen, dass dies eine Diagnose für »ehemalige Gewinner« ist. Eine ehemalige Gewinnerin, das will sie nicht sein. Die Umschreibung ihres Arztes aber muss sie akzeptieren: »schwerer Erschöpfungszustand«.

Erschöpfung ist kein harmloses Phänomen. Ganz im Gegenteil. Erschöpfung macht uns nervös und ängstlich, wir können Essstörungen entwickeln oder in ein depressives Loch fallen. Und unter Umständen kann Erschöpfung sogar töten. Denn auf Dauer schwächt sie unser Immunsystem. Das kann zu Entzündungsprozessen im Körper führen, zum Beispiel zu Entzündungen der Herzkranzgefäße, oder zu chronischen Schmerzzuständen. Auch das Risiko eines Herzinfarktes erhöht sich. Und: Zu viel und anhaltender Stress bringt uns aus dem seelischen und körperlichen Gleichgewicht. Depressionen und Angststörungen können am Ende eines langen Prozesses stehen, in dessen Verlauf wir konsequent die Warnzeichen ignorieren.

Unser Leben ist voller Stress und voller Hürden, die Tag für Tag genommen werden wollen. Die Zeiten, in denen wir einfach so vor uns hin leben können, sind rar, wenn es sie überhaupt noch gibt. Das Leben ist stressvoller und schwieriger geworden, nicht nur im Beruf, sondern auch in der Freizeit. Wir kommen heute kaum noch zur Ruhe. Und wir gönnen uns keine Ruhe. Zu viel ist zu tun, zu erledigen, zu besorgen, zu bedenken. Warnzeichen übersehen wir daher geflissentlich. Wie Miriam Meckel: »Ich habe viele Anzeichen, die dem Zusammenbruch vorausgegangen waren, nicht erkannt. Ich habe mich in vielen Situationen, in denen ich mich erkennbar nicht mehr stark fühlte, dennoch überschätzt und das Letztmögliche aus mir herausgepresst. Und ich habe einfach nicht glauben können, dass ich nicht immer so weiter machen kann.«

So ergeht es vielen von uns. Wenn wir »schwächeln«, wollen wir das nicht wahrhaben, sondern versuchen mit allen Mitteln, die angebliche Schwäche zu vertreiben. Wir wollen nicht wahrhaben, dass unsere Dynamik nachlässt, dass wir uns müde und ausgelaugt fühlen, dass wir keine Ideen mehr haben und oftmals auch gar kein Interesse mehr an neuen Ideen. Deshalb machen wir weiter. Wir machen weiter, weil wir wissen: Wir dürfen nicht müde sein, wir dürfen nicht schlappmachen. Schließlich müssen wir unsere Aufgaben erledigen. Wir müssen die Kinder versorgen, das Haus in Ordnung halten, genügend Geld für die Kreditraten verdienen oder für den geplanten Urlaub. Wir müssen am Arbeitsplatz stabil und belastbar wirken, denn sonst sind wir schnell weg vom Fenster. Schließlich weiß man nie, wo die nächsten Umorganisationen stattfinden, wer als Nächster auf der Einsparungsliste steht. Die Verunsicherung ist groß. Also strengen wir uns an und beweisen uns durch immer neue Kraftakte, dass wir noch Reserven haben. Dabei sind wir sehr darauf bedacht, dass andere nicht hinter unsere Fassade der Munterkeit und Tüchtigkeit blicken können. Wir erschrecken, wenn jemand zu uns sagt: »Du siehst müde aus.« Wir wiegeln ab, wenn jemand meint, wir sollten uns mal eine Auszeit gönnen. Wir zwingen uns ein Lächeln ab, auch wenn uns gar nicht danach zumute ist. Niemand soll wissen, wie es um uns steht. Was könnten denn die anderen von uns denken! Dass wir schlappmachen? Das darf auf keinen Fall passieren.

Wir unternehmen alles Mögliche, um unsere Müdigkeit nicht sichtbar werden zu lassen. Kaffee, Nikotin, Energy-Drinks (es ist kein Zufall, dass pro Jahr vier Milliarden Dosen jenes Getränks verkauft werden, das angeblich Flügel verleiht) oder Süßigkeiten sind längst zu unseren Alltagsdrogen geworden. Wir treiben Sport, nicht, weil es uns Spaß macht, sondern um körperlich einigermaßen fit zu bleiben; wir lernen Entspannungsmethoden, besuchen Yoga-Kurse, lernen Tai-Chi oder Meditation, nicht immer aus innerer

Überzeugung, sondern häufig, um möglichst schnell Stress abbauen zu können; wir ernähren uns auf eine bestimmte Weise, um nicht zu schnell zu ermüden; wir bewegen uns, um die Trägheit zu überwinden; wir trinken am Abend keinen Tropfen Alkohol, um am nächsten Tag bei der Konferenz möglichst wach zu sein. Vieles, was wir tun, tun wir, um etwas zu erreichen. Nichts ist reiner Selbstzweck, alles muss unserer Regeneration dienen, wird zu einer »Um zu«-Angelegenheit. Wir tun es nicht für uns. Wir tun es nicht, weil wir Freude daran haben, weil wir uns selbst Gutes tun wollen, weil wir für uns selbst gut sorgen wollen. Sondern wir tun es, um dem Gebot *Mach nicht schlapp!* Genüge zu leisten.

Doping gegen die Müdigkeit

Zunehmend aber stellen wir fest, dass diese Mittel und Maßnahmen nicht mehr ausreichen, um die Müdigkeit zu vertreiben. Im Gegenteil: Alles, was wir gegen die Erschöpfung unternehmen, erschöpft uns im Grunde noch mehr. Es kostet Zeit, die wir gar nicht haben; es gibt uns vielleicht kurzfristig Energie, um sie uns dann gleich danach erst recht zu rauben. Wie viele Menschen hetzen nach der Arbeit zum Yoga-Kurs oder lassen sich die entspannenden Bewegungen des Tai-Chi beibringen – nur um danach eilig ins Auto zu springen und sich zu Hause vor den Computer zu setzen oder schnell ein Abendessen für die Familie zu zaubern? Wie viele zwingen sich, dreimal pro Woche zu joggen, und ignorieren, dass sie dazu eigentlich viel zu müde oder ihre Gelenke zu schwach sind? Der Lohn für all die Mühe ist eine nur sehr kurzfristige Entlastung; eine tief greifende Stressreduktion oder gar eine lang anhaltende Wachheit sind damit nicht verbunden.

Wenn uns das klarwird, lassen wir deshalb noch lange nicht locker. Wir halten nicht inne, wir treten nicht auf die

Bremse, nein, wir geben erst recht Vollgas, indem wir zu härteren Mitteln greifen. Doping ist längst nicht mehr nur Sportlern vorbehalten. Doping findet ganz legal im Alltag statt. Statt einzusehen, dass weniger mehr wäre, erhöhen viele Menschen trotz ihrer Müdigkeit und Erschöpfung, trotz des chronischen Zeitmangels und des Drucks von allen Seiten den Druck auf sich selbst: Sie führen sich Substanzen zu, die sie leistungsfähiger und wacher machen sollen. Unter dem Stichwort »Neuroenhancement« (vom engl. *enhance* = aufwerten, mehren) werden all jene Methoden zusammengefasst, die uns bei der Selbstoptimierung angeblich ganz schnell und unkompliziert helfen können. Gemeint sind damit sogenannte *smart drugs*, die unser Gehirn auf Trab und unsere Stimmung zum Positiven wenden können. Dabei handelt es sich um Medikamente, die eigentlich für Krankheiten entwickelt wurden – zum Beispiel zur Behandlung der Schlafkrankheit Narkolepsie oder des Aufmerksamkeitsdefizitsyndroms (ADHS) –, aber zunehmend von gesunden Menschen für ganz andere Zwecke geschluckt werden. Wer glaubt, mit dem Tempo dieser Zeit nicht mehr mithalten zu können, wer nicht erfolgreich genug ist, wer seine Müdigkeit nicht loswird, wer nicht weiß, wie er seine vielen Aufgaben in den 24 Stunden eines Tages unterbringen soll, der lässt sich von den Verheißungen der Pharmaindustrie gern verführen. In allen Altersgruppen fühlen sich die Menschen der Anforderung *Mach nicht schlapp!* nicht gewachsen und sind dann versucht, zu den angeblichen Wundermitteln zu greifen, um ihre Marktchancen zu wahren. Einige wenige Beispiele zeigen, wie selbstverständlich heute Medikamente geschluckt werden, um noch mehr aus sich herauszuholen:

- Eltern geben ihren Kinder Ritalin, wenn diese unruhig und nicht aufmerksam genug sind, um in der Schule mithalten zu können. Das Medikament soll ihre Leistungen verbessern und dafür sorgen, dass die Hausaufgaben leichter von der Hand gehen. Aber nicht nur

Kinder, auch Erwachsene konsumieren dieses Medikament, um die Müdigkeit zu vertreiben. Was den Umsatz von Ritalin in vielen Ländern auffällig steigen ließ.

- In einer Umfrage unter 1035 Schülern und 512 Studenten hat der Mainzer Psychiater Klaus Lieb festgestellt, dass etwa vier Prozent der Befragten mindestens schon einmal mit Medikamenten ihre Konzentration, Aufmerksamkeit und Wachheit erhöhen wollten. Und mehr als 80 Prozent meinten, wenn es eine Pille ohne Nebenwirkungen gäbe, würden sie diese einnehmen wollen.
- Viele Schichtarbeiter dopen sich mit einem Medikament, das ihren natürlichen Schlaf-Wach-Rhythmus austrickst. So können sie länger aktiv bleiben.
- Alte Menschen lassen sich von der Werbung für Ginkgopräparate einreden, dass ein Nachlassen der geistigen Leistungsfähigkeit nicht normal ist, sondern aufgehalten werden muss.
- Im Jahr 2002 erschien in der Zeitschrift NEUROLOGY ein Bericht über eine Untersuchung an Piloten, die um die 50 Jahre alt waren. Ein Teil von ihnen erhielt ein Medikament, das normalerweise zur Linderung von Demenzsymptomen eingesetzt wird. Piloten, die dieses Medikament schluckten, schnitten im Flugsimulator deutlich besser ab als gleichaltrige Kollegen, die ihre Tests ohne pharmakologische Hilfe absolvieren mussten. Schwierige Aufgaben, so schlussfolgerten die Wissenschaftler, können von Piloten in der Lebensmitte deutlich besser bewältigt werden, wenn sie ihre kognitiven Fähigkeiten künstlich aufbessern. Die unterschwellige Botschaft: Auch ältere Menschen können perfekte Leistung bringen, wenn sie ihren ganz normalen Alterungsprozess mithilfe von Neuroenhancern stoppen.
- Wer das nicht tut, ist selbst schuld, wenn er nicht mehr mithalten kann.
- Zahllose Frauen im mittleren Lebensalter nehmen Hormone, um leistungsfähig zu bleiben und sich nicht durch Wechseljahrssymptome ausbremsen zu lassen.

Weil der Konkurrenzdruck so stark ist, greifen immer mehr Menschen zu Aufputsch- oder Beruhigungsmitteln, zu angstdämpfenden oder stimmungsaufhellenden Medikamenten – sie sollen helfen, die angestrebte Selbstoptimierung erfolgreich zu bewältigen. Wer auf unterstützende Mittel verzichtet, geht ein hohes Risiko ein. Er selbst und niemand anderer trägt die Verantwortung dafür, wenn seine Kräfte nachlassen und wenn das irgendwann auch anderen Menschen auffällt. Erschöpfung muss nicht sein, Erschöpfung ist ein vermeidbarer Zustand, suggeriert uns das Gebot *Mach nicht schlapp!*. Sind wir erschöpft, dann zeigt das nur, dass wir uns nicht zu helfen wussten.

Schlappmachen gilt nicht! Wenn unsere kognitiven und psychischen Kapazitäten nachlassen, dann gibt es Mittel, um sie wieder auf Trab zu bringen. Negative, sprich: in unserer Zeit unerwünschte Gefühle oder auch ganz normale stressbedingte Symptome dürfen nicht sein. Wenn sie auftreten, dann müssen sie in den Griff bekommen, verändert, wegtherapiert werden.

Bewusst schlappmachen!

Wie können wir uns dem Gebot *Mach nicht schlapp!* widersetzen? Wie können wir vermeiden, dass wir nur noch müde, ausgelaugt und deshalb interessenlos und gleichgültig durchs Leben gehen? Wie können wir uns schützen? Wie kann es gelingen, inmitten der stressreichen Turbulenzen nicht unterzugehen? Die Antwort darauf ist einfach: Indem wir es uns erlauben, ganz bewusst gegen das Gebot *Mach nicht schlapp!* zu verstoßen und rechtzeitig »schlappzumachen«. Oder anders ausgedrückt: Indem wir regelmäßig auf den »Aus-Knopf« drücken und uns in der Kunst des Abschaltens üben. Wie das geht?

Wichtig ist zu erkennen, dass unser Stress kein individuelles Problem ist, sondern dass alle Menschen mehr oder weniger davon betroffen sind. Unsere Stressquellen lassen sich also nicht einfach eliminieren; aber wir können den Umgang mit ihnen zu unseren Gunsten verbessern. Das gelingt, indem wir lernen, uns inmitten des stressigen Lebens Erholungsinseln zu schaffen. Innehalten, Entspannung, Muße, Nichtstun – das sind Stichworte, die vermitteln, wie wir immer wieder Distanz zu Stresssituationen bekommen können. Wann immer wir spüren, dass unser inneres Gleichgewicht gefährdet ist, sollten wir die Stressbremse ziehen. Wenn wir viel leisten und ununterbrochen aktiv sind, ignorieren wir, dass die menschliche Energie nicht unerschöpflich ist, sondern wie eine Batterie wieder aufgeladen werden muss. Das heißt: Wir müssen das Gebot *Mach nicht schlapp!* ignorieren und regelmäßig für Pausen sorgen.

Inzwischen weiß man, dass viele wichtige körperliche Vorgänge wie beispielsweise Herzfrequenz, Hormonlevel, Muskelspannung und Hirnaktivität bestimmten Wellenbewegungen folgen, deren Perioden etwa 90 bis 120 Minuten dauern. Diese »ultradianen Rhythmen« beeinflussen, wie fit wir uns fühlen oder wie müde. Am Ende einer energiegeladenen Welle steht ein Energietief. Würden wir auf unseren Körper hören, würden wir das merken. Wir verspüren Hunger, gähnen, sind unaufmerksamer. Ignorieren wir diese Zeichen oder überlisten wir sie mit Kaffee, Süßigkeiten oder anderen Dopingmitteln, bringen wir unseren Körper aus dem Rhythmus – und versäumen es, die Batterien richtig aufzuladen, damit die nächste Energiewelle starten kann. Wir sollten also unsere normalen Rhythmen respektieren. Nach spätestens 90 Minuten, die wir mit einer Tätigkeit verbringen, sollten wir eine Pause machen und ganz bewusst etwas anderes tun.

Wenn wir gesessen sind, stehen wir auf und bewegen uns. Wenn wir uns viel bewegt haben, setzen oder legen wir uns still hin. Wenn wir geredet haben, schweigen wir. Wenn wir ganz still vor uns hin gearbeitet haben, hören wir Musik. Wenn wir atemlos geschuftet haben, atmen wir fünf bis zehn Minuten bewusst und tief durch. Wenn wir den ganzen Tag nicht an die Luft gekommen sind, drehen wir wenigstens vor dem Schlafengehen noch eine Runde um den Block. Wenn wir lange Arbeitstage haben, halten wir zwischendurch ein Nickerchen. Zwanzig Minuten am Nachmittag bringen nachweislich mehr Energie als morgens eine halbe Stunde länger im Bett zu bleiben.

Wenn wir immer wieder kurze Inseln der Erholung in unserem Alltag aufsuchen, haben die Energieräuber wenig Chancen. Denn dann gelingt uns eine wichtige Umschaltung: Wir beantworten die Stressreaktion unseres Körpers mit einer Entspannungsreaktion, das heißt, wir steigen wenigstens für kurze Zeit aus dem Hamsterrad des Alltags aus und gönnen uns eine Auszeit.

Wie gelingt die Entspannungsreaktion? Zu unserem evolutionären Erbe gehört es nicht nur, auf Belastungen mit einem Stressprogramm zu reagieren (der Blutdruck steigt, die Muskelspannung nimmt zu, ebenso die Herzschlagrate, der Stoffwechsel wird angeregt), nein, wir besitzen auch die Fähigkeit zu einer völlig entgegengesetzten Reaktion: eben der Entspannungsreaktion. Mit ihrer Hilfe ist es möglich, dem Stress seinen gefährlichen Einfluss zu nehmen. Zwischen der Stress- und der Entspannungsreaktion gibt es allerdings einen wesentlichen Unterschied: Die Stressreaktion läuft völlig automatisch ab, die Entspannungsreaktion dagegen muss bewusst ausgelöst werden. Unser Körper ist nicht weise genug, dieses Anti-Stress-Programm aufzurufen, er braucht bestimmte Signale, um entsprechend reagieren zu können. Und diese Signale müssen wir ihm geben, indem wir den Körper mithilfe der Psyche beruhigen. Zum Beispiel, indem wir uns die Zeit nehmen für eine Atemmeditation. Es gibt Übungen, die Sie ganz einfach in Ihren Alltag integrieren können, wie beispielsweise diese:

- Suchen Sie sich einen gedanklichen »Anker« (ein bestimmtes Wort, eine Zahl).
- Sitzen Sie ruhig in einer möglichst bequemen Position.
- Schließen Sie die Augen. Entspannen Sie die Muskeln.
- Atmen Sie langsam in den Bauch ein und aus. (Legen Sie eine Hand auf den Bauch direkt unter den Nabel. Wenn Sie einatmen, muss sich die Hand heben; wenn Sie ausatmen, senkt sie sich.)
- Werden Sie völlig passiv. Denken Sie über nichts nach. Wenn Gedanken kommen, lassen Sie sich gleich weiterziehen und konzentrieren Sie sich auf Ihr Ankerwort.

Es wäre ideal, wenn Sie zweimal täglich für zehn Minuten diese Übung durchführen könnten. Wenn Sie mal zu wenig Zeit haben, können Sie es sich angewöhnen, durch Mini-Übungen Ihren Alltag zu unterbrechen. Beispielsweise können Sie es sich angewöhnen, immer drei Bauchatmungen zu machen, wenn das Telefon klingelt, wenn Sie im Stau stecken oder ehe Sie nach einem Arbeitstag zu Hause die Tür aufschließen.

Wenn wir solche kleinen Entspannungsreaktionen in den Tag einbauen, erlauben wir es uns, ganz bewusst »schlappzumachen« und reagieren nicht erst dann, wenn uns die Erschöpfung in die Knie zwingt.

Und noch ein Hinweis, wie wir das Gebot *Mach nicht schlapp!* aushebeln können: Bei allem was wir tun, sollten wir den Mut zur Lücke haben. Wir können nicht alles schaffen, was wir uns vornehmen. Die Welt geht nicht unter, wenn wir mal nicht sofort reagieren, wenn wir mal nicht erreichbar sind oder wenn wir immer öfter sagen: »Tut mir leid, aber das habe ich nicht geschafft. Das mache ich morgen.« Wie wäre es, wenn wir uns ein abgewandeltes Sprichwort zum Mantra unseres Alltags wählten? Morgen, morgen, nur nicht heute, sagen alle *klugen* Leute!

FAZIT
Warum wir das Gebot **Mach nicht schlapp!** nicht befolgen sollten

Bloß nicht schlappmachen! Dieser Gedanke ist vielleicht angebracht, wenn wir beim Marathon das Ziel vor Augen haben oder uns kurz vor dem Berggipfel die Kräfte verlassen wollen. Im Alltag aber hat dieser Gedanke nichts zu suchen. Und doch gibt er den Takt vor, in dem wir unsere Aufgaben wahrnehmen und abspulen. Das Gebot *Mach nicht schlapp!* zwingt uns, unsere Müdigkeit zu überspielen oder mit Dopingmitteln (Kaffee, Süßigkeiten, Medikamenten) wegzutherapieren. Dass uns das auf Dauer noch mehr erschöpft und krank machen kann, ignorieren wir, solange es geht. Fallen wir dann durch das Raster, leiden wir unter Burnout oder anderen Erkrankungen, schämen wir uns, denn schlappmachen gilt nicht. Diesem unbarmherzigen Gebot können wir uns nur entziehen, indem wir uns erlauben, rechtzeitig und regelmäßig schlappzumachen. Auszeiten, Pausen, Erholungsphasen müssen sein. Lassen wir immer öfter ganz gelassen so manches unerledigt, wagen wir es, zu unseren körperlichen und seelischen Grenzen zu stehen – uns zuliebe!

Zehntes Gebot
Bleib jung!

Im Jahr 1546 malte Lucas Cranach der Ältere ein Gemälde. Er gab ihm den Titel »Der Jungbrunnen«. Auf der linken Seite des Bildes sind kranke Greisinnen abgebildet, die teilweise mit Schubkarren, Leiterwägen oder Pferdegespannen zu einem Wasserbecken gefahren werden. Mühsam steigen sie ins Wasser. Doch sobald das Nass sie empfängt, beginnt eine wundersame Verwandlung. Das Alter und alle Beschwerden fallen von ihnen ab, sie tummeln sich munter im verjüngenden Nass – und steigen auf der rechten Seite des Bildes als junge, attraktive Frauen fröhlich aus dem Wasser. Wer durch den Jungbrunnen geschwommen ist, kann die Spuren, die das Alter hinterlassen hat, im wahrsten Sinn des Wortes »abwaschen«.

Der Wunsch, das Alter aufhalten zu können und möglichst lang jung zu bleiben, ist uralt. Insofern ist es nichts Neues, dass wir nach Mitteln suchen, jünger auszusehen. Anders als zu früheren Zeiten treibt uns nicht nur der verständliche Wunsch nach anhaltender Jugend an. Nein, heute verspüren wir es fast schon als Pflicht, das Älterwerden aufzuhalten. *Bleib jung!* heißt das Gebot, das wir wie kein anderes befolgen. Denn mit Jugend verbinden wir ein gutes, ein glückliches Leben. Wer jung aussieht und sich jung verhält, der ist attraktiv, begehrenswert, beliebt, erfolgreich, tatkräftig. Wer jung ist, der kann mithalten in dieser Gesellschaft, steht nicht am Rand, sondern mittendrin. Älterwerden dagegen bedeutet: unattraktiv zu werden, nicht mehr begehrenswert zu sein, keine Erfolge mehr zu haben, schwächer zu werden, nicht mehr mithalten zu können mit dem Tempo und den Anforderungen unserer Gesellschaft.

Älterwerden ist also ein Schreckgespenst, das wir glauben,

bekämpfen zu müssen. Und wir werden heute von allen Seiten in diesem Bestreben unterstützt. Die Pharmaindustrie, die Kosmetikbranche, die Altersforschung und allen voran die Anti-Aging-Bewegung zeigen uns vielversprechende Wege auf, wie wir diesen Kampf gewinnen können. Ihre Botschaft lautet, und wir hören sie nur zu gern: Älter werden wir später. Sehr viel später. Voraussetzung ist allerdings, dass wir das Richtige gegen das Alter und für die Jugendlichkeit tun. Und das rechtzeitig. Wenn wir jung alt werden wollen, dürfen wir uns nicht auf unsere guten Gene oder die statistische Lebenserwartung verlassen. Wir haben es zu einem großen Teil selbst in der Hand, wie unser Leben im Alter aussieht. Das behaupten jedenfalls die Experten, die sich mit dem Alter und seinen Begleiterscheinungen auskennen. Sie sind der Meinung, dass es niemals zu früh ist, sich mit dem Alter zu beschäftigen. Möglichst schon mit dreißig sollten wir die Weichen richtig stellen und bestimmte Grundregeln befolgen. Je früher wir diese beherzigen, desto jünger werden wir im Alter sein. Gegen diese Regeln ist im Prinzip gar nichts einzuwenden. Sie sind sicher richtig. Aber wenn wir sie allzu ernst nehmen – und mit ihnen das Gebot *Bleib jung!* –, geraten wir schnell in eine erhebliche Stresssituation und sind dann nur noch damit beschäftigt, unser ganz normales Älterwerden kritisch zu beäugen und mit angeblich geeigneten Maßnahmen aufzuhalten. Schauen wir uns mal einige dieser Regeln an:

Die Regel, die uns den Appetit verdirbt

Raucher, Übergewichtige, Alkoholiker leben durchschnittlich weniger lang als Menschen, die auf Drogen verzichten und sich sowohl beim Essen als auch beim Trinken mäßigen. Mit zunehmendem Alter sollten wir mit den leiblichen Genüssen des Lebens immer sparsamer umgehen, raten Wissenschaftler. Sie vertreten die These: Wenn wir weniger essen, benötigen unsere Zellen weniger Sauerstoff. Sauerstoff produziert chemisch reaktive Verbindungen, die »freien Radikalen«. Diese können sämtliche Bestandteile einer Zelle schädigen, was vermutlich eine Ursache des Alterungsprozesses ist. Weniger essen bedeutet also: weniger Sauerstoff, weniger Zellschädigungen, langsameres Altern. Um die Alterungsbremse zu ziehen, sollten wir unsere Kalorienzufuhr um 25 Prozent senken. Wer das nicht will oder nicht schafft, sollte wenigstens viel Obst und Gemüse und möglichst wenig Fleisch essen. Denn die Vitamine A, C und E gelten als wirksamer Schutz gegen freie Radikale. Wir sollten also weniger essen, und wenn wir überhaupt essen, dann das Richtige. Gönnen wir uns zu viel Kuchen, zu viel Rotwein oder Bier, dann ist das nicht nur ungesund, sondern verursacht auch das schlechte Gefühl, dass wir unsere Jugendlichkeit damit aufs Spiel setzen.

Die Regel, die uns das Faulsein nicht erlaubt
Zahlreiche Studien belegen: In jedem Lebensalter können Menschen ihre Lebensqualität und ihre Gesundheit durch Bewegung verbessern. Regelmäßige körperliche Aktivität verringert das Risiko von Herzkrankheiten, Diabetes, Osteoporose, Bluthochdruck, Herzinfarkt und verbessert die Herz-Lungen-Funktion ebenso wie die Muskelkraft. Möglichst täglich, mindestens aber drei- bis viermal pro Woche sollte man sich für wenigstens 30 Minuten in Bewegung setzen. Vieles, was einem im Alter zu schaffen macht, ist Folge einer schwächer werdenden Muskulatur. Rücken- und Gelenkschmerzen, Knochenabbau, Übergewicht oder Altersdiabetes lassen sich durch ein gezieltes Krafttraining vermeiden oder wenigstens mildern. Alles schön und gut und sicher richtig. Aber auch diese Regel ist hervorragend dazu geeignet, uns ein schlechtes Gewissen zu bereiten. Wenn wir es nicht schaffen, regelmäßig gegen das Alter anzutrainieren, fühlen wir uns unwohl in unserem Körper und hadern mit uns selbst und unserem inneren Schweinehund: Wären wir nur ins Fitnessstudio gegangen, hätten wir nur die Laufschuhe angezogen – dann hätten wir unsere Jugend konservieren können.

Die Regel, die es uns nicht erlaubt zu sagen: »Das interessiert mich nicht!«

Wenn wir älter werden, dürfen wir auf keinen Fall zu gelassen und zu abgeklärt werden, warnen die Altersforscher. Um vital alt zu werden, müssen wir nämlich neugierig bleiben und uns unsere Begeisterungsfähigkeit erhalten. Der Gedanke »Das ist nicht altersgemäß!« sollte uns fremd sein. Wenn wir beispielsweise meinen, wir bräuchten »in unserem Alter« bestimmte gesellschaftliche Entwicklungen nicht mehr mitzumachen, oder wenn wir uns für »zu alt« halten, um überall mitreden zu können, überlassen wir in unverantwortlicher Weise dem Alterungsprozess das Feld. – Diese Regel geht davon aus, dass es wichtig ist, alle Neuerungen mitzumachen, über alles Bescheid zu wissen. Das ist aber in der heutigen Zeit unendlich schwierig. Viel zu viele Informationen und Reize müssen verdaut werden, wir können gar nicht alles aufnehmen, und wir können uns auch nicht für alles interessieren. Um gelassen bleiben zu können, müssen wir Schneisen schlagen ins Informationsdickicht und gezielt das auswählen, was uns wirklich etwas bedeutet. Befolgen wir aber die Altersregel »Bleib interessiert an allem!«, bedeutet das: Wir dürfen niemals fünfe gerade sein lassen, wir dürfen niemals sagen: »Das interessiert mich nicht«, wir dürfen nicht sagen »Das brauche ich nicht.« Warum eigentlich nicht? Ist es nicht ein natürlicher Prozess, wenn wir uns aus dem schnellen Strom ein wenig zurückziehen und uns das Recht herausnehmen, selbst zu entscheiden, was für uns interessant und wichtig ist? Das gilt übrigens für jedes Lebensalter, nicht erst, wenn wir zum »alten Eisen« gehören.

Die Regel, die uns einredet, das Älterwerden sei vermeidbar

Unter dem modischen Schlagwort »Anti-Aging« werden uns unermüdlich neue wissenschaftliche, aber auch weniger wissenschaftliche Erkenntnisse präsentiert, die uns ein »junges«

Alter versprechen. Wir lernen, wie wir den Übeltäter Sauerstoff daran hindern können, freie Radikale freizusetzen; wir sollen glauben, dass das Hormon Melatonin ein wahrer Jungbrunnen ist und uns vor Krebs und anderen Alterskrankheiten schützen kann; wir sind bereit, Wachstums- oder andere Hormone zu schlucken, und pumpen uns vielleicht mit künstlichen Vitaminen voll. Wenn wir heute so alt aussehen, wie wir sind (oder gar älter), dann sind wir selbst schuld. Wir müssten doch nur unseren Hormonspiegel durch künstliche Östrogene oder künstliches Testosteron aufrechterhalten, wir müssten uns doch nur Botox gegen die Altersfalten spritzen lassen, wir könnten uns die Schlupflider operieren und die kleinen Fältchen am Mund entfernen lassen …

Die Jahre darf man uns nicht ansehen

All diese Gebote und Ratschläge zeigen: Das Alter ist etwas Unschönes, wir sollten es so lange wie möglich hinausschieben, wir sollten uns unsere jugendliche Verfassung mit allen Mitteln erhalten. Das Gebot *Bleib jung!* führt dazu, dass wir uns nichts sehnlicher wünschen, als jung auszusehen und als jung wahrgenommen zu werden. So behaupten wir immer ganz tapfer: »Ich fühle mich überhaupt nicht wie 35, wie 40 oder wie 50 – ich fühle mich viel jünger.« So meinte die Grünen-Politikerin Claudia Roth in einem Interview anlässlich ihres 50. Geburtstags: »Ich erlebe gerade, dass biologisches und gefühltes Alter nicht zusammenpassen müssen.«

Tatsächlich halten wir uns alle für jünger, als wir in Wirklichkeit sind. Das ist ein freundlicher Trick der Psyche, eine beruhigende Selbsttäuschung. Die Verdrängung des eigenen Alters ist der Normalfall. Dieser Prozess wird als 15-Jahres-Effekt umschrieben, das heißt, ältere Menschen fühlen sich im Durchschnitt 15 Jahre jünger, als sie tatsächlich sind.

Dementsprechend ordneten sich in einer Marketingstudie 50- bis 64-Jährige der Rubrik »im mittleren Alter« zu, über 64-Jährige und sogar die Hälfte der befragten 70-Jährigen meinten mehrheitlich, sie seien zwar »älter, aber noch nicht alt«. Als »alt« bezeichneten sich in der Gruppe der 70- bis 75-Jährigen nur 28 Prozent.

Es gibt nichts Schlimmeres, als eine Person für älter zu halten, als sie ist. Eine tiefe Kränkung und Verunsicherung sind garantiert die Folgen einer unbedacht geäußerten falschen Altersschätzung. Nicht zuletzt deswegen wagen wir es meist nicht, auf die Frage »Wie alt schätzt du mich?« eine ehrliche Antwort zu geben. Wir wissen, wir müssen mit unserer Schätzung auf jeden Fall unter dem realen Alter liegen, das wird erwartet. Denn wenn die neugierig Fragenden realisieren, dass sie so alt aussehen, wie sie sind, fühlen sie sich schlecht und schuldig. Sie müssen sich dann vorwerfen, gegen das Gebot *Bleib jung!* verstoßen und es versäumt zu haben, rechtzeitig dem Alterungsprozess Einhalt zu gebieten.

Wie die Kosmetikindustrie unsere Angst vor dem Älterwerden schürt und gleichzeitig das Gebot *Bleib jung!* propagiert, zeigt die Anzeige einer großen Kosmetikkette, die für ein Serum wirbt, das »nachhaltig« eine »sofort gefestigte Haut mit schöneren Konturen und einem rosigen Erscheinungsbild« verspricht:

»Wer kennt das Problem besser als jede vielreisende Businessfrau? Falten in den so sorgfältig zusammengelegten Kleidungsstücken. Denn beim Auspacken erinnert die im Laden als knitterfrei erworbene Bluse nur selten an ihren Originalzustand. Doch während der Knitterlook auf den Laufstegen und in Modemagazinen immer wieder als neues Must-have angepriesen wird oder im Ibiza-Urlaub im unprätentiösen Batikkleid seine Entsprechung findet, sind Falten im normalen Leben definitiv nicht angesagt. Schon gar nicht im Gesicht, wo man uns das Alter und die vielen Überstunden nicht ansehen soll. Das Schönheitsideal: die zeitlos straffen Konturen einer griechischen Statue aus der Antike. Doch das Hilfsmittel selbst sollte schon modern sein. Und vor allem: möglichst mühelos. Wie wäre es zum Beispiel mit …?«

Deutlicher – und nebenbei bemerkt: dümmer – kann das Gebot *Bleib jung!* nicht propagiert werden. Falten sind »definitiv nicht angesagt«! Unserem Gesicht darf man »das Alter und die vielen Überstunden nicht ansehen«! Unsere Konturen sollten denen »einer griechischen Statue aus der Antike« ähneln. Eigentlich sollten wir nach einer solchen Anzeige die werbende Kosmetikkette boykottieren. Weil sie uns mit einfältigen Texten die Zeit stiehlt und außerdem für dumm verkauft. Doch leider sind wir von einem Boykott weit entfernt. Die Botschaft »Falten dürfen nicht sein« fällt bei den meisten von uns auf fruchtbaren Boden. Wir haben die Aufgabe, unsere Jugendlichkeit zu erhalten, längst klaglos übernommen.

Wie alle anderen Machbarkeitsgebote verursacht das Gebot *Bleib jung!* ein permanent schlechtes Gewissen. Wenn es uns nicht gelingt, jung auszusehen und zu bleiben, haben wir mal wieder etwas falsch gemacht. Dieses Gebot bringt uns in eine paradoxe Situation. Natürlich wollen wir alt werden, sehr alt sogar. Wir wollen lange leben. Aber: Wir glauben, wir müssten trotz der Jahre, die sich ansammeln, jung bleiben. Wir wollen alt werden, aber nicht alt sein.

Das Alter hat ein schlechtes Image

Damit wir den Kampf gegen das Alter bereitwillig aufnehmen, versorgt uns das Gebot *Bleib jung!* nicht nur mit »guten« Ratschlägen, sondern konfrontiert uns auch mit abschreckenden Bildern und Vorstellungen über das Älterwerden. Zum Thema »Alter« fällt uns deshalb spontan meist nur Negatives ein: Starrsinn, Gedächtnisverlust, Krankheit, Pflegebedürftigkeit, Schwerhörigkeit und viele andere Gebrechen mehr. Denken wir an das Alter, denken wir an nachlassende Kräfte, körperliche und geistige Einschränkungen, an Falten und Unattraktivität. Wir sehen uns am Stock gehen oder mit dem Rollator unsicher durch die Wohnung navigieren; wir fürchten, schlecht hörend und schlecht sehend unangenehm aufzufallen; wir erwarten, dass wir immer vergesslicher werden und unser Lebensradius immer kleiner wird. Dank des Gebotes *Bleib jung!* sind wir beherrscht von klischeehaften Vorstellungen über das Älterwerden. Wir fragen uns meist nicht, ob diese Vorstellungen der Realität entsprechen, sondern lassen uns von ihnen einschüchtern und verschrecken. So wollen wir nicht werden! So wollen wir nicht aussehen! So wollen wir nicht leben! Wenn wir schon älter werden müssen, dann so wie Iris Berben, Senta Berger, Madonna und all die vielen anderen, die jung aussehen, attraktiv sind, mitten im Leben stehen – obwohl sie nicht mehr die Jüngsten sind.

Damit sitzen wir in der Falle. Die Propagandisten des Gebotes *Bleib jung!* reiben sich freudig die Hände. Ihr Kalkül ist aufgegangen. Wir wissen jetzt, was wir zu tun haben: Den Schrecken des Alters können wir nur entkommen, wenn wir den positiven Vorbildern nacheifern. Und so tun wir alles dafür, jung alt zu werden. Wir wenden viel Zeit, Energie und Geld für dieses Ziel auf, weil wir überzeugt davon sind: Das Leben im Alter ist alles andere als lebenswert. Wenn es uns nicht gelingt, auch mit einigen Jahresringen noch so auszusehen und uns so zu verhalten wie zu unseren besten Zeiten, steht uns Schlimmes bevor. Also strengen wir uns an und versuchen, unsere Jugendlichkeit möglichst lange festzuhalten.

Doch selbst wenn wir alle angebotenen Geschütze gegen das Älterwerden auffahren würden – wir könnten trotzdem nicht verhindern, dass die Falten mehr, die Haut schlaffer und die Haare grau werden. Natürlich können wir die Haare färben, die Haut cremen und Hormonpillen schlucken – aber all das kann nicht das Wunder vollbringen, das im Bild »Der

Jungbrunnen« stattfindet. Wir werden nicht mehr jünger. Wir wissen und realisieren das. Doch gleichzeitig sitzt uns das Gebot *Bleib jung!* im Nacken. Eine schizophrene Situation, der wir häufig mit einer Art »Pfeifen im Walde« begegnen: Wir kokettieren mit den Anzeichen des Älterwerdens. Wir sagen Sätze wie: »Ich bin zu alt, um noch die Nächte durchzumachen«, »Ich werde vergesslich!«, »Ich vertrage keinen Alkohol mehr«, »In meinem Alter sollte ich nicht mehr so viel essen«. Und hoffen, dass uns jemand vehement widerspricht: »Aber nein, du bist nicht zu alt dafür.« »Aber nein, das ist nicht das Alter, sondern nur der Stress.« »Aber nein, du bist noch genauso jung und fit wie früher.« »Du siehst so jung aus, du brauchst dir doch keine Sorgen zu machen!«

Keine Angst vorm Älterwerden!

Das Gebot *Bleib jung!* sorgt dafür, dass wir Angst vor dem Älterwerden haben. Es ist ein tückisches Gebot, zum einen, weil es uns erheblichen Stress bereitet, zum anderen, weil es uns die Wahrheit vorenthält. Es stellt die Verluste, das »nicht mehr« in den Vordergrund, es zeigt uns nur die schwierige Seite des Älterwerdens. Diese Seite gibt es natürlich, aber in der Regel erst in sehr hohem Alter, wenn wir die 80 weit überschritten haben. Durch die Verunglimpfung des Alters bekommen wir keinen realistischen Eindruck von dieser Lebensphase, die ja in vielen Fällen einige Jahrzehnte unseres Lebens umfasst.

Keine Frage, das Alter verändert uns. Einige dieser Veränderungen sind schmerzlich und auch sichtbar. Aber diese Veränderungen erzählen nicht die ganze Geschichte. Der älter werdende Mensch ist mehr als nur ein Erwachsener auf dem absteigenden Ast. Das unterschlägt das Gebot *Bleib jung!* geflissentlich. Es verschweigt uns die positiven Aspekte, die mit dem Älterwerden verbunden sind. Positive Aspekte? Aber ja, die gibt es, und sie zeigen, dass Älterwerden nichts ist, was wir fürchten müssten.

Altern beginnt nicht erst ab einem bestimmten Alter. Die Körperfunktionen eines Menschen verändern sich zwischen 0,5 und 1,3 Prozent pro Jahr ab dem 30. Lebensjahr. Ein 30-Jähriger erlebt also das gleiche Ausmaß an Veränderung wie ein 90-Jähriger. Alte wie junge Menschen altern im gleichen Maß. Da dieser Prozess kontinuierlich verläuft, lernt ein Mensch automatisch, was es heißt, alt zu werden. Man wird nicht plötzlich älter, sondern langsam, Schritt für Schritt, so dass man Zeit genug hat, sich anzupassen. Je älter man wird, desto größer wird diese Fähigkeit. Einige dieser Anpassungsreaktionen sind beeindruckend und geeignet, uns die Angst vor dem Älterwerden zu nehmen:

Im Alter werden wir gelassener

Die Muskeln mögen schwächer werden, die Haare grau werden und ausfallen, dafür sind ältere Menschen seltener depressiv als jüngere und berichten von größerem Wohlbefinden. Beispielsweise wurden in einer Untersuchung 184 Menschen im Alter von 18 bis 94 Jahren mit einem Beeper und einem Tagebuch ausgestattet. Wann immer sie von den Forschern »angepiepst« wurden, sollten sie ihren Gefühlszustand in das Tagebuch eintragen. Das Ergebnis: Ältere Menschen erleben seltener als jüngere negative Gefühlszustände. Sogar sehr alte Menschen leiden weniger unter Depressionen und Niedergeschlagenheit als jüngere Erwachsene. Je älter wir werden, desto gelassener werden wir also.

Ältere Menschen können ihren Gefühlszustand besser regulieren. Sie schaffen es, gute Laune über lange Zeit hinweg zu bewahren, während sie negative Gefühle schnell bewältigen. Dabei hilft ihnen sicherlich, dass die Komplexität des emotionalen Erlebens im Alter größer wird. Ältere können genauer, subtiler zwischen verschiedenen Gefühlszuständen unterscheiden. Wo Jüngere nur Braun sehen, erkennen Ältere die Farben Beige, Mokka, Nuss ...

Im Alter werden wir zufriedener
»Entgegen meinen Erwartungen scheine ich mit zunehmendem Alter immer glücklicher zu werden. Ich habe 60 Jahre gebraucht, um zu lernen, einigermaßen gut und vernünftig zu leben, meine Arbeit gut zu machen und mit meinen Unzulänglichkeiten zurechtzukommen.« Diese Aussage eines über 60-Jährigen in einer Studie findet ihren Widerhall in zahlreichen Untersuchungen, die einen Zuwachs an Lebenszufriedenheit bei älteren Menschen feststellen konnten:

- Wenn man älter wird, findet verstärkt eine Selbsterkenntnis statt. Bislang verborgene Aspekte des Selbst werden entdeckt, neue gute wie auch schlechte Seiten erkannt.
- Die Selbstzentriertheit nimmt ab und die Erkenntnis zu, dass der Einzelne nicht das Zentrum des Universums ist.
- Der Charakter und die Bedeutung sozialer Kontakte verändern sich im späteren Leben. Ältere Menschen wählen ihre Kontakte sorgfältiger. Sie sind weniger interessiert an oberflächlichen Beziehungen und haben ein verstärktes Bedürfnis nach »Alleinzeit«.
- Die Haltung gegenüber Geld und materiellen Dingen verändert sich. Das Bewusstsein, dass Besitz verführen und fesseln kann, wird größer. Dafür wird der Wunsch immer stärker, Rat und Wissen an andere weiterzugeben.
- Viele geistige Fähigkeiten verringern sich nicht. Wir bauen nicht ab. Das Urteilsvermögen und die Problemlösefähigkeit altern nicht, der Wortschatz nimmt sogar mit dem Alter leicht zu. Zwar kann das Gedächtnis nachlassen und das Gehirn mehr Zeit brauchen für Entscheidungen, doch dies bedeutet nicht, dass der alte Mensch in seinen geistigen Möglichkeiten wirklich eingeschränkt ist.

Eine andere Sicht auf das Älterwerden

Die Wissenschaftler, die diese Erkenntnisse aus umfangreichen Studien gewonnen haben, wollen das Alter nicht verklären und das Nachlassen der körperlichen Kräfte nicht leugnen. Aber sie zeigen, welche Entwicklungen im Alter möglich sein können. Sie belegen: Alter ist keine Krankheit, die einen Menschen irgendwann unbeweglich und unglücklich macht. Alter ist vielmehr ein ungeheuer variables Geschehen, in dem eine faszinierende Vitalität liegen kann. Sobald wir die Fakten über das Älterwerden kennen, können wir den vorwiegend negativen Bildern und Klischees vom Alter positive entgegensetzen. Das ist die Voraussetzung dafür, dass sich unsere Einstellung dem Älterwerden gegenüber ändert. Und das ist enorm wichtig. Denn nur durch eine geänderte Einstellung können wir uns dem Gebot *Bleib jung!* entziehen.

Wie wir altern, hängt nämlich in hohem Maße davon ab, was wir erwarten. Erwarten wir, dass wir als alter Mensch mit körperlichen Beschwerden kämpfen müssen, dann werden wir bereits in jüngeren Jahren jede Krankheit, jedes Zipperlein, jede Einschränkung als erschreckendes Warnzeichen für den beginnenden Abbau werten. Erwarten wir jedoch, dass wir im Älterwerden immer noch positive Erfahrungen machen und uns zudem weiter entwickeln können, werden wir unsere Geburtstage mit einer anderen, einer positiven Haltung begehen. Gelingt es uns, die negativen Bilder über das Alter, die uns von der Anti-Aging-Industrie geliefert werden, verblassen zu lassen, können wir die Möglichkeiten sehen, die sich uns in jedem Lebensalter, also auch im Älterwerden, bieten. Denn es ist nicht in erster Linie unser Körper, der uns Grenzen setzt, es sind vielmehr unsere Gedanken über das Älterwerden, die uns ausbremsen.

Wie beeinflussend unsere inneren Überzeugungen sind, hat

die amerikanische Psychologin Ellen Langer in zahlreichen eindrucksvollen Studien nachgewiesen. So konnte sie in einem Experiment zeigen, dass selbst unsere Sehkraft von unserer Einstellung abhängig ist. Jeder von uns hat vermutlich schon einmal einen Sehtest beim Augenarzt oder Optiker absolviert. Wir wissen: Die großen Buchstaben stehen oben, je weiter es in den Zeilen nach unten geht, umso größer ist die Wahrscheinlichkeit, dass wir die Buchstaben nicht mehr erkennen. Macht es einen Unterschied, wenn die Tafel mit den kleinsten Buchstaben beginnt? Aber ja. In einem Experiment präsentierte Ellen Langer ihren Teilnehmern Sehtafeln, in denen die kleinsten Buchstaben in der ersten Zeile, die größten in der letzten standen. Erstaunliches Ergebnis: Die Sehkraft der Teilnehmer verbesserte sich. Fast alle konnten auf der »umgekehrten« Tafel mehr lesen als auf der normalen. Für Langer ist dieses Ergebnis nur ein Beispiel dafür, wie unsere Einstellung uns beeinflusst. Gehen wir mit der Haltung »Das kann ich bestimmt nicht mehr lesen« an den Sehtest heran, werden wir die entsprechenden Buchstaben tatsächlich nicht lesen können. Erwarten wir aber, dass wir die Buchstaben in den ersten Zeilen identifizieren können, sehen wir plötzlich schärfer.

Ähnlich verhält es sich mit vielen Bereichen unseres Lebens: Wenn wir erwarten, mindestens acht Stunden Schlaf am Tag zu brauchen, dann werden wir nach sechs oder sieben Stunden Nachtruhe wahrscheinlich das Gefühl haben, nicht ausgeschlafen zu sein. Gehen wir dagegen davon aus, dass unser Körper klug genug ist, sich den Schlaf zu holen, den er braucht (vorausgesetzt, wir geben ihm die Gelegenheit dazu), können wir Veränderungen unseres Schlafrhythmus gelassener hinnehmen.

Auch die Erwartung, dass wir mit dem Alter immer vergesslicher werden, kann dazu führen, dass es zu Fehlleistungen des Gedächtnisses kommt. Interpretieren wir jeden verlegten Schlüssel, jeden vergessenen Namen als Anzeichen beginnender Demenz, werden wir uns älter fühlen, als wir es sind. Wenn wir hingegen den Zusammenhang »alt werden = vergesslich werden« nicht akzeptieren, kommen uns solche Pauschalverurteilungen wie »Ich habe wohl schon Alzheimer« gar nicht in den Sinn, und wir werden feststellen, dass wir nicht in jeder Situation vergesslich sind und dass es viel von den jeweiligen Umständen abhängt, ob wir uns etwas merken können oder nicht. Vielleicht wollen wir uns ja auch einige Dinge gar nicht merken – und das hat dann nichts mit dem Alter zu tun.

Wie wichtig die innere Einstellung für unser Wohlbefinden ist, hat Ellen Langer in einer weiteren Studie gezeigt. Sie und ihre Mitarbeiter luden 16 Männer im Alter zwischen 70 und 80 in ein abgeschiedenes Kloster ein, das zuvor für den Aufenthalt der Studienteilnehmer umgerüstet worden war. Die Einrichtung, die herumliegenden Bücher, die Musik aus dem Radio – alles war aus dem Jahr 1959, aus der Zeit, als diese Männer jung waren. Nichts erinnerte an moderne Zeiten. Dann wurden die Teilnehmer in zwei Gruppen aufgeteilt. Die einen sollten sich in Gedanken in das Jahr 1959 zurückversetzen und sich so verhalten wie damals. Sie sollten so tun, als ob sie im Jahr 1959 lebten und noch so jung wären wie damals. Sie durften also nicht über ihre Enkel sprechen, sondern – zum Beispiel – über das Mädchen, in das sie damals gerade verliebt waren. Die andere Gruppe sollte sich nur daran erinnern, wie ihr Leben damals war. Sie sollten zu keinem Zeitpunkt vergessen, dass sie über längst Vergangenes sprachen.

Die Ergebnisse der Studie klingen unglaublich. Ellen Langer hatte vor dem Experiment einige medizinische Werte erhoben und tat dies nach dem Experiment wieder. Und siehe da: Alle Männer waren nach dem Experiment deutlich »jünger«, vor allem aber jene Teilnehmer, die so taten, als lebten sie wieder im Jahr 1959. Die Männer, die noch einmal in ihrer Jugend leben durften, schnitten bei allen Messwerten besser ab. Sie waren beweglicher, ihre Arthritis schmerzte nicht mehr, sie hielten sich aufrechter, ihre Aufmerksamkeit war gestiegen, und sie sahen sogar jünger aus. Das bestätigten unabhängige Beobachter, denen die Wissenschaftler Vorher-nachher-Fotos vorlegten. Den Männern war es gelungen, die Uhr zurückzudrehen, sagt Langer, die über dieses Experiment und viele weitere in ihrem Buch *Counterclockwise* (»Die Uhr zurückdrehen«) schreibt. Sie schlussfolgert aus ihren Erkenntnissen: »Es ist nicht in erster Linie das physische Selbst, das uns Grenzen setzt, sondern vielmehr die mentale Überzeugung, dass es solche physischen Grenzen gibt.«

Das Gebot *Bleib jung!* verhindert mit all seinen Regeln und Hiobsbotschaften, dass wir eine positive Haltung dem Älterwerden gegenüber einnehmen. Dabei kann uns eine solche Haltung das Leben sehr erleichtern, ja, wir können dadurch unser Leben sogar verlängern. Das zeigt auch eine weitere interessante Studie: Wissenschaftler von der Yale University wollten von mehreren hundert Personen im Alter von 50 Jahren wissen, welchen Aussagen über das Alter sie zustimmten: »Je älter ich werde, desto schwerer fällt mir alles.« – »Im Alter wird vieles einfacher.« – »Ich fühle mich noch genauso fit wie früher.« 23 Jahre später forschten die Wissenschaftler nach, was aus den ursprünglich Befragten geworden war. Jene, die im mittleren Lebensalter eine positive Einstellung zum Alter offenbarten, lebten im Schnitt 7,5 Jahre länger als jene, die eine negative Sicht des Alters hatten. Faktoren wie sozioökonomischer Status, Einsamkeit oder Gesundheitszustand spielten dagegen keine Rolle.

Gelassen älter werden

Gelingt uns schon in jungen Jahren eine positive Haltung dem Älterwerden gegenüber, verliert es nicht nur seinen Schrecken, wir nehmen auch das unvermeidliche Älterwerden gelassener an und bekämpfen es nicht unsinnig mit viel

Geld und Energie. Negative Vorstellungen dagegen machen uns das Leben schwer. Insofern ist das Gebot *Bleib jung!* mit seiner Verherrlichung der Jugend verwerflich. Es macht uns weis, dass es mit uns garantiert bergab gehen wird, wenn wir uns nicht vehement und mit allen Mitteln dem Älterwerden entgegenstemmen. Das Gebot sagt uns nicht, dass wir nur dann wirklich »gut« altern, wenn wir uns von den negativen Altersklischees verabschieden und eine realistische Haltung dem Alter gegenüber einnehmen. Ellen Langer spricht von der »Psychologie der Möglichkeit«, womit gemeint ist, dass wir, wenn wir achtsam registrieren, was in jedem Lebensalter möglich ist, jedes Lebensalter genießen können. Eine Perspektive, die wir, wenn wir das Gebot *Bleib jung!* befolgen, niemals gewinnen können.

All jene, die ein eher pessimistisches Bild des Alterns entwerfen und uns das Gebot *Bleib jung!* aufzwingen, werden durch die Ergebnisse der Forschung widerlegt. Die Studien zeigen, dass Altern nicht das Ende vom Lied sein muss, sondern in vielerlei Hinsicht eine Aufwärtsentwicklung sein kann – eine Chance, das Leben im besten Sinne zu vollenden und abzurunden. Es liegt an uns, ob wir uns an die gängigen Klischees anpassen, die über das Älterwerden kursieren, und uns davon ins Bockshorn jagen lassen oder ob wir uns ein realistisches und ehrliches Bild des Alters verschaffen, das uns zu einer gelasseneren Haltung verhelfen kann.

»Wir wollen uns doch nicht aufschwatzen lassen, das Alter sei nichts wert«, schrieb der Schriftsteller Hermann Hesse. Nein, wir wollen uns das nicht aufschwatzen lassen. Denn das Leben ist ein Buch mit vielen sehr unterschiedlichen Kapiteln. Wenn ein Kapitel beendet ist, dann folgt ein weiteres, das ebenso spannend sein kann wie das vergangene. Das Gebot *Bleib jung!* will uns dazu verleiten, die gelesenen Kapitel immer wieder zu lesen. Wie langweilig! Sehr viel interessanter ist doch, was im nächsten Kapitel steht und was es an Erfahrungen und Erkenntnissen für uns bereithält.

FAZIT
Warum wir das Gebot **Bleib jung!** nicht befolgen sollten

Mit 60 noch aussehen wie mit 40? Das Gebot *Bleib jung!* zeigt uns mit großer Begeisterung Menschen, denen das angeblich gelingt. Es kann gar nicht genug bekommen von Hochglanzbildern, auf denen Prominente wie Senta Berger oder Iris Berben aussehen, als seien sie *forever young*. Wir glauben diesen Bildern und schließen daraus, dass Jugend machbar ist. Viel Geld, viel Zeit, viel Energie wenden wir auf, um die Zeichen des Alters zu verwischen. Wir wollen zwar alt werden, aber nicht alt aussehen. Ganz abgesehen davon, dass wir das Gebot *Bleib jung!* nicht erfüllen können, bringen wir uns auch noch um die Freuden des Älterwerdens. Denn das Gebot übertreibt die negativen Auswirkungen des Alters und schweigt über die positiven Entwicklungen, die mit den Jahren möglich werden. Je älter wir werden, umso gelassener und zufriedener werden wir, umso leichter fällt es uns, das Wesentliche vom Unwesentlichen zu trennen. Solange wir aber das Gebot *Bleib jung!* befolgen, können wir im Älterwerden keinen interessanten Reifungsprozess sehen, sondern nur etwas, das es zu vermeiden gilt.

Das elfte Gebot

Mit Gelassenheit das Leben meistern

Halten Sie bitte für einen kurzen Moment inne – und ziehen Sie eine kleine Zwischenbilanz Ihres Lebens: Wie geht es Ihnen? Wo stehen Sie? Verläuft Ihr Leben so, wie Sie es sich wünschen? Wie sieht es aus, dieses Leben, das einzige, das Ihnen geschenkt wurde? Gleicht es einem blühenden Garten, an dem Sie sich erfreuen, den Sie in Ruhe hegen und pflegen? Oder gleicht es eher einem Labyrinth, in dem Sie sich immer mal wieder verlaufen, in Sackgassen geraten, die Orientierung verlieren? Oder ähnelt es gar einem Karussell, das viel zu schnell seine Runden dreht? Welches Bild passt besser zu Ihrem Leben?

Wenn Sie es mit einem Garten vergleichen, haben Sie etwas enorm Wichtiges geschafft: Sie haben die nötige Gelassenheit, um zur Hektik und den Anforderungen des Alltags immer mal wieder einen gesunden Abstand zu schaffen. Vermutlich aber finden Sie das Bild des Labyrinths oder des Karussells für Ihr Leben passender. Falls dem so ist, befinden Sie sich in guter Gesellschaft. Den meisten von uns geht es wohl so. Den meisten fehlt es an dieser gesunden Gelassenheit, die einen Schutzwall darstellt gegen die Zumutungen unserer Zeit – Zumutungen, wie sie auch in den zehn Geboten der Machbarkeit enthalten sind.

Fehlt diese gesunde Gelassenheit, ist das Grundgefühl, das uns begleitet – Angst. Mal mehr, mal weniger bestimmt diese Angst unseren Alltag. In den meisten Fällen ist uns das nicht bewusst. Oft nur unterschwellig begleitet uns das diffuse Gefühl, keinen festen Boden unter den Füßen zu haben oder irgendwie nicht »richtig« zu sein. Obwohl wir tagtäglich so tun, als hätten wir alles unter Kontrolle und als wüssten wir zu jedem Zeitpunkt, was zu tun und zu lassen ist, sind wir verunsichert. Wir brauchen uns nur die zehn Gebote noch mal vor Augen zu führen, dann wird klar, wie viele potenzielle Ängste diese Gesellschaft für uns alle »im Angebot« hat:

- Wir haben Angst, nicht gut genug zu sein.
- Wir haben Angst, nicht erfolgreich genug zu sein.
- Wir haben Angst, nicht dynamisch, fit, schlank, schön genug zu sein.
- Wir haben Angst vor unseren ersten Falten und anderen Anzeichen des Alterns.
- Wir haben Angst, nicht optimistisch genug zu sein.
- Wir haben Angst, unsere Aufgaben nicht erfüllen zu können.
- Wir haben Angst, dass uns die Zeit davonläuft.
- Wir haben Angst, nicht mithalten zu können.
- Wir haben Angst, falsche Entscheidungen zu treffen.
- Wir haben Angst, schlappzumachen, Schwäche zu zeigen.
- Wir haben Angst, niemals wirklich glücklich zu werden.
- Wir haben Angst, dass uns dieses Leben nicht gelingt.

Diese Ängste und die damit verbundene Verunsicherung sind zu unseren Lebensbegleitern geworden. Um uns von ihnen nicht allzu sehr einschüchtern zu lassen, setzen wir diverse Strategien ein. Welche Strategie wir wählen, man könnte auch sagen: von welchem Machbarkeitsgebot wir uns angesprochen fühlen, ist individuell unterschiedlich.

Vielleicht fühlen wir uns von dem Gebot *Sei erfolgreich!* angesprochen. Dann werden wir die verunsichernden Ängste bekämpfen, indem wir viel leisten, viel arbeiten, niemals rasten, immer höher, immer weiter kommen wollen. Wenn wir uns etwas vorgenommen haben, dann ziehen wir es durch – koste es, was es wolle.

Vielleicht sind es die Gebote *Sei glücklich!* und *Denke positiv!*, die uns besonders beschäftigen. Dann werden wir möglicherweise aufkommende schlechte Stimmung, die nicht zu diesen Geboten passt, mit entsprechenden Maßnahmen vertreiben wollen: Wir essen immer mal wieder zu viel, trinken zu viel Alkohol, greifen zu aufputschendem Kaffee oder Süßigkeiten oder gar zu stimmungsaufhellenden Medikamenten.

Wenn die Gebote *Nutze die Zeit!* oder *Mach nicht schlapp!* uns beeindrucken, vertreiben wir unsere Unsicherheit und unsere Ängste vielleicht, indem wir immer mehrere Dinge auf einmal erledigen wollen, uns keine Pause gönnen und am Ende eines Tages stolz sind auf das, was wir alles in den zur Verfügung stehenden Stunden geleistet haben.

Wenn wir das Gebot *Manage deinen Körper!* oder das Gebot *Bleib jung!* ernst nehmen, versuchen wir, wenigstens auf diesen Gebieten die Kontrolle zu behalten. Indem wir uns mit unserem Körper beschäftigen, ihn formen und verbessern wollen, indem wir uns möglichst gesund ernähren und jede »Sünde« sofort mit einer Gegenmaßnahme bestrafen, indem wir Alterserscheinungen vorbeugen oder sie mit welchen Mitteln auch immer wegzaubern wollen, erschaffen wir uns die tröstliche Illusion, Herr der Lage und unseres Lebens zu sein. Möglicherweise gehören wir in einem solchen Fall zu den Menschen, die für den Marathon trainieren oder Stunden im Fitnessstudio verbringen, um ihren Körper zu formen, oder die im Grunde immer auf Diät sind, weil ein normales Essverhalten Kontrollverlust bedeuten und damit die unterschwellig vorhandenen Ängste verstärken würde.

Vielleicht ist aber auch das Gebot *Strebe nach dem Besten!* in unserem Leben dominant und spiegelt unser Lebenslauf den Druck wider, den dieses Gebot ausübt. Wenn im Prinzip das »Beste« möglich ist, kann man sich leicht in der Vielfalt dieser Möglichkeiten verlieren. Festlegungen, in welchem Bereich auch immer, wollen wir tunlichst vermeiden. Eine Festlegung würde ja bedeuten, dass wir damit die vielen anderen Möglichkeiten ausschließen. Und wer weiß, vielleicht würden wir mit einer anderen Entscheidung, einem anderen Beruf, einer anderen Wohnung, anderen Freunden, anderen Partnern glücklicher, zufriedener werden, würde das Leben vielleicht besser gelingen, noch besser, als es im Moment der Fall ist. Angetrieben von den zehn Geboten der Machbarkeit, sind wir auf der Suche nach dem Bestmöglichen, das uns ein perfektes Leben bescheren soll.

Die Angst, das »richtige« Leben zu verpassen

Welche Gebote auch immer in unserem Leben in besonderem Maße das Sagen haben – all unsere damit verbundenen Verhaltensweisen dienen dazu, uns ein Gefühl von Sicherheit zu vermitteln. Solange es uns gelingt, diese Gebote einigermaßen zu erfüllen, glauben wir, uns auf der »richtigen« Seite zu befinden, haben wir unsere Verunsicherung und unsere Ängste unter Kontrolle. Aber wehe, wir bekommen den Eindruck, dass wir den Geboten nicht mehr gerecht werden können, dass es uns nicht gelingt, die vorgegebenen Standards einzuhalten, dann verlieren wir im Lebenslabyrinth die Orientierung, dann melden sich die Ängste mit Macht zurück. Wenn das der Fall ist, können wir möglicherweise plötzlich nicht mehr in Aufzügen fahren, nicht mehr über weite Plätze gehen, nicht mehr stressfrei in ein Flugzeug steigen oder nicht mehr in Supermärkten einkaufen. Verwundert fragen wir uns dann, woher denn diese unerklärliche Angst kommt. Aus heiterem Himmel? Ganz sicher nicht. Bei Menschen, die eine Angststörung entwickeln, ist die Angst, die wir alle mehr oder minder haben, nur übermächtig und damit unkontrollierbar geworden.

Was ist das für eine Angst, die uns umtreibt? Es ist die Angst, das »richtige« Leben zu versäumen. Beeinflusst von den Geboten der Machbarkeit glauben wir nämlich, dass es das gibt: das richtige, das gute, das wahre, das gelungene Leben. Wir glauben, dass wir es in der Hand haben, dass es ganz allein von uns abhängt, ob wir ein erfülltes, glückliches Leben führen oder nicht. Genau diese Verantwortung macht uns Angst. Sie lastet schwer auf uns, denn sie bedeutet: Wir müssen immer das Richtige tun und lassen, immer die richtige Wahl treffen, immer das Beste aus unserem Leben und aus uns selbst machen. Das Leben mit seinen vielen Möglichkeiten, der scheinbaren Lösbarkeit aller Probleme, der Machbarkeit des Glücks setzt uns unter Druck. Wir sind gestresst, nervös, angespannt und zugleich erschöpft, weil wir uns keine Pause gönnen im Kampf um einen guten Lebensverlauf. Eigentlich sind wir von alledem überfordert. Nur zugeben können wir das nicht.

Nun werden Sie vielleicht protestieren und sagen: »Auf *mich* trifft das alles nicht zu. *Ich* bin nicht auf der Suche«, »*Ich* habe keine Angst. *Mich* überfordert das Leben nicht. *Ich* komme ganz gut zurecht.« Es kann gut sein, dass Sie die Angst, die Erschöpfung und die Verunsicherung (noch) nicht spüren. Diese Gefühle sind trotzdem da – vielleicht nicht ständig, aber in bestimmten Situationen, wenn Ihnen der Alltag über den Kopf wächst, wenn Sie einen Missverfolg oder einen Verlust verkraften müssen, wenn Sie mal nicht so gut drauf sind, wenn Selbstzweifel Sie plagen.

Die Angst, das richtige Leben zu verpassen, ist verantwortlich dafür, dass wir viel zu bereitwillig und unkritisch versuchen, den Geboten des Machbarkeitswahns gerecht zu werden. Und nicht nur das: Wir denken sogar, dass diese Gebote genau das beinhalten, was wir selbst wollen und was wir von uns selbst erwarten. Wir selbst sind es doch, die glücklich, erfolgreich, optimistisch, jung, attraktiv, dynamisch sein wollen. Es ist doch unser eigenes Wollen, das uns antreibt! Nein, das ist es nicht. Vielmehr leben wir nach fremden Maßstäben, die viel zu hoch liegen, manchmal so hoch, dass sie beim besten Willen nicht erreichbar sind. Das Bemühen, den (angeblich eigenen) Zielen gerecht zu werden, kostet Kraft – und führt nicht selten zu dem Gefühl, ein Versager zu sein: Schon wieder zugenommen, schon wieder zu viel getrunken, schon wieder den Mund nicht gehalten, schon wieder klein beigegeben, schon wieder ja gesagt und das Nein verschluckt, schon wieder die Beförderung nicht bekommen, schon wieder eine schlechte Mutter, ein schlechter Vater gewesen, schon wieder viel zu mürrisch reagiert …

Mit jeder scheinbaren »Niederlage« wird der Weg zum Hauptziel »glückliches Leben« wieder länger, und die Hoffnung schwindet, dass es irgendwann genug sein wird mit all der Anstrengung, dass wir irgendwann lockerlassen und sagen können: Das bin ich, das ist mein Leben – und ich bin mit mir zufrieden. Doch wann ist irgendwann? Solange wir uns in unserem Tun und Denken an den Machbarkeitsgeboten orientieren – niemals. Es liegt in der Natur dieser Gebote, dass wir niemals den Punkt erreichen werden, an dem wir mit uns und dem Erreichten zufrieden sein können.

Denn diese Gebote sind Tyrannen. Sie verlangen von uns Unmögliches, machen uns aber weis, nichts wäre leichter, als dieses Unmögliche zu erfüllen. Sie versprechen uns: Wenn ihr nach unseren Maßgaben lebt, habt ihr euer Leben im Griff. Dann könnt ihr sicher sein, ein gutes Leben zu leben, dann seid ihr perfekt. Abgesehen davon, dass eine Welt voller Perfektionisten eine schreckliche Welt wäre, kann diesen Perfektionismus eben niemand erreichen. Selbst wenn wir erfolgreich sind, selbst wenn wir unsere Zeit im Griff haben, selbst wenn wir mal glücklich sind, selbst wenn wir gut drauf sind, selbst wenn wir unseren Körper angemessen »managen«, selbst wenn wir nicht schlappmachen, selbst wenn wir – alles richtig machen … ist all das nur ansatzweise und nur für den Moment möglich (wenn überhaupt). Sobald wir eine der Vorgaben der Machbarkeitsgebote erfüllt haben, stehen wir gleich vor der nächsten Aufgabe: Wir müssen den Erfolg wiederholen, wir müssen das Glück festhalten, wir müssen unsere Selbstdisziplin beibehalten und so weiter und so fort. Niemals dürfen wir nachlassen in unserem Bestreben, das Beste aus uns und unserem Leben zu machen. Wir alle kennen das Phänomen: Da haben wir uns mühsam drei Kilo runtergehungert, wir sind stolz und fühlen uns wohl. Doch dann gelingt es uns nicht, das veränderte Essverhalten auf Dauer beizubehalten – und wir nehmen wieder zu. Welch eine Niederlage! Und selbst wenn es gelingen sollte, das neue Gewicht zu halten, kommen wir um eine bittere Erkenntnis nicht herum: Obwohl wir unser Ziel erreicht haben (Idealgewicht, Traumpartner, super Job), wird das Leben nicht wirklich besser. Denn da gibt es ja noch all die anderen »Baustellen«, auf denen wir längst nicht alles Machbare erreicht haben. Das heißt: Wir können nicht zur Ruhe kommen, solange wir unserem Leben die Maßstäbe der Machbarkeitsgesetze zugrunde legen.

Das elfte Gebot: Immer schön gelassen bleiben!

Gibt es einen Ausweg? Können wir der Macht der zehn Gebote entkommen? Zugegeben: Es ist nicht einfach, sich ihnen zu entziehen. Zu sehr sind wir schon an ihre Vorschriften und ihre Versprechungen gewöhnt, zu sehr sind wir von ihnen umzingelt. Es ist dennoch möglich. Wir können ihren Einfluss mindern. Wie? Mit einer Geheimwaffe: dem elften Gebot, das da lautet: *Mit Gelassenheit das Leben meistern!*

Könnten wir mit den zehn Geboten gelassen und vernünftig umgehen, würden wir unsere Grenzen rechtzeitig erkennen, würden wir merken, wann wir fremde Wege gehen und nicht mehr unsere eigenen, würden wir öfter mal »Stopp« sagen und überlegen: Will ich das denn wirklich? Entspricht das meiner Persönlichkeit? Bin ich das überhaupt noch? Würden wir zudem prüfen, ob die Ziele, die uns die zehn Machbarkeitsgebote vorgeben, wirklich erstrebenswert sind (wie die letzten Kapitel zeigen, sind sie es nicht), könnten wir ihren Einfluss verringern. Dann würden wir ihnen nicht mehr so viel Gehör schenken, wie wir das heute meist tun. Stattdessen würden wir unser Leben sehr viel mehr nach unseren eigenen Maßstäben leben und wären weniger getrieben, weniger gehetzt, weniger unzufrieden mit uns. Kurz: Wir wären gelassener.

- Wir wären gelassener, wenn uns mal etwas misslingt.
- Wir wären gelassener, wenn wir mit belastenden Gefühlen fertig werden müssen.
- Wir wären gelassener, wenn wir eine Fehlentscheidung getroffen haben.
- Wir wären gelassener, wenn wir uns mal etwas nicht trauen.
- Wir wären gelassener, wenn wir uns »falsch« ernähren.
- Wir wären gelassener, wenn wir mal »faul« vor dem Fernseher liegen.
- Wir wären gelassener, wenn wir unser Tagespensum nicht schaffen.
- Wir wären gelassener, wenn wir mal niedergeschlagen und traurig sind.

Solange jedoch die zehn Gebote in unserem Leben den Ton angeben, können wir diese Gelassenheit nicht entwickeln. Um nicht eines Tages beim Rückblick auf das eigene Leben das Gefühl zu haben, mit leeren Händen dazustehen, sollten wir uns deshalb beizeiten darin üben, den zehn Geboten Einhalt zu gebieten. Das elfte Gebot kann uns dabei helfen.

Dieses elfte Gebot ist in der Lage, aus den strengen zehn Geboten die Luft rauszulassen. Es führt uns vor Augen, worauf es ankommt im Leben, warum wir so manches Unveränderliche im Leben hinnehmen sollten und dass ein gelingendes Leben anders aussieht als das, was uns die zehn Gebote vorgaukeln. Dieses elfte Gebot ist ein menschliches Gebot: Es übt Nachsicht. Es ist weise. Es ist realistisch. Es bleibt auf dem Boden der Tatsachen. Es verspricht uns nicht den Himmel auf Erden. Und vor allem ist es – lebbar. Wenn wir uns dieses elfte Gebot zur Lebensphilosophie machen, haben wir eine stabile Basis, auf der vieles möglich wird: Wir können den Höhen und Tiefen des Lebens gelassener begegnen. Wir wissen, dass vieles nicht in unserer Macht liegt, dass unsere Einflussmöglichkeiten begrenzt sind, dass eben nicht alles kontrollier- und gestaltbar ist. Das elfte Gebot lehrt uns, freundlicher mit uns selbst umzugehen, es sorgt dafür, dass wir eigene Regeln für unser Leben entwickeln und uns nach und nach befreien von den überfordernden Machbarkeitsgeboten der Gesellschaft.

Das elfte Gebot ist kein Machbarkeitsgebot

Gelassen bleiben! Das ist natürlich leichter gesagt als getan. Gelassenheit zu bewahren angesichts der enormen An- und Aufforderungen, von denen wir umzingelt sind, ist keine leichte Aufgabe. Vor allem darf sie nicht verstanden werden als weiteres Machbarkeitsgebot nach dem Motto: »Wenn du nur alles richtig machst, wirst du garantiert gelassen.« Nein, das elfte Gebot ist gerade *kein* Machbarkeitsgebot. Es will uns vielmehr eine andere Perspektive auf unser Leben aufzeigen; eine Perspektive, aus der heraus klar wird, dass so manches Ziel, das uns so erstrebenswert erscheint, in Wirklichkeit unerreichbar ist, und zugleich deutlich wird, an welchen Stellen wir durchaus realistische Einflussmöglichkeiten haben.

Diese neue Perspektive macht uns bescheidener in unseren Ansprüchen an das Leben (weil wir einen klareren Blick bekommen), und sie macht uns vielleicht auch demütiger (weil wir unsere Grenzen erkennen); auf jeden Fall aber macht sie uns gelassener. Denn sie zeigt uns das Leben, wie es ist, nicht, wie es nach den Vorstellungen der Machbarkeitspropheten sein sollte. Das elfte Gebot ist ein Kontrastprogramm zu den zehn Geboten, es wiegt uns nicht in falscher Sicherheit, es setzt uns keine rosarote Brille auf, es meint es ehrlich mit uns. Wenn wir uns den Wahrheiten stellen, die das elfte Gebot benennt, stellen wir uns auch unseren Ängsten. Solange wir wegschauen und so tun, als dürften bestimmte Erfahrungen nicht sein, solange wir hoffen, dass das Leben ein Rosengarten ist, und die Dornen geflissentlich übersehen, können wir nicht gelassen sein. Denn tief im Inneren wissen wir ja doch, dass wir uns etwas vormachen. Und dieses Wissen macht Angst, verursacht Spannungen und lässt uns den Machbarkeitsgeboten Glauben schenken.

Gelassen werden wir erst, wenn wir die »Gespenster«, die wir durch all unser Tun und Streben vertreiben wollen, bewusst einladen, sie als zugehörig zu unserem Leben begreifen und unser Leben selbst dann als gelungen ansehen, wenn es mal nach gängigen Maßstäben nicht so rund läuft. Gelassen werden wir erst, wenn wir die Schatten, die das Leben werfen kann, nicht ausblenden, sondern mit ihnen rechnen. Dann verlieren wir die Angst vor der Launenhaftigkeit des Schicksals, vor Umwegen, vor Fehlern, vor Misserfolgen, vor schlechten Tagen, vor unglücklichen Stunden. Dann sind wir vorbereitet, denn wir rechnen mit allem. Wir können die guten Zeiten genießen und werden in unserem Selbstverständnis nicht erschüttert, wenn es auf der Achterbahn des Lebens mal wieder nach unten geht. Wir machen uns keine Illusionen, und wir lassen uns auch nicht von anderen Illusionen verkaufen. Nicht von den Positivdenkern, nicht von allzu positiv gestimmten Psychologen, nicht von falschen Vorbildern und nicht von Beratern, die vorgeben, über unser Leben besser Bescheid zu wissen als wir.

Ein ideales Leben gibt es nicht

Was brauchen wir, um diese gelassene Perspektive einnehmen zu können? Zuallererst müssen wir uns lösen von der Vorstellung, dass es so etwas wie ein ideales Leben gibt. Und wir sollten hinterfragen, ob ein Leben nur dann als »gelungen« gelten kann, wenn es nach den Vorgaben der Machbarkeitsgebote funktioniert, wenn wir glücklich, erfolgreich, effektiv und perfekt sind. Die zehn Gebote der Machbarkeit wollen uns das einreden. Wenn wir aber eigene Vorstellungen darüber entwickeln, wie ein gelungenes Leben aussehen kann, was alles dazu gehört, können wir den notwendigen Perspektivenwechsel vornehmen.

Folgende Denkanstöße können uns dabei helfen:

Das Leben ist wertvoll. Immer.
Die zehn Machbarkeitsgebote haben eine fatale Folge. Wir glauben, dass unser Leben nur etwas wert ist, wenn es nach den Vorgaben dieser Gebote gelingt. Das Leben ist demnach nicht »an sich« kostbar, sondern wird es erst, wenn wir erfolgreich, glücklich, fit, dynamisch, schlank, jung sind. Unser Leben scheint der Rohstoff zu sein, aus dem wir etwas Schönes zaubern müssen. Unter dem Gesichtspunkt der Machbarkeit ist unser Leben also nicht perfekt, solange wir nicht das aus ihm gemacht haben, was nach den Geboten der Machbarkeit angeblich möglich ist.

Das würde bedeuten, dass Menschen, welche die Gebote der Machbarkeit nicht erfüllen können oder nicht erfüllen wollen, ihr Leben nicht als gelungen betrachten können. Kranke Menschen zum Beispiel. Oder Arbeitslose. Ungewollt Kinderlose. Alte Menschen. Einsame. Traurige, mutlose, erschöpfte Menschen und so weiter und so fort. Im Sinne der zehn Gebote sind sie »erfolglos«, weil sie kein wirklich erfülltes Leben führen können. Sie sind aufgrund ihrer »Handicaps«, ihrer negativen Gefühle, ihrer Mutlosigkeit, ihrer Trauer keine vollwertigen Mitglieder der Machbarkeitsgesellschaft.

Das klingt absurd? Ist es auch. Studien zeigen, dass Menschen, die nicht nach den zehn Geboten leben können oder wollen, ein durchaus erfülltes Leben haben und weit davon entfernt sind, es als misslungen zu betrachten. So sind beispielsweise kranke Menschen im Durchschnitt nicht unglücklicher und unzufriedener mit ihrem Leben als Gesunde. Gleichgültig ob die untersuchten Personen an Krebs, Rheuma, Aids oder Diabetes erkrankt waren, ihre körperliche Verfassung verführte sie nicht dazu, ihr Leben als verpfuscht oder sinnlos zu betrachten. Im Gegenteil: Gerade durch ihre Krankheit entwickelten sie eine andere Einstellung zum Leben. Es erscheint ihnen wertvoller – und dadurch nimmt die Zufriedenheit sogar zu: In Untersuchungen mit Krebspatienten zeigt sich, dass sie ihre Lebensqualität im Durchschnitt höher einschätzen als gesunde Menschen.

Wäre nur ein Leben nach den Machbarkeitsgeboten ein gelungenes Leben, müssten Menschen, die es nach den gängigen Maßstäben nicht weit gebracht haben, ihr Dasein als misslungen begreifen. Aber auch das ist nicht der Fall, wie eine amerikanische Studie zeigt: Wer mit Begeisterung und großem Engagement seinem Beruf oder einer anderen Tätigkeit nachgeht, ist zufriedener als jemand, für den die Belohnung in einem möglichst hohen Gehalt oder Statussymbolen besteht. Sogar Menschen mit scheinbar langweiligen und wenig anspruchsvollen Jobs können durchaus zufrieden sein. Unter anderem wurde Putzpersonal in Krankenhäusern befragt: Nicht wenige der Befragten waren glücklich mit ihrem Job. Denn sie sahen im Putzen eine sinnvolle Tätigkeit und waren der Meinung, sie leisteten Wichtiges zum Wohle der Patienten.

Ähnliche Ergebnisse erbrachten Forschungen des Psychologen Mihály Csikszentmihályi. Auch für ihn können Menschen ein »gutes«, ein »gelingendes« Leben führen, selbst wenn sie den gängigen Maßstäben des Erfolgs nicht entsprechen. Er berichtet von den Arbeitsbedingungen in einer Fabrik, in der Eisenbahnwaggons montiert werden. Die Arbeiter müssen in einer schmutzigen, lauten Werkhalle Tag für Tag dieselben Handbewegungen machen. Unterhaltungen sind aufgrund des Lärms kaum möglich. Viele Arbeiter, so Csikszentmihalyi, hassten ihre Arbeit, sie waren froh, wenn der Tag um war und sie in der Kneipe den Frust runterspülen konnten. Doch nicht allen erging es so. Da gab es nämlich Joe. Dieser Arbeiter war Anfang 60, er hatte wenig Bildung, konnte kaum lesen und schreiben. Aber er kannte sich in der Fabrikhalle aus wie kein zweiter. Ging was kaputt, Joe konnte es reparieren. Wussten Kollegen mal nicht weiter, gingen sie zu Joe, und der konnte ihnen immer helfen. Er war die Seele der Fabrikhalle. Und er war zufrieden mit einem Leben, das so gar nicht unseren gängigen Kriterien des Erfolgs entspricht. Mihály Csikszentmihályi schreibt über Joe: »Im Laufe der Jahre habe ich viele Chefs großer Konzerne, einflussreiche Politiker und mehrere Dutzend Nobelpreisträger kennengelernt. Es waren herausragende Persönlichkeiten, die in ihrem Leben vielfach exzellente Leistungen vollbracht hatten, doch keine dieser Personen hatte ein erfüllteres Leben als Joe.«

Alte Menschen müssten ihr Leben eigentlich ebenfalls als wenig erfüllend begreifen, (schließlich ist es ihnen nicht gelungen, jung alt zu werden). Manche hadern tatsächlich mit dem Älterwerden, glauben, zum alten Eisen zu gehören, weil sie nicht mehr mithalten können mit dem Tempo und den Anforderungen der Zeit. Aber nicht allen geht es so. Es gibt alte Menschen, die ihren Lebensjahren und ihrem Leben viel abgewinnen können und die es als kostbar, ja manchmal sogar als noch kostbarer als früher betrachten. Diese Menschen besitzen, was Psychologen *sense of coherence* nennen: Sie sehen einen Sinn in ihrem Leben – und dieser Sinn ist unabhängig von den Machbarkeitsgeboten unserer Gesellschaft.

Angesichts der strengen Gebote der Machbarkeit müsste eine weitere Gruppe ihr Leben als misslungen begreifen: Menschen, die durch Schicksalsschläge aus der Bahn geworfen wurden. Wer arbeitslos wird, eine Trennung erleidet, einen nahen Menschen durch Tod verliert, entwurzelt wird oder einen anderen schweren Schicksalsschlag erleidet, müsste sein Leben unter der Maßgabe der zehn Gebote als wenig gelungen erleben. Schließlich ist er nicht glücklich, er ist nicht erfolgreich, er ist gescheitert – durch eigenes Zutun oder durch äußere Bedingungen, die schicksalhaft in sein Leben eingegriffen haben. Von einem guten, glücklichen Leben kann dann doch keine Rede mehr sein. Oder?

Zunächst stimmt das natürlich. Und doch kann ein vom Schicksal gebeuteltes, leidvolles, zeitweise schwieriges Leben ein gelungenes Leben sein und werden. Ein gutes Leben hängt nicht davon ab, ob es uns ständig und permanent gutgeht, ausschlaggebend ist vor allem, wie wir mit den Prüfungen des Lebens fertig werden. Denn die Erfahrung, ein tiefes Tal durchschritten zu haben, eine schwierige Zeit gemeistert zu haben, und die Fähigkeit, das zunächst negative Ereignis als einen wertvollen Bestandteil des eigenen Lebens zu betrachten, kann zu tiefer Befriedung und Dankbarkeit führen – und zu dem Gefühl, dass das Leben, so wie es ist, lebenswert ist. Wir erleben uns als seelisch stark, wir wissen nun, dass Schmerzen und Leid uns nicht zerstören können. Wer schwierige Zeiten als zum Leben zugehörig empfindet, erlebt einen Zuwachs an Selbstvertrauen.

Glückliche Momente entstehen nicht nur durch positive Ereignisse, sondern ebenso durch überstandenes Unglück – überwundene Trauer, bewältigte Schmerzen, die Genesung nach Krankheit, bestandene Prüfungen. Sie geben uns das Gefühl, mit beiden Beinen im Leben zu stehen, und die beruhigende Gewissheit: »So schnell schmeißt mich nichts um.«

Über diese Seite des Glücks informiert das Gebot *Sei glücklich!* nicht. Es verschweigt, dass ein gelungenes Leben nicht nur die Sonnen-, sondern auch die Schattenseiten kennt und akzeptiert. Unser Leben kann nicht als erfüllt und gelungen bezeichnet werden, solange es nur leicht ist und vor allem Spaß und Spiel bedeutet; gelungen ist es erst dann, wenn wir die ganze Bandbreite der Lebendigkeit erfahren und bewältigen.

An einem Beispiel, das jeder schon mal erlebt hat, kann das gut verdeutlich werden: dem Reisen. Wenn wir unsere Koffer packen und uns in ein fremdes Land begeben, wissen wir oft nicht, was auf uns zukommt. Auf jeder Reise kann Unvorhergesehenes geschehen. Wir müssen Krisen bewältigen, Unsicherheiten aushalten, vielleicht geraten wir sogar in Not. In solchen Momenten geht es uns natürlich nicht gut. Doch heil wieder zu Hause angekommen, erscheint uns im Rückblick das Erlebte durchaus als Bereicherung. Dann sind wir stolz auf uns, freuen uns, dass wir eine Lösung für die schwierige Lage gefunden haben, wir sind selbstbewusster als vorher, weil wir jetzt wissen, dass wir uns auf uns selbst verlassen können, wir haben Neues über uns erfahren, und das macht uns stärker.

Wenn wir uns die Erkenntnis zu eigen machen, dass das Leben grundsätzlich wertvoll ist, gleichgültig, was uns passiert, müssen wir nicht erst die zehn Gebote der Machbarkeit erfüllen, um ein gelingendes Leben zu führen. Wir sind dann zwar nicht immer so glücklich, sorgenfrei und erfolgreich, wie es die Gebote vorschreiben, aber wir erfahren ein anderes Glück. Es ist ein umfassenderes, ein ehrlicheres Glück, das daraus resultiert, dass wir das Leben annehmen und akzeptieren. So wie es ist – und nicht so, wie es sein sollte. Gute Zeiten gehören zu diesem Leben ebenso wie schlechte Zeiten, Gesundheit wie Krankheit, Stärke wie Schwäche, Freude wie Trauer, Erfolge wie Misserfolge. Wenn es uns gelingt, dieses facettenreiche, manchmal sehr anstrengende, dann wieder sehr freundliche Leben zu führen, haben wir allen Grund zu sagen: Mein Leben ist gelungen. Und diese Erkenntnis gibt uns die Gelassenheit, die uns durch den Alltag trägt.

Das Leben ist sinnvoll. Immer.

Wie sinnvoll ist das, was wir tagtäglich tun? Nicht immer finden wir darauf eine positive Antwort. Es ist leider eine Tatsache, dass wir viele Dinge erledigen müssen, die uns nicht wirklich gefallen, die uns langweilen, anstrengen, denen wir keinen Sinn abgewinnen können. Wir sind oft genervt von Routinearbeiten oder vom täglichen Einerlei. Immer dieselben Handgriffe, dieselben Abläufe, derselbe Tagesrhythmus. Und irgendwann macht sich dann das Gefühl der Leere breit. Jeder Tag verläuft wie der andere. Aufgaben müssen erledigt, Pflichten erfüllt werden. Die Organisation des Lebens schluckt fast unsere gesamte Zeit und nimmt uns unsere Energie. Sieht so unser ganzes Leben aus?, fragen wir uns dann. War das alles? Wird das jetzt immer so weitergehen?

Wenn diese Gefühle überhandnehmen, sind wir versucht, den zehn Machbarkeitsgeboten zu folgen, um unser Leben sinnvoller zu gestalten. Indem wir beispielsweise noch mehr leisten, uns eine exklusive Reise gönnen, ein neues Auto anschaffen, große Partys feiern … Doch was wir auch tun, die unerfreuliche Erkenntnis, dass das Leben in weiten Teilen Routine, Hamsterrad, Einerlei ist, lässt sich dadurch meist nicht verscheuchen.

Wir kommen nicht umhin, uns manchmal wie Sisyphos zu fühlen. Er, der es sich mit den Göttern verscherzt hatte, musste zur Strafe einen Felsbrocken auf einen Berg rollen. Was ihm bekanntlich nie gelang. Der Fels blieb niemals oben liegen. Es war Teil der Strafe, dass Sisyphos die Vorgabe der Götter niemals erfüllen konnte und immer wieder von vorn anfangen musste. Uns geht es oft wie Sisyphos. Auch wir versuchen im Alltag immer wieder und unermüdlich, die Felsbrocken unseres Lebens auf den Berg zu schaffen, und hoffen, dass sie irgendwann einmal liegen bleiben, sprich: dass wir irgendwann einmal befreit sind vom Schuften und Schaffen, dass wir irgendwann einmal Zeit finden für uns, für die Menschen und Dinge, die uns wichtig sind. Doch wann wird das sein? Manchmal fürchten wir: niemals.

Vor lauter Machen und Tun sehen wir oft nicht mehr die Spielräume, die uns sogar in der unvermeidlichen Routine bleiben. Es gelingt uns nicht, eine gelassenere Perspektive auf das tägliche Einerlei zu gewinnen. Wie wir mehr Gelassenheit selbst im größten täglichen Trubel gewinnen könnten, zeigt uns der Mythos von Sisyphos. Wir lesen immer nur von seinen Qualen, die er erleiden muss, wenn er den Fels bergauf rollt. Und wir lesen von seiner Enttäuschung, wenn die Mühe umsonst war, weil der Fels nicht auf der Bergspitze liegen bleibt. Doch worüber die Sage schweigt: Was macht Sisyphos, wenn er den Berg hinuntergeht? Weint er? Hadert er mit sich selbst? Wie nutzt er die Pause, die ihm der Abstieg vom Berg gewährt? Wir können uns alles mögliche Niederschmetternde vorstellen. Aber auch anderes ist denkbar: Vielleicht nutzt Sisyphos die Zeit für sich. Vielleicht geht er bewusst langsam, um Kräfte zu sammeln. Vielleicht schmiedet er Pläne oder gibt sich schönen Tagträumen hin. Vielleicht bereitet er sich gedanklich auf die nächste Anstrengung vor, die er zwar nicht gern in Angriff nimmt, aber womöglich macht es ihm ein Gedanke leichter: »Danach habe ich wieder eine Auszeit.«

Und vielleicht kommt Sisyphos im Abwärtsgehen eine wichtige Erkenntnis: »Die Götter wollen, dass der Fels oben bleibt. Ich will das nicht.« Entziehen kann er sich der Aufgabe nicht, aber er musste sie sich nicht zu eigen machen. Wenn er sich davon lösen kann, dass der Stein unbedingt oben liegen bleiben soll, ist er kein Gefangener dieser Aufgabe mehr. Dann kann es ihm eigentlich gleichgültig sein, ob der Fels nun oben bleibt oder nicht. Es ist ja nicht sein Ziel. Sein Ziel ist es, gemütlich den Berg wieder hinunterzugehen und diese Zeit in seinem Leben zu genießen. So setzt sich Sisyphos ein eigenes Ziel, eines, das seinem Leben, so schwer es ist, einen Sinn verleiht. Er nimmt sich das Recht heraus, die Schwerpunkte anders zu setzen. Seine Gelassenheit dem Auftrag der Götter gegenüber macht es Sisyphos möglich, die Belastungen dieser Aufgabe zu ertragen, zu akzeptieren, was nicht zu verändern ist, und nicht mehr nur die Strafe zu sehen, sondern ebenso die Möglichkeit, in dieser Strafe etwas Eigenes zu gestalten. Der Schriftsteller Albert Camus war deshalb überzeugt: »Wir müssen uns Sisyphos als glücklichen Menschen vorstellen.«

Was können wir aus dieser Interpretation der Sisyphossage für unser Leben lernen? So wie Sisyphos einen eigenen Sinn im Bergabgehen findet, so sollten auch wir einen ganz eigenen Sinn finden in dem, was wir tun. Wir müssen nicht perfekt sein im Sinne der zehn Gebote, um ein sinnvolles Leben zu führen. Wir können uns, ähnlich wie wir es Sisyphos unterstellen, neben den fremdbestimmten Zielen vernünftige, eigene Ziele in unserem Leben suchen. Das Ziel, dass der Fels auf der Bergspitze liegen bleibt, ist unvernünftig, und es kann kein selbstgewähltes sein. Das Ziel, im Bergabgehen das Leben zu genießen, ist vernünftig und machbar. Ob ein Ziel für uns in diesem Sinne »vernünftig« ist, erkennen wir an folgenden Merkmalen:

1. Das Ziel muss uns ein »inneres Anliegen« sei. Es darf kein von außen – von den Eltern, vom Partner, vom Chef, von den zehn Geboten – vorgegebenes Ziel sein. Solange wir sagen: »Ich sollte abnehmen«, »Ich müsste gesünder leben«, »Ich sollte erfolgreicher sein«, »Ich muss dieses Projekt perfekt erledigen«, handelt es sich nicht um ein eigenes, vernünftiges Ziel. Sagen wir aber: »Ich will regelmäßig schwimmen gehen, weil es mir guttut, weil ich mich so am besten vom Alltagsstress (vom Fels nach oben Rollen) erholen kann«, wird uns dieses Ziel zum inneren Anliegen.
2. Vernünftige Ziele sind realistisch und erreichbar. Wir müssen wissen, was wir uns zumuten und zutrauen können.

3. Und schließlich ist ein vernünftiges Ziel auch daran zu erkennen, dass es uns Freude macht, es zu verfolgen. Sisyphos gefällt es nicht, den Stein nach oben zu wälzen, die anschließende Auszeit aber, so dürften wir berechtigt phantasieren, kann er genießen.

Das Leben ist unsicher.
Immer mal wieder.
Die zehn Gebote der Machbarkeit wiegen uns in Sicherheit. Sie bestärken uns in dem Glauben, dass alles in unserer Macht steht, dass wir die Kontrolle über das Leben haben und durch richtiges Verhalten und richtige Entscheidungen Unsicherheiten ausschalten können. Der Gedanke, dass es ein Schicksal gibt, auf das wir keinerlei Einfluss haben, kommt uns oft schon gar nicht mehr. Passiert etwas Unvorhergesehenes, geschieht ein Unglück oder tritt etwas nicht ein, das wir uns sehr wünschen, erklären wir es »internal« (»Ich allein bin schuld«) und erkennen nicht, dass die Umstände oder das Schicksal dazu beigetragen haben. Eingelullt von den Versprechungen der zehn Gebote sind wir nicht vorbereitet auf Veränderungen und auf die Tatsache, dass sich vieles unserer Kontrolle entzieht.

Besonders überwältigt werden wir von Schicksalsschlägen, die *plötzlich* und völlig unerwartet passieren. Auf sie können wir uns nicht einstellen, sie verändern unser Leben manchmal sogar von einem Tag auf den anderen: Wir werden schwer krank. Wir entdecken die Untreue des Partners. Wir bekommen aus heiterem Himmel die Kündigung. Wir müssen einen geliebten Menschen beerdigen. Die amerikanische Essayistin Joan Didion stellte nach dem plötzlichen Herztod ihres Mannes John fassungslos fest: »Das Leben ändert sich schnell, das Leben ändert sich in einem Augenblick. Man setzt sich zum Abendessen, und das Leben, das man kennt, hört auf.«

Wenn etwas Erwartetes *nicht* passiert, kann uns das ebenfalls in unserem Selbstverständnis erschüttern. Solche »Nichtereignisse« zwingen uns dazu, Hoffnungen zu begraben: Es gibt keine Heirat, wir werden nicht Eltern oder Großeltern, wir schreiben keine Doktorarbeit, wir bauen kein Haus, wir werden einfach kein schlanker Mensch, wir werden nicht mehr völlig gesund.

Ob das, was uns passiert, erwartet oder unerwartet kommt oder ob es sich um ein Nichtereignis handelt – es verändert auf jeden Fall unser Leben. Wir müssen uns auf eine neue Situation einstellen. Wir müssen akzeptieren, dass etwas definitiv vorbei ist und nun eine neue Lebensphase folgt. Das ist eine klar definierte Aufgabe, bei der die meisten von uns jedoch einen gravierenden Fehler machen: Wir akzeptieren sie nicht. Es kränkt uns, dass sich ein Geschehen unserer Kontrolle entzieht, wir wollen nicht daran glauben, dass wir keinen Einfluss haben, dass die Machbarkeit an ihre Grenzen stößt. Stattdessen versuchen wir, so schnell es geht alles unter Kontrolle zu bekommen. Wir wollen den Prozess verkürzen und den heftigen Gefühlen, die mit Veränderungen und Schicksalsschlägen immer verbunden sind, ausweichen – getreu dem Gebot *Sei gut drauf!*. Wir verfallen in Aktionismus, tun so, als sei gar nichts gewesen, wollen möglichst sofort wieder zur Tagesordnung übergehen. Es fällt uns schwer zu akzeptieren, dass das Leben nun mal unsicher ist und verunsichern kann – und dass es nicht in unserer Macht liegt, diese Verunsicherung schnell loszuwerden. Wir müssen den Dingen jedoch ihren Lauf und ihre Zeit lassen.

Was genau macht uns so große Angst? Unbewusst und instinktiv wissen wir, wenn wir uns auf die Erkenntnis einlassen: »Ich kann gar nichts tun. Mir sind die Hände gebunden«, verlieren wir für eine gewisse Zeit den Boden unter den Füßen. Das bedeutet unter Umständen Chaos, quälendes Aushalten von Leid, Stillstand und auch Verzweiflung. Das Ende einer Ehe, einer vertrauten Situation, einer beruflichen Tätigkeit zwingt uns, über uns selbst nachzudenken, uns selbst in Frage zu stellen und für eine Zeitlang orientierungslos herumzuirren. Eine Situation, die so gar nicht zu den Geboten der Machbarkeit passt. Deshalb wollen wir die Gefühlsturbulenzen möglichst umgehend in geordnete Bahnen lenken. Damit tun wir uns allerdings keinen Gefallen.

In verunsichernden Lebensphasen sind wir für eine gewisse Zeit völlig ungeschützt. Nackt. Verletzlich. Ungeborgen. Das ist eine äußerst beunruhigende Erfahrung. Wollen wir sie tunlichst schnell überwinden, indem wir uns an die Gebote der Machbarkeit klammern, bringen wir uns um die Erkenntnis, dass auch Situationen, die wir nicht kontrollieren können, einen Sinn haben – nämlich den, uns weiterzuentwickeln. Nach einer überstandenen Verunsicherung, einem Schicksalsschlag erkennen wir vielleicht, dass sich neue Lebensgeister regen. Es beginnt oft mit leisen Signalen: Eine Idee taucht auf, ein Traum bringt uns zum Nachdenken, der Kommentar eines Freundes öffnet eine Tür, ein Satz, den man liest, erinnert an langgehegte Wünsche. Veränderung beginnt in uns. Aber nur dann, wenn wir es aushalten können, dass es Zeiten im Leben gibt, die sich unserer Kontrolle entziehen. Menschen sollten nach Ansicht des Dichters John Keats fähig sein, »in der Ungewissheit, dem Geheimnis, dem Zweifel zu verharren, ohne ungeduldig nach Tatsachen oder Begründungen zu streben«.

Wer Ambivalenzen, widersprüchliche Gefühle ertragen kann, wer nicht auf Nummer sicher gehen muss, wer aus der Orientierungslosigkeit eine Tugend macht, der ist besser gerüstet für dieses Leben als derjenige, der immer alles unter Kontrolle haben muss.

»Unsere Kultur hat die Tendenz, Menschen hervorzubringen, die keinen Mut mehr haben und die es nicht wagen, auf eine anregende und intensive Weise zu leben. Wir werden darauf getrimmt, nach Sicherheit als Lebensziel zu streben«, meinte Erich Fromm. Das aber macht das Leben eindimensional und freudlos. »Wer intensiv leben will, muss fähig sein, einen großen Teil der Unsicherheit zu ertragen, denn für ihn ist das Leben in jedem Augenblick ein äußerst riskantes Unterfangen.«

Wenn wir gelassener werden wollen, sollten wir mit dem Unvorhergesehenen rechnen. Dann brauchen wir Gottvertrauen oder besser: Selbstvertrauen, dass wir schon fertig werden mit dem, was das Leben, das Schicksal, andere Menschen für uns bereithalten. Das hat nichts mit Fatalismus oder Resignation zu tun, sondern ist die grundlegende Akzeptanz der Tatsache, dass sich in unserem Leben nicht alles kontrollieren, nicht alles regulieren, nicht alles steuern lässt.

Ein eindrucksvolles Beispiel dafür liefert im April 2010 der Ausbruch des Eyjafjallajökull auf Island, der den Flugverkehr in Europa für Tage lahmlegte. Nichts ging mehr, Millionen Flugreisende mussten sich in Gelassenheit üben. Bundeskanzlerin Angela Merkel war eine der Betroffenen. Ihr Heimflug von San Francisco nach Berlin wurde durch die Vulkanasche verzögert, aber von Verärgerung, Ungeduld oder Aufbegehren war keine Spur, wie der Journalist Matthias Geis berichtet. Vielmehr strahlte die Kanzlerin »während ihrer etwas mühsameren Heimreise vor allem eine Art fröhlichen Fatalismus aus«. Der Journalist hatte den Eindruck, als mache ihr »der Einbruch des Ungeplanten gute Laune«. Und er hat eine Erklärung dafür parat: »Die fröhliche Gelassenheit, mit der Merkel die Zumutungen ihrer Heimreise hinnimmt, überrascht nur auf den ersten Blick. Denn das Unplanbare hat in ihrer Weltsicht von jeher einen festen Platz. Stets rechnet sie mit Überraschungen. Das Unkalkulierbare gehört immer schon mit ins Kalkül«, schreibt Geis. Merkel habe eine »bodenständige Demut angesichts der Macht des Unvorhergesehenen«, so der Journalist, der sie auf ihrer Reise begleiten und beobachten konnte. »Ärger über Ereignisse, an denen man nichts ändern kann, hält Merkel für Quatsch. Kostet nur Energie, lenkt ab und bringt nichts.«

Ist unsere Bundeskanzlerin eine gelassene Person? Es

scheint so. Und vielleicht ist diese Gelassenheit eine Erklärung für ihren Regierungsstil, der ihr oft als abwartend und aussitzend vorgeworfen wird. Wie auch immer: Auf jeden Fall können wir aus ihrem Verhalten angesichts einer Naturgewalt einige Gelassenheitslehren ableiten:

- Wir sind niemals geschützt vor dem Einbruch des Ungeplanten.
- Selbst wenn wir die zehn Gebote der Machbarkeit alle befolgen könnten, wir hätten dennoch niemals alles unter Kontrolle.
- Ärger, Auflehnung, Selbstvorwürfe angesichts von Ereignissen, die wir nicht ändern können, sind Energieverschwendung.

Das Leben so lassen, wie es ist. Immer öfter.

Gelassenheit wird uns nicht in die Wiege gelegt. Im Gegenteil: Gerade in der heutigen Zeit ist es unendlich schwierig, gelassen zu bleiben. Angesichts von Stress, Zeitdruck, Hektik, hohen Erwartungen und vielfältigen Anforderungen ist es eine hohe Kunst. Doch ist diese Kunst nicht wenigen »Meistern« vorbehalten; wir alle können lernen, gelassener zu werden. Und es ist nur auf den ersten Blick schwer. Die Philosophin Annemarie Pieper gibt uns eine Grundidee an die Hand, mit der wir, wenn wir sie uns zu eigen machen, gelassener durchs Leben navigieren können: »In dem Wort ›Gelassenheit‹ steckt das Verb *lassen*«, sagt die Philosophin. Es ist zwar nicht leicht, in einer Gesellschaft, in der das Tun und das Gestalten hohe Werte sind, Dinge und Menschen einfach zu lassen; aber wenn wir den Gedanken »Ich kann das auch lassen« einmal verinnerlicht haben, ist ein großer Schritt getan auf dem Weg zu mehr Gelassenheit. Es geht darum, weniger zu tun und zu lernen, immer mehr zu lassen, zu unterlassen – also nicht Einfluss nehmen, nicht unbedingt verändern wollen, nicht gestaltend eingreifen, nicht alles zum Besseren wenden wollen, sondern das Leben, die Menschen, uns selbst, bestimmte Situationen als »in Ordnung« wahrnehmen und lassen, wie sie sind.

Das darf nicht mit einem Aufruf zur Gleichgültigkeit verwechselt werden. Natürlich sollen wir gegen Ungerechtigkeiten, Fehlentwicklungen, Empörendes die Stimme erheben. Politisches, gesellschaftliches Engagement, der Kampf gegen belastende Situationen im Privatleben ist notwendig. All das ist nicht gemeint, wenn davon die Rede ist, öfter mal etwas zu »lassen«. Wir sind durch die zehn Gebote der Machbarkeit so aufs Machen, aufs Einflussnehmen, aufs Gestalten, auf Aktivität eingestellt, dass wir gar nicht mehr auf die Idee kommen, bei den richtigen Gelegenheiten die Hände in den Schoß zu legen – und das Tun, Denken, Verändern einfach mal zu lassen. – Was könnten wir lassen? Eine paar Ideen dazu:

Wir können es lassen,

- den Partner mit seinen unveränderlichen Eigenschaften verändern zu wollen;
- ja zu sagen, wenn wir eigentlich nein meinen;
- sofort »hier« zu rufen, wenn jemand etwas erledigt haben möchte;
- am Morgen eine viel zu lange To-do-Liste aufzustellen;
- es allen recht machen zu wollen;
- uns immer nach den Wünschen anderer zu richten;
- unsere negativen Gefühle zu unterdrücken;
- unsere Ängste zu verstecken;
- unsere Müdigkeit zu ignorieren;
- weiterzumachen, wenn wir schon keine Kraft mehr haben;
- uns zu kasteien;
- uns zum Sport zu zwingen, wenn wir keine Lust haben;
- uns unsere Lieblingsspeisen grundsätzlich zu versagen;
- auf Süßigkeiten zu verzichten;
- Diäten zu machen;
- scheinbar Erfolgreicheren nachzueifern;
- neidisch zu sein auf das vermeintliche Glück anderer;
- das Glück an den falschen Orten zu suchen;
- aktiv zu sein, wenn wir faul sein wollen;

- eine getroffene Entscheidung immer wieder in Frage zu stellen;
- nach dem Besten zu suchen.

Und schließlich könnten wir es immer öfter lassen, unser Leben nach den zehn Machbarkeitsgeboten auszurichten.

Einübung in Gelassenheit

Wenn wir zu den Menschen gehören, die immer tun, was sie nicht lassen können, sind wir von echter Gelassenheit weit entfernt. Dann glauben wir an die grundsätzliche Machbarkeit – an die Machbarkeit des Erfolgs, an die Machbarkeit des Glücks, an die Machbarkeit der guten Laune, an die Machbarkeit der Perfektion. Als Macher sind wir nervös, gehetzt, ungeduldig, kommen nicht zur Ruhe, finden keine Muße und damit nicht zu uns selbst.

Etwas lassen können, das bekommt vor allem in schwierigen Lebenssituationen eine enorme Bedeutung. Wenn wir überarbeitet sind, wenn es in unserer Beziehung kriselt, wenn wir Verluste zu verkraften haben, wenn das Älterwerden uns Probleme macht oder die Kinder uns Sorgen bereiten – kurz: wann immer das Leben schwerer ist als sonst –, geraten wir aus dem Gleichgewicht, müssen uns anstrengen, wie gewohnt zu funktionieren. Doch unter Stress fällt uns das enorm schwer, und manchmal fürchten wir, dass es uns nicht mehr gelingt. Das ist normal. Unnormal ist es, wenn wir trotz aller Belastung weitermachen wie bisher: weiter 100-prozentige Leistung bringen, obwohl wir ziemlich angeschlagen sind; weiter lächeln, obwohl uns nach weinen zumute ist; weiter die Familie versorgen, obwohl uns schon das Aufstehen am Morgen Mühe bereitet. Wenn wir uns zwingen, einfach weiterzumachen, weil wir das für normal halten, handeln wir unnormal. In bestimmten Situationen des Lebens ist es schlichtweg normal, wenn wir weniger »machen« und dafür mehr »lassen«.

Am Beispiel eines seelischen Zustands, den viele Betroffene als so unnormal betrachten, dass sie ihn am liebsten verleugnen oder wenigstens vor anderen verstecken wollen, wird deutlich, wie wichtig das Lassen sein kann: der depressiven Verstimmung. Die Depression gilt unter Experten als Krankheit, die einer medizinischen oder psychologischen Behandlung bedarf. Aber gilt das für alle depressiven Zustände? Können Depressionen nicht eine normale, eine gesunde Anpassungsreaktion an schwierige Lebensumstände sein? Sind es nicht gerade depressive Menschen, die Dinge lassen?

Wenn wir depressive Phasen erleben, kann dies durchaus eine normale Reaktion auf schwierige, unklare oder unerwünschte Situationen sein. Leben wir zum Beispiel in einer äußerst unbefriedigenden Beziehung, werden wir möglicherweise depressiv. Wir ziehen uns dann immer mehr vom Partner zurück, verlieren das Interesse am Sex und richten kaum noch das Wort an den Partner. Wenn wir überarbeitet sind und uns verausgabt haben, gleiten wir vielleicht in eine Erschöpfungsdepression, die uns signalisiert: Nichts geht mehr! Verstoßen wir permanent gegen unsere eigenen Interessen, orientieren wir uns mehr an den Bedürfnissen anderer und ignorieren unsere eigenen, kann ebenfalls eine depressive Verstimmung die Folge sein. Die Depression mit ihren Symptomen wie fehlende Motivation und Passivität hat in Fällen wie diesen also durchaus einen Sinn. Sie stellt sicher, dass wir uns schützen, dass wir uns eine Auszeit nehmen, innehalten und nicht einfach weitermachen in einer Art und Weise, die uns nicht gut tut.

Ein Beispiel aus der Tierwelt verdeutlicht das: Wenn viel Schnee liegt und die Temperaturen niedrig sind, wird die Futtersuche für das Wild ungeheuer schwierig und aufwendig. Um nicht unnötig Energie zu verschwenden, bleibt es daher still stehen und wartet – auch wenn es hungrig ist. Die Tiere verfallen nicht in blinden Aktionismus, der sie nur viel Kraft kosten würde. Sie lassen stattdessen die Zeit für sich arbeiten.

Solch gesunde Passivität kommt auch unter Affen vor. Affen leben in Gruppen mit fünf bis 20 Mitgliedern, und es gibt eine feste Rangordnung. Ein untergeordnetes Männchen, das Zugang zum Fressen haben will oder sich mit einem Weibchen paaren möchte, muss viele Kämpfe mit dem dominanten Affenmännchen ausfechten. Es riskiert, dabei verletzt oder gar getötet zu werden. Zusätzlich ist es Feindseligkeiten vom Rest der Gruppe ausgesetzt. Untergeordnete Affen haben also ein äußerst stressiges Leben. Das zeigt auch die hohe Konzentration des Stresshormons Cortisol in ihrem Blut. Einige dieser Tiere scheinen ein Heilmittel gegen den Dauerstress gefunden zu haben: Sie ziehen sich zurück. Sie verbringen viel Zeit allein und haben keinen körperlichen Kontakt mit den anderen. Eine kluge Entscheidung: Denn dadurch schützen sich die schwächeren Affen nicht nur vor Angriffen. Sie behalten auch ihren Platz in der Gruppe, und sie haben eine, wiewohl kleine Chance, sich fortpflanzen zu können. Ihre Situation ist zwar nicht optimal, doch ihr Rückzug sichert ihnen das Überleben. Und da Affengruppen sich ständig verändern, besteht die Aussicht, irgendwann eine andere, bessere Position im sozialen Gefüge einer neu geordneten Gruppe zu ergattern.

Aus dem stillen Ausharren des Wildes und dem Rückzug der untergeordneten Affen können wir durchaus Rückschlüsse auf unser Leben ziehen. Auch im menschlichen Leben gibt es immer wieder Situationen, in denen es klüger ist, passiv abzuwarten und nicht zu handeln, etwa wenn ein wichtiger Plan scheitert. Wir haben ohne Erfolg Energie und Zeit eingesetzt und müssen nun die Hoffnung aufgeben, unser Ziel zu erreichen. In einer solchen Situation verspüren wir oft den Drang, schnell eine neue Aufgabe anzupacken, um uns vom

Scheitern abzulenken. Die Gefahr, dass wir übereilt handeln und erneut in ein erfolgloses Unternehmen investieren, ist groß. Da ist es sinnvoll, wenn unsere Aktivität blockiert wird. Pessimismus, mangelndes Selbstvertrauen und Passivität können helfen, Schaden abzuwenden. So wie Angst ein Signal für Gefahr ist, so ist Passivität ein Signal, das uns von vergeblichen Anstrengungen zurückhält.

Wenn wir lernen, das Leben in bestimmten Situationen auch mal so zu lassen, wie es ist, kommen wir zur Ruhe. Wir kämpfen dann keine aussichtslosen Kämpfe gegen Windmühlenflügel, wir nehmen uns die Zeit herauszufinden, wo und wann sich unser Einsatz wirklich lohnt, und vor allem stellen wir fest, was wir uns wirklich zumuten können und wollen. Wenn wir das schaffen, können wir berechtigterweise sagen, dass uns das Leben gelingt. Denn ein gelingendes Leben hängt nicht davon ab, wie viel wir leisten, sondern davon, wie viel wir uns ersparen. Um gelassen zu werden, so meinte der Philosoph Seneca, sei es vor allem nötig, »dass wir uns selbst richtig einschätzen, denn oft meinen wir, mehr bewältigen zu können, als wir in Wirklichkeit imstande sind.«

Entwickeln wir mehr Gelassenheit, dann werden wir unabhängiger von Geboten, die uns vorschreiben, dass und wie wir im Leben glücklich zu werden haben. Wenn wir mit Gelassenheit unser Leben meistern, bedeutet das Folgendes:

- Wir entziehen uns den Machbarkeitsgeboten unserer Zeit. Denn sie schreiben uns vor, wie wir zu denken und zu fühlen haben.
- Wir finden eigene Maßstäbe für unser Leben und dafür, welche Gefühle, Gedanken und Verhaltensweisen wir für richtig oder falsch halten.
- Wir ziehen das Wissen der Experten zu Rate, aber wir übernehmen deren Sichtweisen nicht unkritisch und vertrauen nicht blind darauf, dass sie für unser Leben passend sind.

- Wir lassen uns nicht verrückt machen lassen von »Ich sollte …«, »Ich müsste …«, sondern bleiben gelassen angesichts der Fülle an Informationen und Ratschlägen, die tagtäglich auf uns einprasseln.
- Wir sind mutig genug, selbst zu entscheiden, wann wir handeln und wann wir etwas lassen. Wir wissen, dass zu unserem Leben Fehler, Scheitern, Ängste, Niedergeschlagenheit ebenso gehören wie Triumphe, Euphorie, kurze Glücksmomente und Leichtigkeit.

Der Schriftsteller Jorge Louis Borges hat erst im Alter von 85 Jahren, zwei Jahre vor seinem Tod, erkannt, wie wichtig es ist, das eigene Leben gelassener und mutiger zu leben. Lesen wir seine Erkenntnis und versuchen wir, sie uns zu Herzen zu nehmen. Damit wir nicht erst 85 Jahre alt werden müssen, um zu erkennen, worauf es im Leben wirklich ankommt:

Wenn ich mein Leben noch einmal leben könnte,
im nächsten Leben würde ich versuchen,
mehr Fehler zu machen.
Ich würde nicht so perfekt sein wollen,
ich würde mich mehr entspannen.
Ich wäre ein bisschen verrückter,
als ich es gewesen bin,
ich würde viel weniger Dinge so ernst nehmen.
Ich würde nicht so gesund leben.
Ich würde mehr riskieren,
würde mehr reisen,
Sonnenuntergänge betrachten,
mehr bergsteigen,
mehr in Flüssen schwimmen.

Ich war einer dieser klugen Menschen,
die jede Minute ihres Lebens fruchtbar verbrachten;
freilich hatte ich auch Momente der Freude,
aber wenn ich noch einmal anfangen könnte,
würde ich versuchen, nur mehr gute Augenblicke zu haben.

Falls du es noch nicht weißt,
aus diesen besteht nämlich das Leben:
nur aus Augenblicken;
vergiss nicht den jetzigen.

Schluss
Mehr Bescheidenheit! Mehr Nachsicht!

Sicherlich kennen Sie das Phänomen der »selektiven Wahrnehmung«: Wenn Sie sich mit einem Thema intensiv beschäftigen, finden Sie vermehrt Informationen, die damit zu tun haben. Tragen Sie sich zum Beispiel mit dem Gedanken, eine bestimmte Automarke zu kaufen, fällt Ihnen plötzlich auf, wie viele andere Menschen sich schon für Ihren Traumwagen entschieden haben.

Ähnlich erging es mir, als ich an diesem Buch arbeitete. Allenthalben stieß ich auf Ratschläge, Bücher, Zeitschriftenartikel und Werbetexte, die um das Thema »Selbstverbesserung« kreisten. Es war selbst für mich erstaunlich, wie viele Veröffentlichungen es dazu gibt und wie intensiv wir mit Positivbotschaften bombardiert werden. So stieß ich beispielsweise auf eine Anzeige, die mir ohne meine selektive Wahrnehmung wahrscheinlich gar nicht besonders aufgefallen wäre. Diese Anzeige warb für die Sonderausgabe eines Wissensmagazins: *Glücklich leben!*, lautete die Schlagzeile. Der Anzeigentext versprach den Lesern, dass das beworbene Heft »Sie fit macht für die täglichen Herausforderungen und für mehr Ausgleich (sorgt) in Ihrem Leben.« Und weiter las ich: »Erfahren Sie auf 116 Seiten, wie Sie persönliche Krisen bewältigen und endlich Entspannung finden.« Da waren sie wieder – die Schlüsselworte der Selbstverbesserungsindustrie! »Glücklich« sollen wir leben, unsere »Krisen bewältigen« und uns »endlich Entspannung finden«! Und zu all dem soll uns die Lektüre von 116 Zeitschriftenseiten verhelfen!

Es geht mir nicht um eine Kritik an solchen Werbeaussagen oder gar dem beworbenen Produkt selbst. Es geht mir – und das hoffe ich mit diesem Buch deutlich gemacht zu haben – um etwas anderes: Ich wünsche mir, dass wir sensibler werden für derartige Selbstverbesserungsbotschaften, die uns auf Dauer negativ beeinflussen.

Ich wünsche mir, dass wir eine realistischere, skeptischere Haltung zu all den Veröffentlichungen und Ratschlägen gewinnen, die uns zu »besseren«, »glücklicheren«, »erfolgreicheren« Menschen machen wollen.

Ich wünsche mir, dass wir nicht mehr so bereitwillig wie bisher versuchen, derartigen Tipps zu folgen.

Ich wünsche mir, dass wir nicht alles, was uns aufgetischt wird, aufsaugen wie ein Schwamm, sondern dass wir kritisch prüfen, was für uns passt und was nicht.

Und ich wünsche mir, dass wir bei all unseren Bemühungen um uns selbst zwei Eigenschaften kultivieren, die uns helfen können, unser oftmals sehr anstrengendes Leben und auch kritische Phasen mit Mut und Hoffnung zu bewältigen: Bescheidenheit und Nachsicht mit uns selbst.

Bescheidenheit ist etwas, das im Kanon der Selbstverbesserungsindustrie nicht vorkommt. Es ist eine negativ besetzte Eigenschaft, sie passt so gar nicht in unsere Zeit der Selbstvermarkter und Selbstdarsteller. Aber Bescheidenheit, wie ich sie verstehe, kann eine Stärke und ein Schutzschild sein. Sie setzt voraus, dass ich meine Fähigkeiten realistisch einschätze und meine Schwächen kenne und akzeptiere. Wenn mir das gelingt, bin ich nicht versucht (und lasse mich auch nicht in Versuchung führen), nach dem Unmöglichen zu streben, sondern verwirkliche das Mögliche. Ich weiß, was ich mir zumuten und was ich erreichen kann. Als bescheidener Mensch erwarte ich kein glückliches Leben, sondern eines, das »gut genug« ist. Ich erwarte nicht, dass mir immer alles gelingen muss, sondern rechne auch mit Misserfolgen.

Als bescheidener Mensch nehme ich mich wichtig, aber ich setze nicht meine ganze Energie für mich und meine Selbstverbesserung ein, sondern kümmere mich um meinen Platz in einer Gemeinschaft. »Der Mensch wird am Du zum Ich« und »Alles wirkliche Leben ist Begegnung«, meinte der Philosoph

Martin Buber. Uns selbst können wir nur erleben und entwickeln, wenn wir in Kontakt sind mit anderen. Die Einbindung in ein soziales Netzwerk und ein wie auch immer geartetes soziales Engagement können uns vor allzu intensivem und letztlich vergeblichem Bemühen um Selbstverbesserung bewahren.

Der zweite Aspekt, der mir neben der Bescheidenheit wichtig erscheint, ist Nachsicht mit uns selbst. Es kann unser seelisches Wohlbefinden enorm steigern, wenn wir uns selbst mitfühlend und einfühlsam begegnen. Nachsichtig sich selbst gegenüber zu sein heißt nicht, in Selbstmitleid zu zerfließen oder sich in den Schmollwinkel zurückzuziehen. Es bedeutet vielmehr:

- Wir halten es für völlig normal, wenn uns Fehler unterlaufen, und verurteilen uns nicht dafür.
- Wir akzeptieren es, wenn wir nicht gut drauf sind, wenn wir traurig, niedergeschlagen, lust- und antriebslos sind. Statt diese Gefühle als unerwünscht und unpassend zu bekämpfen, lassen wir sie zu, nehmen uns Zeit für uns selbst und fragen uns, welche Ursachen und welche Bedeutung diese Gefühle haben könnten.
- Schicksalsschläge, schlechte Erfahrungen, Rückschläge können wir besser verkraften, wenn wir sie als Bestandteil menschlichen Lebens betrachten und uns in solchen Lebenssituationen nachsichtig und selbstfreundlich Freiräume und Schonzeiten einräumen. Wenn wir Nachsicht mit uns selbst haben, wissen wir, dass wir Geduld mit uns haben müssen, wenn wir Veränderungen durchleben. Sei es, dass wir den Job wechseln, dass eine Partnerschaft zu Ende geht oder eine Krankheit bewältigt werden muss.
- Nachsicht mit uns selbst sollten wir auch haben, wenn wir mal wieder viel zu viel in einen Tag hineingepackt und unser Pensum nicht geschafft haben. Haben wir Verständnis für uns selbst, können wir uns die »Absolution« erteilen und uns einen entspannten Abend gönnen.
- Wenn wir Nachsicht mit uns selbst haben, quälen wir uns nicht

damit herum, ein Ideal zu erreichen oder immer das Beste aus uns machen zu wollen. Wir vergleichen uns nicht ständig mit anderen und ziehen unsere Selbstachtung nicht aus dem, was wir leisten, sondern aus der Freundschaft und Anerkennung wichtiger Menschen und aus dem Gefühl, das Leben zu leben, das für uns bestimmt ist.

- Nachsicht mit uns selbst brauchen wir auch, wenn wir mal wieder Gesundheits- oder Fitnessregeln gebrochen haben. Was ist schon so schlimm daran, wenn wir mal keine Lust haben, unsere Muskeln zu stählen? Geht die Welt unter, wenn wir uns zu viel Schokolade gegönnt haben? Müssen wir uns fürs Älterwerden schämen? Nein, nein und noch mal nein, können wir antworten, wenn wir uns selbst freundlich begegnen.

Bescheidenheit und Nachsicht mit uns selbst können psychische Schutzschilde sein, mit denen wir das Bombardement der Selbstverbesserungsindustrie abwehren können. Beide Eigenschaften geben uns Gleichmut und innere Ruhe. Sind wir bescheiden (was ja nichts anderes heißt als: realistisch) in unseren Ansprüchen an uns selbst und an das Leben und haben wir in schwierigen Situationen Verständnis für uns selbst, dann bringt uns so schnell nichts aus dem Konzept und von unserem Weg ab. Wir meistern unser Leben auf unsere Weise – und bleiben dabei gelassen. Immer? Nein, nicht immer, denn das wäre ja schon wieder ein viel zu hoher Anspruch. Aber doch immer öfter!

Literaturhinweise

ARIELY, DAN: Denken hilft zwar, nützt aber nichts. Warum wir immer wieder unvernünftige Entscheidungen treffen, München 2010

BANDELOW, BORWIN: Das Angstbuch: Woher Ängste kommen und wie man sie bekämpfen kann, Reinbek 2007

BRUMBERG, JOAN JACOBS: The Body Project. An Intimate History of American Girls, New York 2007

CAMUS, ALBERT: Der Mythos des Sisyphos, Reinbek 2004

CARNEGIE, DALE: Sorge dich nicht – lebe! Die Kunst, zu einem von Ängsten und Aufregungen befreiten Leben zu finden, 15. Aufl., Frankfurt am Main, 2009

COUÉ, EMILE: Die Selbstbemeisterung durch bewusste Autosuggestion, Basel/Stuttgart 1959

CSIKSZENTMIHÁLYI, MIHÁLY: Flow. Das Geheimnis des Glücks, Stuttgart, 1992

CSIKSZENTMIHÁLYI, MIHÁLY: Lebe gut! Wie sie das Beste aus Ihrem Leben machen, München 2001

EHRENREICH, BARBARA: Bright-Sided. How the Relentless Promotion of Positiv Thinking Has Undermined America, New York 2009

ELIAS, NORBERT: Über den Prozess der Zivilisation, Frankfurt am Main 1976

FRANCK, GEORG: Ökonomie der Aufmerksamkeit, München 1998

FROMM, ERICH: Die Pathologie der Normalität, Weinheim 1991

GEIS, MATTHIAS: »Die Reiseleiterin«, in: *Die Zeit*, 22. April 2010

GEISSLER, KARLHEINZ: »Leben ohne Zeitverlust?«, in: *Psychologie Heute*, 9/2007

DERS.: »DER Simultant«, in: *Psychologie Heute*, 11/2002

HARRIS, RUSS: Wer dem Glück hinterher rennt, läuft daran vorbei, München 2009

HELD, BARBARA: Stop Smiling, Start Kvetching, New York 2001

HILLENKAMP, SVEN: Das Ende der Liebe, München 2009

Holzhey, Alice: »Positive Gefühle, negative Gefühle: Was hält die Seele wirklich gesund?«, in: *Psychologie Heute*, 5/2008

Illouz, Eva: Der Konsum der Romantik, Frankfurt am Main 2007

Küstenmacher, Marion und Werner Tiki: Simplify your life. Endlich mehr Zeit haben, Frankfurt am Main 2004

Kirshenbaum, Mira: The Emotional Energy Factor, New York 2004

Langer, Ellen: Counterclockwise, London 2009

Levine, Robert: Eine Landkarte der Zeit. Wie Kulturen mit Zeit umgehen, München 2009

Lieb, Klaus: Hirndoping. Warum wir nicht alles schlucken sollten, Mannheim 2010

Ders.: »Da macht unser Gehirn nicht mit«, in: *Die Zeit*, 11.3.2010

Meckel, Miriam: Brief an mein Leben, Reinbek 2010

Dies.: Das Glück der Unerreichbarkeit. Wege aus der Kommunikationsfalle, München 2008

Norem, Julie K.: Die positive Kraft negativen Denkens, Bern 2002

Oelbracht, Klaus, zit. nach einer Pressemitteilung der Christoph-Dornier-Klinik für Psychotherapie vom 1.2.2010

Orbach, Susie: Bodies. Schlachtfelder der Schönheit, Hamburg, 2010

Pieper, Annemarie: »Gelassenheit. Die eigene Mitte finden«, in: *Psychologie Heute*, 8/2004

Pöppel, Ernst: »Multitasking schadet unserer Intelligenz«, in: *Psychologie Heute*, 6/2000

Rosa, Hartmut: »Muße braucht Zeit«, Interview in: *Die Zeit*, 30.12.2009

Scheich, Günter: Positives Denken macht krank! Vom Schwindel mit gefährlichen Erfolgsversprechen, Frankfurt am Main, 2001

Schnabel, Ulrich: »Die Wiederentdeckung der Muße«, in: *Die Zeit*, 30.12.2009

Schwartz, Barry: Anleitung zur Unzufriedenheit. Warum weniger glücklicher macht, Berlin 2004

Sennett, Richard: Der flexible Mensch, Berlin 2006

Storch, Maja: Machen Sie doch, was Sie wollen, Bern 2009

Weiss, Lynn: Eins nach dem anderen. Das ADD-Praxisbuch für Erwachsene, Moers 2000

Wilson, Eric G.: Unglücklich glücklich, Stuttgart 2009

Zitatnachweis

S. 20 »Die Erfolglosen und die …«, aus: Sven Hillenkamp. Das Ende der Liebe. Gefühle im Zeitalter unendlicher Freiheit. Klett-Cotta, Stuttgart 2009

S. 39f. »Auf Geheiß wohlmeinender …«, aus: Eric G. Wilson. Unglücklich glücklich. Von europäischer Melancholie und American Happiness. Aus dem Amerikanischen von Susanne Held. © 2008 by Eric G. Wilson. Klett-Cotta, Stuttgart 2009

S. 53 »… immer im Spannungsfeld …«, aus: Miriam Meckel: Brief an mein Leben. Erfahrungen mit einem Burnout, Rowohlt, Reinbek 2010

S. 59: »Wenn wir glauben …«, aus Miriam Meckel: Brief an mein Leben, a.a.O.

S. 60: »Ich bin seit langem …«, aus: Miriam Meckel: Brief an mein Leben, a.a.O.

S. 62: »An den Tagen …«, aus: Lynn Weiss: Eins nach dem anderen. Das ADD-Praxisbuch für Erwachsene. Brendow, Moers 2000

S. 68f. »Stellen Sie sich vor …«, aus: Mihály Csikszentmihályi: Flow. Das Geheimnis des Glücks. Aus dem Amerikanischen von Annette Charpentier. © 1990 by Mihály Csikszentmihályi. Klett-Cotta, Stuttgart 1992

S. 103: »Defensive Pessimisten …«, aus: Julie K. Norem: Die positive Kraft negativen Denkens. Scherz, Bern 2002

S. 145f.: »Die Menschen glauben …«, aus: Maja Storch: Machen Sie doch, was Sie wollen. Wie ein Strudelwurm den Weg zu Zufriedenheit und Freiheit zeigt, Huber, Bern 2009

S. 190: »Ich habe viele Anzeichen …« aus: Miriam Meckel: Brief an mein Leben, a.a.O.

S. 229: »Im Laufe der Jahre …«, aus: Mihály Csikszentmihályi: Flow. Das Geheimnis des Glücks. Aus dem Amerikanischen von Annette Charpentier. © 1990 by Mihály Csikszentmihályi. Klett-Cotta, Stuttgart 1992

Christine Weiner

Das Leben ist wie eine Handtasche

Das Sofort-Coaching für Frauen

Der Inhalt einer Handtasche spiegelt das Leben ihrer Besitzerin wider: Der Geldbeutel organisiert die Finanzen, das Handy ist ihr Draht zur Welt, und Lippenstift und Puderdose helfen dabei, kleine Schwachstellen geschickt zu kaschieren. Dieses Sofort-Coaching führt durch die wichtigsten Bereiche im Leben einer Frau und weist den Weg zu mehr Zufriedenheit, innerer Balance und Selbstsicherheit. Ein Buch, das in keiner Handtasche fehlen darf!

»Wohlfühlbotschaft:
Es ist nie zu spät, seine Träume zu verwirklichen,
und wer es wagt, wird mit einem
erfüllten Leben belohnt.«
VITAL

Knaur